우송
김태길 전집

한국 대학생의 가치관

부송
정대철 전집

한국 대학생의 가치관

철학과 현실사

1941년경 일본 제3고등학교 시절

서문

이 책은 필자가 1964년부터 1965년에 걸쳐서 작성한 두 편의 논문을 한 권으로 묶은 것이다. 그 논문의 하나는 「고대 유가(儒家)와 한국 대학생의 도덕관념 비교 연구」라는 제목의 것으로서, 이 책의 대부분을 차지한다. 또 하나의 논문은 「한국 대학생의 가치 서열 연구」라는 제목으로 『아세아연구』 제21권(1966년 3월호)에 발표한 것으로서, 전자를 보충하는 뜻을 가진 논문이다.

여기에 실린 두 편의 논문의 취지에 관해서는, 그 논문들의 서두에 각각 설명이 있으므로, 이 자리에서는 되풀이하지 않는다. 그 대신 '서문'이라는 이름을 붙인 이 지면을 빌려서, 필자는 기본적이라고 생각되는 한두 가지 문제점에 대하여 보충적 내지 예비적 설명을 할까 한다.

여기에 실린 논문의 일부가 지면에 소개되었을 때, 어떤 철학자는 "그러한 연구가 과연 윤리학적 의의를 가질 수 있느냐?"는 물음을 필자에게 제기한 일이 있다. '그러한 연구'라고 말한 것은 필자의 논문이 일종의 사회조사에 입각한 경험적 연구라는 사실을 지적함이요, 또 '윤리학적 의의를 가질 수 있느냐'고 물은 이유는 필자의 전공 분야가 본래 사회학이 아닌 윤리학이라는 사실에 있을 것이다.

이러한 물음은 매우 근본적인 문제에 관련되고 있는 것으로 보인다. 그것은 "사람들이 현실적으로 가지고 있는 도덕관념 내지 가치관의 심리학적 사실에 대한 경험적 연구가, 우리들이 밟아야 할 실천적 규범의 발견을 과제로 삼는, 윤리학을 위한 도움이 될 수 있는가?"라는 물음으로 환언(換言)할 수 있는 것으로서, 도덕의 본질에 직접적으로 관련하는 문제이기 때문이다. 그러므로 이 물음에 대답하기 위해서는 "도덕적 규범의 본질이 무엇인가?"에 관해서 필자 자신의 견해의 일단을 표명하지 않을 수 없는 처지에 놓이게 된다.

필자는 도덕의 법칙이 선천적으로 정해져 있다는 학설을 믿지 않는다. 필자는 인간이 만족스럽게 살아나가기 위한 필요를 따라서 생긴 사회적 산물의 하나로서 도덕의 법칙을 이해하는 경험론의 견지를 따른다. 도덕의 법칙을 지키기 위해서 인간이 사는 것이 아니라, 인간의 사회생활을 원만히 하기 위하여 도덕의 법칙이 생겼다고 보는 것이다.

인간이 실현해야 할 목적도 선천적으로는 주어져 있지 않다. 인간은 목적을 가졌다. 그러나 그것은 선천적으로 주어져 있는 것이 아니라, 인간 스스로가 작정한 목적이다.

인간이 스스로 목적을 작정함에 있어서 그 원동력의 구실을 하는 것은 인간의 의욕이다. 생물로서의 인간은 본능적으로 욕구하기 마련이며, 그 욕구의 충족을 위한 지표로서 스스로 목적을 작정한다.

사람들의 욕구는 서로 충돌한다. 욕구와 욕구가 충돌했을 경우에, 그 충돌은 어떤 방식으로든 화해되어야 한다. 그 화해의 방식에는 여러 가지 유형이 있다. 약한 욕구가 강한 욕구에게 완전히 굴복하고 후퇴하는 것은 그 방식의 한 극단이며, 충돌하는 두 욕구를 모두 만족시킬 수 있는 높은 차원의 행동 양식을 발견하는 것은 그 반대의 극단이다. 그리고 이 두 극단의 중간을 차지하는 여러 가지 정도의 절충된 방식들이 있다.

충돌된 욕구를 화해와 더불어 충족시키는 행동의 방식이 하나의 관습으로서

고정될 때, 거기에 사회적 규범의 발생을 본다. 그리고 도덕이란 이와 같이 발생한 사회규범의 한 유형이다.

도덕은 충돌하는 욕구를 화해시킴으로써 사회생활의 원만을 초래함을 이상으로 삼는 행위의 처방이다. 만약 모든 욕구를 조화롭게 충족시킬 수 있는 행위의 처방이 발견된다면, 그러한 처방의 체계는 이상적인 도덕을 형성할 것이다. 그러나 모든 욕구를 조화롭게 충족시킨다는 것은 실제로는 매우 어려운 일이며, 여러 사회에서 세력을 떨쳐 온 현행의 도덕은 많은 불합리와 불공정을 내포하는 것이 보통이다. 여기 현존하는 도덕이 비판의 대상이 되어야 할 이유가 있다. 더 나은 행위의 처방을 발견하기 위한 비판이 필요한 것이다.

어느 시점에 있어서 만족스럽던 도덕도, 시대의 흐름을 따라서 부적합한 유물로 전락할 수가 있다. 사회생활의 여러 조건들이 변화하게 되면, 과거에는 욕구의 화해를 위하여 적절하던 규범이 이제는 그 구실을 못하게 되기 때문이다. 이리하여 시대의 변천도 또한 전통적 도덕에 대한 재평가를 요청하는 계기가 된다.

현대의 한국은 전통적 도덕에 대한 재평가가 절실히 요청되는 나라의 하나다. 새 시대를 맞이한 한국에 새로운 윤리의 수립이 갈망되고 있다는 것은 식자들의 거의 일치된 여론이다. 한국인의 생활 조건이 근래 급속도로 변해 가고 있음을 따라서 전통적 윤리의 파탄이 불가피하게 된 것이다.

한국의 새로운 윤리는 현대 한국인들의 다양한 욕구를 종합적으로 충족시킬 수 있는 처방으로서의 구실을 해야 할 것이다. 충돌하는 욕구를 조화롭게 만족시키는 것이 도덕의 이상이기 때문이다. 따라서, "한국의 새로운 윤리는 어떠한 방향으로 모색되어야 할 것인가?"라는 물음은 "한국인이 오늘날 원하고 있는 것이 무엇인가?"라는 물음을 떠나서 대답될 수는 없다. 윤리의 사명이 그 사회의 요구를 조화롭게 충족시키기에 적합한 행위의 처방을 제시함에 있으며, '사회의 요구'를 결정하는 것이 개인들이 욕구의 총합인 이상, 새 시대 사람들의 욕구를 도외시하고 새 시대의 윤리를 모색할 도리는 없을 것이다.

우리가 가지고 있는 도덕관념은 우리의 욕구의 매우 중요한 부분을 차지한다. 특히 그 도덕관념이 반성적 판단의 결과일 경우에는, 그것은 우리의 욕구의 집약적 표현으로서의 성질을 갖는다. 도덕관념은 원초적 욕구에 대한 평가와 비판을 포함하는 것이며, 그 평가와 비판의 기준이 되는 것은 저 원초적 욕구와는 차원을 달리하는 또 하나의 욕구다. 따라서 도덕관념은 원초적 욕구에 대한 평가와 비판을 포함한 고차원적 욕구의 표명으로서의 의미를 가졌다.

도덕관념이 고차원적 욕구의 표명이라면, 한국인의 도덕관념을 조사하는 일은 "한국인이 무엇을 원하고 있는가?"를 알아보기 위하여 필요한 작업 가운데서 매우 중요한 자리를 차지한다고 보아야 할 것이다. 살기를 원하고, 살기 위해서는 반드시 갖추어야 할 의식주를 원함에 있어서는, 어느 시대의 어느 나라 사람도 마찬가지다. 그러나 어떻게 살기를 원하며, 어떠한 방법으로 의식주를 갖추기를 원하는가는, 시대와 국민에 따라서 차이가 있다. 모든 시대의 모든 국민은 문화에 대한 욕망을 가졌다. 그러나 어떠한 형태와 내용의 문화를 욕구하는가는 시대와 국민에 따라서 다르다. 우리가 가진 도덕관념 및 가치관 일반은, 우리들이 어떻게 살기를 원하며, 어떠한 문화를 원하는가에 대한 우리들의 의견의 종합이다.

그러므로 한국인의 도덕관념 내지 가치관 일반에 대한 조사는 "한국인이 무엇을 원하고 있는가?"를 알아보는 데 필요한 가장 기본적인 작업이 되는 것이다. 특히, 교육을 받은 젊은 세대의 도덕관념 내지 가치관은, 전통적인 것에 대한 관성적 추종을 벗어난 솔직한 의견을 비교적 많이 포함하는 까닭에, 새로운 도덕을 모색하는 사고를 위해서는 매우 중요한 기초가 된다.

개인이 갖는 도덕관념에는 각각 어느 정도의 차이가 있다. 그러나 한 사회를 전체로서 볼 때, 그 사회에는 가장 강한 세력을 가지고 하나의 주류를 형성하는 도덕관념의 흐름이 있다. 이 주류를 이루는 도덕관념이 그 사회에 있어서 소위

'신성한 도덕'의 구실을 한다. 만약 그 주류에 해당하는 강력한 도덕관념의 흐름이 부재하고 사람들의 도덕관념이 여러 갈래로 대립할 때는, 그 사회는 이른바 도덕의 위기를 경험한다.

비록 절대적 세력을 가진 도덕관념의 주류라 할지라도, 그것이 반드시 절대적으로 옳은 윤리 사상을 형성하는 것은 아니다. 인간이 내리는 가치판단이 절대로 타당할 수는 없는 일이며, 일단 높은 타당성을 가진 도덕관념일지라도 사태가 변동하면 그 타당성이 저하된다. 따라서 우리의 도덕관념은 언제나 비판의 여지를 가진 미완성품이며, 불완전한 현재의 도덕관념에 대한 비판의 임무를 짊어진 것이 곧 규범의 학으로서의 윤리학이다.

앞에서도 말한 바와 같이, 모든 도덕관념에는 원초적 욕구에 대한 평가와 비판이 포함되어 있다. 그것은 인간의 욕구에 대한 평가요 비판인 동시에, 그 자체가 또한 인간적 욕구의 표명이다. 이와 같이, 비판을 거친 인간적 욕구의 표명으로서의 도덕관념은 또다시 새로운 평가와 비판의 대상이 된다. 이 새로운 평가와 비판의 체계적 시도를 윤리학이라고 부르거니와, 그 윤리학 속에 담긴 도덕 사상도 역시 또 한 번 새로운 평가와 비판의 대상이 된다. 이리하여 인간적 욕구에 대한 비판은 무한히 계속되는 것이며, 무한히 계속되는 평가와 비판을 통하여 우리의 윤리 사상은 성장한다. 그리고 이 성장의 과정은 인간이 하는 창조의 과정 가운데서 매우 중요한 위치를 차지하는 부분이기도 하다.

도덕이란 인간이 자기 스스로를 비판하는 끊임없는 과정을 — 비판을 비판하고, 그 비판을 또 비판하는 끊임없는 과정을 — 통하여 성장하는 인간적 창조의 한 단면이다. 그리고 비판의 대상이 되는 것은 언제나 현존하는 도덕관념 내지 가치관이다. 현존하는 도덕관념 내지 가치관에 대한 비판을 통하여 새로운 도덕관념의 주류가 형성될 때, 거기에 새로운 윤리의 창조를 본다. 바꾸어 말하면, 새로운 윤리는 묵은 도덕관념을 소재로 삼고 그것을 극복하는 과정에서 이루어지는 것이다. 이상과 같은 견지에서 볼 때, 현재 사람들이 가지고 있는 도덕관념에 대한 조사와 분석이 새로운 윤리의 모색을 위하여 필요 불가결한 기초 작업이 된다고 말한 이 서문 첫머리에서의 주장이 뜻하는 바도 명백할 것이다. 우리가 현재 가지고 있는 도덕관념은 더 새롭고 더 타당성 있는 도덕 사상을 위한 모체다.

앞에서 '더 타당성 있는 도덕 사상'이라는 말을 썼다. 그러면 그 '타당성'을 재는 표준은 무엇일까? 이 어려운 물음은 "도덕의 목적은 인간의 사회생활을 원만하게 하는 데 지침이 되는 행위의 처방을 제시함에 있다."고 말한 앞에서의 주장에 비추어서 대답되어야 할 것이다. 그러나 이것은 윤리학의 문제 가운데서도 가장 어려운 물음에 속하는 것이며, 책의 서문에서 다루기에는 너무나 방대한 주제다. 따라서 이 문제는 좀 더 전문적인 연구의 기회에 넘기기로 하고 여기서는 더 이상 깊이 들어가지 않기로 한다.

다음에 간단히 언급하고자 하는 것은, 이 책의 제목에 '가치관'이라는 말을 사용했다는 점에 관해서다. 여기서 '관(觀)'이라는 문자를 쓰는 것이 과연 적합하냐는 의문을 갖는 독자도 있음직하기에, 한마디 부언하고자 하는 것이다.

본래 '가치관'이라는 말은 '인생관' 또는 '세계관'이라는 말이 그렇듯이, 학자들이 지어낸 것이며, 따라서 그것은 어느 정도 체계를 갖춘 사상의 전체에 대하여 적용한 술어였다. 그러나 근래에 와서 그것은 흔히 상식적인 문맥 가운데서 쓰이게 되었으며, 극히 단편적인 도덕관념에 대하여도 적용하기에 이르렀다. 이 책의 제목을 '한국 대학생의 가치관'이라고 불렀을 때, 그 '가치관'이라는 말은 이러한 상식적인 뜻으로 쓰인 것이며, 반드시 어떤 체계로서의 가치관을 의미한 것은 아니다. 그러나 이 책에 수록된 논문이 사용한 질문서의 내용과 대학생들의 지적 수준을 고려할 때, 여기서 '가치관'이라는 말을 사용한 것이 크게 어색하다고는 보지 않는다.

이 책은 어디까지나 한갓 기초적인 작업의 중간 보고에 지나지 않는다. 필자 자신도 이 방면에 좀 더 충실한 연구를 계속할 것을 염원하고 있거니와, 여기에 실린 자료나 의견이 같은 분야의 연구자들을 위하여 다소나마 참고가 된다면, 필자로서는 크나큰 보람이요 영광이다.

이 변변치 못한 연구를 시작하여 여기에 한 권의 책을 내놓을 수 있기까지, 필자는 실로 많은 사람들의 도움을 받았다. 그분들의 도움이 아니었다면 이 연구는 불가능했을 것이다.

이 연구와 출판을 위하여 경제적 후원을 한 것은 동아문화연구위원회였다. 깊은 이해로 이 연구를 밀어 주신 동 위원회 여러분과, 결과로 얻은 논문들이 출판에 적합한지 여부를 검토하기 위하여 원고를 끝까지 읽어 주신 이병도 박사, 박종홍 박사, 그리고 김재원 박사 세 분께 깊이 감사드리는 동시에, 연락 사무 등 번거로운 일로 수고가 많았던 동 위회원 간사 곽동찬 씨에게 충심으로 치사한다.

이 책에 수록된 논문을 위하여 중요한 기초가 된 사회조사의 과정에 있어서, 필자는 많은 사람들의 조력과 조언을 받았다. 그 가운데서도 특히 장기간에 걸쳐서 수고를 아끼지 않은 것은 송상용 군과 그의 매씨 송경자 양, 그리고 고봉진 군과 그의 매씨 고성자 양 네 젊은 사람들이었다. 질문서를 작성하는 과정에 있어서 고봉진 군이 보여준 식견과, 통계적 처리에 있어서 송경자 양이 보여준 인내력은 필자에게 잊을 수 없는 감명을 주었다.

필자가 사회학적 방면에 문외한인 까닭에, 이 연구를 위해서는 여러 사회학 전문가의 조언이 필요했다. 특히, 홍승직 교수, 강신표 교수 및 류재천 씨의 말씀에 힘입은 바 크다.

사회조사에 있어서 지극히 중요한 것은 피조사자의 적극적인 협력이다. 필자가 표본으로 선택한 2천 명에 가까운 남녀 대학생들의 성의에 찬 협조와 귀중한 수업 시간의 일부를 응답의 시간으로 돌려 주신 여러 교수님의 이해 깊은 협력이 아니었다면, 이 연구는 좌절되었을 것이다.

원고를 집필할 단계에 들어가려 했을 때, 통계 숫자에 상당한 착오가 있음이 발견되어 당황했다. 그 숫자의 착오를 정정하는 번거로운 일은 이종순 씨가 주로 수고하였다.

조그만 연구에 그토록 여러 사람들의 아낌없는 도움을 받은 일을 생각하면 감개무량하고 고마운 마음 그지없다. 한편, 여러 사람들에게 형언하기 어려울 정도의 많은 도움을 받고도 결과가 이 정도로 빈약한 것이 되었음을 생각하면 미안하고 부끄러운 마음 비길 바 없다.

끝으로 이 출판을 맡아 주신 일조각 한만년 사장에게 감사하며, 교정을 보는 일로 거듭 수고한 송상용 군과 원고의 숫자적 착오를 고쳐 준 지련의 노고를 치사한다.

1967년 1월
김 태 길

차례

한국 대학생의 가치 서열 연구 — 그 기초 조사

고대 유가(儒家)와 한국 대학생의 도덕관념 비교 연구

1장
연구의 문제와 목적

1장 연구의 문제와 목적

1. 연구의 문제

한국의 장래는 한국의 젊은이의 손에 달려 있다. 젊은 세대 가운데서도 특히 그 전위를 맡아 볼 대학생들의 태도가 어떠하냐에 따라 이 나라의 운명은 크게 좌우될 것이다. 그리고 사람의 태도를 결정하는 가장 큰 요인은 그가 의식 또는 무의식 가운데 가지고 있는 가치관이며, 가치관 가운데서도 실천 행동과 가장 긴밀히 직결되고 있는 도덕관념일 것이다. 따라서 한국의 청소년, 특히 대학생들이 어떠한 가치관을 — 특히 어떠한 도덕관념을 — 가졌느냐 하는 것은 이 나라의 장래를 결정함에 있어서 매우 중요한 요인이 아닐 수 없다. 이 연구는 한국의 대학생들이 품은 도덕관념을 탐구하는 시도의 일부로서 계획된 것이다.

과도적인 사회에 있어서, 젊은 세대가 가진 도덕관념을 파악하는 효과적인 방법의 하나는, 그 사회의 전통적 도덕관념을 젊은 세대가 어떻게 받아들이며, 또 어떻게 물리치는가를 조사하는 것이라 하겠다. 도덕관념이란 기성된 가치 체계에 대한 순종과 반발의 변증법적 과정을 거쳐 사회적으로 형성되는 것이기 때문이다.

한국적 도덕관념의 전통에 있어서 가장 결정적인 세력을 가진 것은 역시 유교 사상일 것이다. 명언(明言)으로써 유교를 비난하는 사람들의 마음속에 까지도 유교적인 도덕관념의 유산은 의외로 많이 살아 있다. 그러므로 만약 우리가 전통적 도덕관념과의 관계를 살핌으로써 젊은 세대의 도덕관념을 파악하고자 원한다면, 우리는 응당 유교적 도덕관념에 대한 젊은 세대의 태도를 검토하지 않을 수 없을 것이다.

이 연구는 우리나라 젊은 세대의 전위로서의 이 나라 대학생들이 유교적 도덕관념의 어떠한 것을 어떻게 받아들이며, 또 어떠한 것을 어떻게 물리치는가를 밝히는 것을 당면한 목표로 삼는다.

2. 연구의 먼 목적

이 연구는 현재의 어떤 사실을 그저 알기만 하면 오직 그것으로써 만족할 어떤 호기심에서 단순히 시작된 것은 아니다. 대부분의 사회과학이 직접 간접으로 실천적 동기와 연결되고 있거니와, 특히 이 연구는 사회적 현실에 대한 실천적인 관심과 밀접하게 연결되고 있다. 이 연구의 방법은 비록 사회학으로부터 빌려온 것이나, 이 연구의 동기와 그 궁극의 목적은 오히려 윤리학적이다. 그러나 사회학적 방법의 연구가 어떻게 규범적 윤리학을 위한 준비가 될 수 있다는 것일까?

종래 여러 사람들의 지지를 받아 온 유력한 견해에 의하면, 윤리 내지 도덕은 절대적이다. 다시 말하면, 우리가 지켜야 할 도덕의 법칙은 고정불변한 것으로서 어느 시대 어느 지역을 막론하고 보편적 타당성을 갖는다. 따라서 그들에 의하면 '시대의 사조'나 '시대의 요구' 따위의 변동적인 사항으로 말미암아 우리가 걸어야 할 도덕의 길에 변동이 생길 수는 없다. 이와 같이 절대론적 윤리설을 신봉하는 사람들에 의하면, 도덕의 길을 발견함으로써 사명으로 삼는 윤리학은 오직 저 선천적으로 주어진 고정불변의 도덕률과 관계할 뿐이요, 그 시대인의 의견이나 태도에는 조금도 관여할 바가 없다. 그런데 지금 이 연구는 한국 대학생들의 도덕관념의 실태를 대상으로 삼는 사회조사를 꾀하면서, 그 궁극의 목적은 윤리학적이라고 한다. 여기에 혹 무리한 연결이 시도되고 있는 것은 아닐까? 도대체 움직이는 현상을 문제 삼는 저 사회학적 탐구와 부동하는 원리를 대상으로 하는 이 윤리학과의 사이에 어떠한 본질적인 관계가 있다는 것일까? 이러한 의문에 대하여 우리는 두 단계로 대답할 수 있을 것이다.

첫째, 한 걸음 물러서서 도덕의 절대성 또는 도덕률의 보편타당성을 인정하는 견지에서 생각한다 하더라도, 윤리학은 사회학적 탐구에 힘입어야 할 사유를 가졌다. 도덕률의 절대 불변성을 주장하는 학자들도 대체로 도덕의 기본 원리가 변하지 않는다고 주장하는 것이요, 구체적 상황에 있어서의 행위의 처방이 그 상황의 특수성에 순응할 필요가 있음을 부인하는 것은 아니다. (상황의 특수성 및 행위의 결과를 포함한 모든 경험적 요소를 완전히 도외시해야 한다고 주장한 학자가 전혀 없었던 것은 아니다. 그러나 칸트가 떠난 지 이미 160여 년이 지난 오늘날, 그러한 학자는 매우 수가 적은 것으로 안다.)

그러므로 절대론적 윤리학자에게 있어서도 대부분의 경우, 구체적 상황 속에서 어떻게 행위할 것인가 하는 실천적 윤리의 문제는, 부동하는 원리와 변동하는 상황의 현실을 아울러 고찰함으로써 풀어야 할 문제다. 따라서 현대 사조나 국민의 도덕관념 같은 역사적 현실의 탐구는 윤리학이 그 추상적 원리의 세계로부터 내려와 구체적 행동의 세계에 이르렀을 때, 소홀히 해서는 안 될 중요한 과제가 아닐 수 없다.

둘째, 절대론적 윤리설 그 자체가 하나의 형이상학적 신앙 내지 독단에 지나지 않는다. 형이상학적 주장이란 결국 신념의 문제로 귀착하는 것이며, 그 주장의 진위를 이론의 여지 없이 검증할 수는 없는 일이거니와, 필자 개인으로서는 행위의 법칙 또는 인생의 목적이 선천적으로 미리 주어져 있다는 견해에 회의를 느끼는 동시에, 도덕이란 인간이 인생을 위해서 스스로 만들어 낸 것이라는 견해로 기울어짐을 막지 못한다.

필자가 믿기에 도덕이란 인간의 창조물이다. 따라서 새로운 시대는 새로운 도덕을 추구할 필연성을 지녔다. 도덕은 인간을 위해서 만들어진 것이다. 그러므로 새 시대의 사람들이 무엇을 원하며, 무엇을 생각하고 있는가는 새로운 도덕의 방향을 위하여 참작되어야 할 중요한 고찰이 아닐 수 없다. 그러나 이것은 도덕을 사람이 사람을 위하여 만들어 낸 창조물이라고 보는 전제에 입각한 추론이다. 여기서 우리는 도덕이 인간적인 창조물이라는 견해에 대하여 좀 더 설명을 보태는 것이 바람직하다고 느낀다.

산다는 것은 끊임없이 일어나는 욕구를 충족시켜 가는 연속 과정이다. 생물로서의 인간은 항상 육체적, 정신적 욕구에 밀리며, 그 욕구의 충족을 위하여 크고 작은 행동을 일으킨다. 우리의 모든 행동은 끊임없이 일어나는 욕구의 충족을 위한 수단의 일부로서의 의미를 가지고 있다. 그러나 인생의 사정은 끊임없는 욕구를 언제나 문제 없이 채울 수 있도록 순탄한 것이 아닌 까닭에, 그리고 우리의 욕구는 본능적 반응만으로 만족시킬 수 있도록 단순하지 못한 것이 보통인 까닭에, 우리는 욕구를 효과적으로 충족시킬 수 있는 방도를 찾아서 애써야 한다. 그리고 도덕이란 바로 이 효과적인 욕구 충족의 방도로서 인간이 만들어 낸 것들의 하나인 것이다.

도덕을 위하여 인생이 있는 것이 아니라, 인생을 위하여 도덕이 있다. 따라서 도덕의 타당성은 그것이 인생에 이바지하느냐 못하느냐에 달려 있다. 인생에 가장 많이 이바지하는 도덕이 가장 타당한 도덕이다.

그러나 인생에 이바지한다 함은 무엇을 말하는 것일까? 그것은 역시 인간의 욕구를 충족시킨다는 뜻으로 보아야 할 것이다. 다만, 여기서 말하는 '인간의 욕구'란 매우 여러 가지를 포함하여 가리킨다. 그것은 단순히 생존욕, 성욕, 명예욕 등 좁은 의미의 '욕망'만을 가리키는 것이 아니라, 스스로 값진 것으로 믿는 이상에 대한 동경까지도 가리킨다. 요컨대 개인을 위해서는 몸과 마음의 통일로서의 전 인격이 희구하는 바를 실현함에 이바지하고, 사회 전체를 위해서는 인격들이 모여서 형성한 공동체의 이상을 실현함에 이바지하는 도덕이, '인생에 이바지하는 도덕', 즉 타당성을 가진 도덕이다.

그런데 우리는 '이상'이라는 것이 만고불역의 기정사실이라고 믿지 않는다. 개인의 이상은 개인의 인격이 세우고, 사회의 이상은 시대의 정신이 세운다. 그리고 여기서 말하는 시대정신이란 어떤 형이상학적 가상을 일컫는 것이 아니라, 시대인들의 가치관의 경향을 가리키는 것이다. 그러므로 시대인들이 무엇을 원하고 무엇을 소중히 여기는가는 그 시대정신을 결정하는 중요한 인자이며, 그것은 곧 그 시대의 사회적 이상으로 직결된다.

이제까지 논술한 바로써 도덕관념에 관한 사회학적 탐구와 규범적 윤리학 사이에 밀접한 관계가 성립한다는 것은 밝혀졌으리라고 믿는다. 도덕이란 인간, 특히 인간의 집단으로서의 사회가 염원하는 바를 실현함에 필요한 행위의 제약으로서 인간이 지어낸 것이다. 그러므로 한 시대의 사람들이 염원하는 바가 무엇이냐에 따라 그 시대에 적합한 도덕의 내용도 달라질 것이다. 그리고 우리의 도덕관념 내지 가치관 일반은 우리가 무엇을 염원하고 있는가를 직접 간접으로 표명하는 기호다. 그러므로 새로운 시대인의 도덕관념 내지 가치관은 새로운 시대의 윤리를 모색함에 있어서 고려하지 않을 수 없는 중요한 조건이 되는 것이다. 특히, 시대의 방향감각에 예민한 사람들의 가치관일수록 더욱 깊은 고려의 대상이 될 이유를 가졌다.

그러나 도덕관념에 관한 다수결적 여론이 그 시대의 타당한 윤리를 결정한다는 뜻은 아니다. 타당한 도덕은 오직 시대의 요구에 따라 결정된다. 다만,

그 시대의 요구를 반영하는 중요한 인자의 하나로서 도덕관념에 관한 여론을 깊이 고려해야 한다는 뜻이다.

2 장
연구의 방법

2장 연구의 방법

1. 기본 방침

이 연구는 공자나 맹자 또는 그 밖의 고전적 유가(儒家)들이 표명한 도덕 사상을, 현대의 한국 대학생이 어떠한 면에서 찬성하고 어떠한 면에서 반대하는가를 조사하는 것을 당면한 목표로 삼는다고 했다. 그러므로 고전적 유가들의 도덕 사상을 구체적인 언어로 뽑아내는 것이 이 탐구에 있어서 첫째로 할 일이다. 구체적인 언어로 뽑아낸다는 것은 유교의 근본원리를 따지거나 유교의 사상을 하나의 통일된 체계로서 정리하기를 꾀하지 않고, 구체적 상황을 배경으로 삼고 단적으로 내려진 유가의 가르침을 그대로 옮긴다는 뜻이다. 유가의 도덕 사상 그 자체가 본래 연역적으로 전개되는 체계가 아니거니와, 우리는 지금 한국의 대학생들이 유교의 도덕 사상을 전체로서 받아들이느냐 물리치느냐를 조사하자는 것이 아니라, 유가 사상의 어떠한 것을 받아들이고 어떠한 것을 물리치느냐를 조사하려는 것이므로, 유교의 도덕 사상을 한 개의 덩어리로 다루지 않고, 여러 가지 구체적 상황 가운데서 여러 유가들이 내린 도덕 판단을 개별적으로 다루고자 하는 것이다.

유가의 윤리학적 발언을 기록한 고전으로서 우선 사서(四書)를 선택했다. 사서 가운데서도 특히 『논어(論語)』와 『맹자(孟子)』에서 많은 자료를 얻었는데, 그것은 이 두 고전이 주로 구체적 현실 문제를 다룬 도덕 사상의 기록이기 때문이다. 다음에 선택된 고전은 『소학(小學)』이다. 이 책에서는 주로 가정 도덕과 일상적인 처사에 관한 교훈이 많이 발견된다.

사서와 『소학』에 나타난 도덕적 판단을 피조사자에게 제시하고, 이에 찬성하는가 또는 반대하는가를 묻는 질문서를 작성하여, 이 질문서에 대한 대학생들의 반응을 통계적으로 처리하는 것이 이 연구의 첫째 단계가 될 것이다. 그리고 이 연구의 다음 단계는 그 통계적으로 나온 숫자가 무엇을 의미하는가를 분석하는 일이다.

질문서를 만듦에 있어서, 사서나 『소학』의 어구를 그대로 옮기지는 않을 것이다. 고전에 나타난 유가 사상의 내용만을 살피고, 그 사상을 표현하는 언어는 현대의 우리 생활 속에서 일어나고 있는 현실적 문제의 문맥에 맞도록 바꿀 것이다. 예컨대, "文中子之服, 儉而絜無長物焉. 綺羅錦繡不入于室, 曰, 君子非黃白不御, 婦人則有靑碧" 같은 『소학』의 구절은, "의복은 화려하지 않고 검소하며, 깨끗할 뿐…" 식으로 옮기지 않고, "서울의 거리에는 화려하고 값비싼 옷을 입은 신사·숙녀가 많이 눈에 띈다. 이것은 여러모로 볼 때, 대견스럽고 좋은 현상이라고 해야 할 것이다."로 표현을 바꿀 것이다. 원전의 뜻으로부터 다소간 멀어질 염려를 무릅쓰고 이러한 변경을 보태는 이유는, 첫째로 유교에 대한 피조사자의 선입견이 작용하지 않도록 예방하기 위해서요, 둘째로 피조사자의 실감에 호소하여 적극적인 관심을 불러일으키기 위해서다.

2. 예비 조사

위에 말한 고전을 토대로 삼고, 우선 130여 개의 문제를 만들었다. 다음에 이 연구를 조수로서 도와준 고봉진 군과 여러 차례 의논한 결과 20여 문제를 버리고 110문제만을 남겼다. 이 110문제를 가지고 예비 조사(pre-test)를 시작하였다. 이 예비 조사의 주요 목적은, 문항의 뜻이 분명히 전달되기 어려운 문제, 피조사자의 선입견이 작용하기 쉬운 문제 및 '스테레오타입'에 가까운 문제 등을 발견하여 제외하거나 시정함에 있었다.

예비 조사에 동원된 피조사자의 수는 남자 35명과 여자 10명, 총 45명이었다. (이들 가운데는 경기여자고등학교생이 4명 들어 있었으나, 나머지는 모두 서울대학교 문리과대학의 학생들이었다.)

예비 조사에서는 조사자가 피조사자를 개별적으로 면접하여 그 반응을 관찰하는 동시에, 피조사자의 질문을 받고, 또 그 의견을 들었다. 피조사자의 수를 비교적 적게 한 대신, 면접의 방법이 갖는 면밀성의 장점을 살리기 위해서였다.

한편, 예비 조사를 시행하는 동안에 사회학을 전공한 학자 세 명의 조언을 들었다. 예비 조사와 아울러 이러한 준비의 과정을 밟은 것은 1965년 9월 중순부터 하순에 걸쳐서였다.

3. 질문서의 확정

예비 조사에서 얻은 응답의 통계적 숫자를 토대로 삼고, 질문서의 최종 결정을 꾀하는 마당에 있어서는 철학 또는 사회학을 공부한 세 학생과 동석하고, 이들의 조언을 많이 참작했다.

문항을 선택함에 있어서 가장 중요시한 것은 그 문항이 오늘날 우리가 당면하고 있는 현실적인 문제들과 어느 정도로 깊은 관계를 가졌는가 하는 점이었다. 따라서 선택된 문항들의 내용별 분포는 반드시 모든 도덕 분야에 고르지 않고, 어떤 가치 영역에 관한 문항은 많은가 하면, 다른 가치 영역에 관한 문항은 거의 없다시피 하는 불균형을 용납하는 결과가 되었다.

도덕에 관한 가치 영역은 흔히 그 외연이 중첩되고 있는 까닭에 질문서의 문항을 그 내용의 가치 영역에 따라 분류하기는 극히 어려운 일이다. 그러나 만약 다소의 외연의 교차를 허용한다면, 우리가 최종적으로 선택한 70문항을 다음과 같은 범주로 나누어 볼 수 있을 것이다.

(1) 위정자의 기본 사명에 관한 것(5문항)

(2) 위정자의 인격 및 이도(吏道)에 관한 것(8문항)

(3) 국정에 대한 비판 및 사회참여에 관한 것(4문항)

(4) 사회정의에 관한 것(4문항)

(5) 이기(利己)와 이타(利他)에 관한 것(3문항)

(6) 실리주의와 인격주의 또는 물질적 가치와 정신적 가치의 대립에 관한 것(8문항)

(7) 그 밖의 개인적 처세에 관한 것(5문항)

(8) 허례·사치 및 낭비에 관한 것(4문항)

(9) 우정·연애 및 결혼에 관한 것(7문항)

(10) 사제·장유(長幼) 및 예의 일반에 관한 것(7문항)

(11) 효도에 관한 것(7문항)

(12) 형제의 우애에 관한 것(1문항)

(13) 부부의 도 및 부덕(婦德)에 관한 것(3문항)

(14) 상사(喪事) 및 제사에 관한 것(2문항)

(15) 친척간의 윤리에 관한 것(2문항)

앞에서도 말한 바와 같이, 이 분류는 한갓 편의상의 것에 불과하거니와, 윤리 내지 도덕에 관한 모든 문제가 이 질문서 가운데 다루어지지 못했다는 것은 이 일람표만으로도 짐작할 수 있다. 이러한 부족은 우선 질문서를 통한 사회조사라는 방법이 가진 제약에서 왔고, 또 제한된 고전에 의거하여 문제를 골랐다는 점과, 그 고전이 속하는 유교 자체가 체계적인 실천철학이라기보다는 단편적인 지혜의 집성이라는 점에도 원인이 있을 것이다. 여하간 우리는 이 연구의 한계를 자인(自認)하는 것이며, 앞으로의 새로운 탐구에서 이번의 미비점을 보충하고자 원하고 있다.

　여기에 선출된 70문항 가운데는 매우 상식적이어서 90% 이상의 의견의 일치가 예상되는 문항, 즉 스테레오타입적 성질이 없지 않은 문항도 더러 섞여 있다. 이것은 우리가 상식적으로 알고 있는 바를 숫자적으로 재확인하고자 하는 동기에서 취해진 것이다. 본래 이 연구는 단순한 사실 탐구를 목적으로 삼는 것이 아니라, 현실적 당위에 관한 관심을 배경으로 삼고 있다는 점을 상기한다면, 곧 납득이 갈 것으로 믿는다.

　응답은 '그렇다', '아니다', '모르겠다'의 세 가지 중에서 하나를 택하도록 마련했다. (예를 들어 "실력의 양성에만 주력할 것이 아니라, 세상 사람이 나를 알아주도록 어느 정도의 선전도 게을리하지 않을 필요가 있다."라는 판단이 주어졌을 때, 이에 찬성하는 사람은 '그렇다'에, 반대하는 사람은 '아니다'에, 그리고 가부 어느 쪽으로도 판단을 내리지 못하는 사람은 '모르겠다'에 표를 하도록 하였다.) 응답자에게 찬성과 반대의 둘 중 하나를 택하도록 하는 것보다는 '절대로 찬성', '약간 찬성', '찬반 미결', '약간 반대', '절대로 반대' 가운데서 하나를 택하도록 하여 찬성과 반대의 정도까지도 재는 것이 더욱 정확하지 않을까 하는 생각도 있었으나, 취하지 않았다. 도덕적인 의견이란 본래 확고한 신념에 속하는 것이며, 가부간의 태도가 분명치 못한 것은 아직 신념이 굳기 이전, 즉 '모르겠다'의 단계에 속한다고 보아서 무방하리라고 믿었기 때문이다.

응답자의 신원 사항 가운데서는 성별, 전공 학과, 출신 도시, 출신 국민학교 소재지, 가정의 연수입 및 종교 관계를 기입하도록 했다. 출신 국민학교 소재지를 물은 것은 성격 형성 과정에 있어서 결정적인 시기를 농촌에서 보냈는지 또는 도시에서 보냈는지를 알아보기 위해서였다.

4. 표본의 선정부터 응답지의 회수까지

표본, 즉 피조사자의 수는 1,700명에서 1,800명 사이를 목표로 하였다. 서울에 있는 대학 다섯과 지방에 있는 대학 다섯, 총 10개 대학으로부터 그 정도의 수효의 학생들을 뽑아서 표본으로 삼기로 했다. 서울의 대학생들은 서울대학교, 연세대학교, 고려대학교, 이화여자대학교 및 숙명여자대학교의 학생들에게 수고를 끼치기로 하고, 지방의 대학생들은 충남대학교, 전남대학교, 조선대학교, 경북대학교 및 효성여자대학의 학생들에게 신세를 지기로 했다.

위에서 말한 각 대학의 학생수를 고려하여, 한 학교에서 100명 내지 300명의 학생을 표본으로 뽑아내기로 했다. 되도록 여러 학과에서 고루 표본이 나오도록 계획하되, 남학생과 여학생, 그리고 문과 계통 학생과 이과 계통 학생의 수가 어느 정도 비슷한 결과가 되도록 고려했다.

질문서의 분배는 연구원이 직접 교실을 방문하는 방법을 택했다. 연구원이 있는 자리에서 응답함으로써 더욱 성의 있는 협력을 얻는 동시에 응답지의 회수율을 높이기 위해서였다. 연구원은 표본으로 뽑힌 학생들의 진지한 협력을 간청하는 한편, 다음 사항을 특히 강조하였다.

(1) 각자 자기가 생각하는 바를 따라 솔직히 대답할 것이요, 어떻게 대답하는 것이 옳은 대답일까를 고려하거나, 남으로부터 들은 의견을 그대로 빌려

오는 일이 없도록 할 것.

(2) 질문서의 물음들은 학생들이 실제로 어떻게 행동하겠는가를 묻는 것이 아니라, 어떻게 행동하는 것이 옳다고 생각하는가 그 의견을 묻는 것이니, 학생들 스스로가 그렇게 실천할 자신이 없더라도 그렇게 하는 것이 옳겠다고 생각만 한다면, 그 생각을 따라 응답할 것.

연구원이 질문서를 가지고 각 학교를 방문한 것은 1964년 9월 말부터 10월 10일경 사이였다. 학생들은 거의 모두가 매우 열의에 찬 협력으로 응해 주었다. 회수된 응답지의 총수는 1,750장 정도였으나, 결함이 발견되어 무효로 돌린 것을 빼고 나니, 마지막으로 남은 것은 1,692장이었다. 이 가운데 남자의 것이 938장, 여자의 것이 754장 있었으며, 인문·사회과학 계통의 학생의 것과 자연과학 계통의 학생의 것을 나누면, 전자가 864장, 후자가 828장이었다.

5. 통계적 처리

이 연구는 본래 어떤 통계적인 숫자 그 자체에 대한 흥미에서 출발한 것이 아니라, 우리 현실에 대한 대국적인 관심에서 시작된 것이었다. 따라서 우리의 통계적 처리는 번잡하고 까다로운 것들에까지 미치지 않는다. 예컨대, 신뢰도나 타당성의 측정 같은 과정은 생략하기로 하였으며, 주로 백분비(百分比)에 의거하여 학생들의 반응의 전반적 경향을 파악하기에 주력하였다. 그러나 더 여러 각도에서 통계적인 분석을 시행함은 '현실에 대한 대국적인 관심에서 시작된' 이 연구의 목적을 위해서도 더욱 좋았으리라는 것을 모르는 바는 아니다. 허락된 비용과 시간의 제한이 하고 싶은 모든 것을 실행하게 내버려 두지 않았을 따름이다.

백분비를 산출함에 있어서는, 표본 전원에 관한 것 이외에, 남자·여자별,

문과 · 이과별, 도시 · 농촌 출신별 및 가정의 재산 정도별에 의한 백분비도 내보기로 하였다.

6. 분석

통계에 나타난 숫자가 무엇을 의미하는가를 분석하는 일은 이 연구의 목적을 위하여 매우 중요한 과정의 하나다. 우리의 관심은 미래로 이끌리고 있다. 그리고 미래를 새로운 것으로 만들기 위하여 우선 현재를 알뜰히 파악하자는 것이다. 그러나 통계가 보여주는 숫자는 그것이 바로 현실의 모사는 아니다. 그것은 오직 현실을 암시하는 기호에 지나지 않는다. 이 기호는 더 일상적인 언어를 통하여 해석되어야 한다.

기호로서 주어진 통계 숫자를 해석함에 있어서 우리는 직관과 통찰력의 힘을 빌리게 된다. 따라서 해석에는 항상 주관적인 요소가 침입할 위험성이 개재한다. 우리는 여기에서 시도하는 해석이 되도록이면 객관적인 사실과 일치하기를 염원하며, 또 그렇게 되도록 노력할 것이다. 그러나 여기에 앞으로 시도되는 해석은 어디까지나 한 개인의 해석이요, 따라서 주관성을 완전히 탈피하지 못하리라는 것을 자인하고 출발한다. 그리고 앞으로 객관적 사실과 더 정확하게 부합하는 해석이 다른 분석가의 노고를 통하여 나온다는 일도 있음직한 일이다.

여하간 이 연구가 일단 발표된 뒤에는 여기에 포함된 통계적 숫자는 만인의 자유로운 해석을 기다리는 공동의 소유가 될 것이며, 비록 필자의 해석이 주관성을 벗어나지 못한다 하더라도, 그 해석의 대상이 된 통계적 숫자 자체가 객관성을 포함한 자료임에는 변함이 없을 것이다.

3장

연구의 숫자적 결과와 이에 대한 분석적 고찰

3장 연구의 숫자적 결과와 이에 대한 분석적 고찰

1. 위정자의 기본 사명에 관한 의견

1의 1 : 우리 질문서 제1문항의 내용을 이루는 도덕 판단은 다음과 같다.

1. 정치에서 도덕을 찾는 것은 정치가 무엇인지 모르는 어리석음이다. 정권의 획득을 위해서는 수단과 방법을 가리지 않고 내 목적을 달성함이 당연하다.

위의 판단과 똑같은 내용의 말 또는 그와 정반대의 말을 고대의 유가들이 했다는 기록은 모른다. 그러나 다음에 인용하는 구절의 정신으로 미루어 볼 때, 공자나 맹자가 위의 판단에 대하여 단연 '아니다'라고 대답했을 것임에는 의심의 여지가 없다. 『논어』에 나오는 다음의 말들과 우리 문항의 말을 비교해 보라.

계강자가 공자에게 정치를 물었다. 공자가 대답하여 말씀하기를, "정(政)은 정(正)입니다. 선생께서 바름(正)으로써 거느리시면, 누가 감히 부정을 하오리까?"(季康子問政於孔子. 孔子對曰, 政者正也. 子帥以正, 孰敢不正.)[1]

자장이 정치를 물었다. 공자가 말씀하기를, "가만히 있을 때에는 마음속으로 게을리하지 말 것이며, 행동을 일으킬 때에는 충성을 다할 것이다."(子張問政. 子曰, 居之無倦, 行之以忠.)[2]

위의 인용은 덕치주의를 역설한 유가들의 많은 언어 가운데 한두 예에 지나지 않는다. 올바른 도덕의 길을 따라 정치를 해야 한다는 것은 유교에 있어서 기본적인 신념이다. 그러면 오늘날 우리 대학생들은 이 정치와 도덕의 문제를 어떻게 생각하는 것일까?

우리가 얻은 통계 숫자는 다음의 [표 1]과 같다.

[표 1] No.1 (N. 1692)

	남녀별				문과·이과별				전체	
	남 자		여 자		문 과		이 과		총 원	
	명	%	명	%	명	%	명	%	명	%
그 렇 다	87	9.3	55	7.3	80	9.3	62	7.5	142	8.4
아 니 다	825	87.9	660	87.5	749	86.7	736	88.9	1,485	87.8
모르겠다	26	2.8	39	5.2	35	4.0	30	3.6	65	3.8
계	938	100	754	100	864	100	828	100	1,692	100

[표 1] No.2 (N. 1604)

	가정의 수입 등급별						성장지의 도시·농촌별					
	상 급		중 급		하 급		서 울		지방도시		농어촌	
	명	%	명	%	명	%	명	%	명	%	명	%
그 렇 다	55	9.7	61	7.3	17	8.2	49	9.5	30	6.1	54	9.0
아 니 다	490	86.7	731	87.9	186	89.9	445	85.9	436	89.4	526	88.0
모르겠다	20	3.6	40	4.8	4	1.9	24	4.6	22	4.5	18	3.0
계	565	100	832	100	207	100	518	100	488	100	598	100

여기서 남자와 여자, 또는 문과생과 이과생을 합친 표본의 총수는 1,692명인데, 표본을 가정의 수입 등급별 또는 성장지의 도시·농촌별로 나누었을 경우에는 그 총수가 1,604명으로 줄어들고 있음은 표본이 된 학생들 가운데 자기 집 경제 사정에 관하여 기록하기를 꺼린 사람들이 있었기 때문이다. 그리고 가정의 수입 등급이 '상급'이라 함은 연수입이 25만 원 이상일 경우를 가리키며, '중급'이라 함은 25만 원 미만~6만 원 이상을 말하며, '하급'이라 함은 6만 원 이하를 가리킨다. 다음에, '지방도시'라 함은 서울을 제외한 한국의 도시로서 1963년 현재 인구 10만 명 이상의 곳을 말한다.

이 표에 나타난 통계를 보면, 표본 총수의 87.8%라는 절대다수가 '아니다'라고 답하고 있다. 남녀별에는 별반 차이가 없는데, 문과·이과별로 볼 때에는 문과에 '그렇다'가 상당히 더 많은 것이 주목된다. 특히 정치학과, 법학과 등 앞으로 정치계로 진출할 사람이 많이 나올 듯한 학과에서 비교적 많은 찬성표가 나왔다는 사실은 무엇을 시사하는 것일까?

가정의 경제 수준별로 보면, 상급이 86.7%, 중급이 87.9%, 하급이 89.9%로 경제 사정이 어려워질수록 '아니다'로 대답한 수가 많아지고 있다. 살림이 어려운 사람들일수록 정치계의 부패를 더욱 뼈저리게 느끼는 것일까? 성장지별로 보면(여기서 성장지는 국민학교를 졸업한 곳을 표준으로 삼고 정한 것이다), '아니다'가 가장 적은 것이 서울이고 가장 많은 것이 지방도시로 되어 있어서 그 해석이 매우 난감하다.

여하간 한국 대학생의 절대다수가 도덕을 무시한 정치에 반대하고 있음은 분명하며, 이 점에 있어서 한국 대학생들의 생각은 고대 유가의 견해와 일치

---

1 『論語』卷之六, 顏淵, 第十二, 十七章.
2 『論語』卷之七, 子路, 第十三, 一章.

한다고 볼 수가 있다. 그러나 오늘날 한국의 대학생과 고대의 유가가 존중한 '도덕'이 똑같은 내용의 도덕인지는 자못 의심스럽다. 고대의 유가가 '도덕적'이라고 생각한 것을 현대 한국의 대학생들은 '부도덕'하다고 판단할지도 모른다. 그들의 견해가 일치한 것은 권모술수가 횡행하기 쉬운 정치계에 있어서도 도덕은 지켜져야 한다는 점에 그치며, 지켜야 할 도덕의 내용에 관해서는 우리의 표는 아무것도 알려 주지 않는다.

우리로서 더욱 궁금한 것은 현재 우리나라의 정치에 종사하는 사람들이 과연 어느 정도 도덕적인 신념에 따라 움직이고 있느냐는 문제다. 가령 우리의 질문서를 이 나라의 정치인들에게 나누어 주었다 하더라도, 그들은 아마 대학생들과 별 차이 없이 응답했을지도 모른다. 그러나 그들이 어떠한 마음씨로 정치적 실천에 종사하고 있느냐는 전혀 별개의 문제다. 여기에 우리는 이론과 실천의 거리를 보는 것이며, 우리나라 정계에 부족한 것의 하나가 무엇인가를 다시금 생각하게 된다.

1의 2 : 우리 질문서 제2문항의 내용을 구성하는 도덕 판단은 다음과 같다.
2. 설령 독재정치에 의하여 부유하게 살 수 있는 길이 열린다 하더라도, 우리는 차라리 민주정치 아래서 굶주리는 편이 낫다.

위의 명제와 같은 내용의 글을 유가의 고전 중에서 찾기는 힘들 것이다. 현대적인 의미의 '민주정치'라는 개념이 그들에게는 없었기 때문이다. 그러나 필자로 하여금 위의 명제를 연상케 한 고전의 구절은 있다. 그것은 『논어』의 다음 구절이다.

공자가 말씀하기를, "백성은 정교(政敎)의 원리를 따라 행동하도록 만들 수는 있으나, 일일이 그 정교의 원리를 이해시킬 수는 없다."(子曰, 民可使由

之. 不可使知之.)[3]

공자의 이 말은, 현대인의 안목으로 볼 때, 확실히 민주주의적인 발언은 아
니다. 그것은 위정자의 탁월함을 전제하는 동시에, 선의의 독재를 긍정하고
있다. 질문서의 제2문항은 바로 공자의 저 발언의 취지를 뒤집어 꾸민 것이
다. 이 문항에 대한 우리 대학생들의 응답은 다음 [표 2]와 같은 통계를 나타
내고 있다

[표 2] No.1

	남녀별				문과 · 이과별				전 체	
	남 자		여 자		문 과		이 과		총 원	
	명	%	명	%	명	%	명	%	명	%
그 렇 다	404	43.1	370	49.1	382	44.2	392	47.3	774	45.8
아 니 다	432	46.1	286	37.9	387	44.8	331	40.0	718	42.4
모르겠다	102	10.8	98	13.0	95	11.0	105	12.7	200	11.8
계	938	100	754	100	864	100	828	100	1,692	100

[표 2] No.2

	가정의 수입 등급별						성장지의 도시 · 농촌별					
	상 급		중 급		하 급		서 울		지방도시		농어촌	
	명	%	명	%	명	%	명	%	명	%	명	%
그 렇 다	256	45.3	381	45.8	93	44.9	220	42.5	215	44.1	295	49.3
아 니 다	247	43.7	341	41.0	96	46.4	235	45.4	202	41.4	247	41.3
모르겠다	62	11.0	110	13.2	18	8.7	63	12.1	71	14.5	56	9.4
계	565	100	832	100	207	100	518	100	488	100	598	100

위의 표를 보면, 전체의 45.8%가 '그렇다', 42.4%가 '아니다'이며, 11.8%

---

3 『論語』 卷之四, 泰伯, 第八, 九章.

가 '모르겠다'로 응답하고 있다. 찬성과 반대가 거의 비슷하며, 미처 결단을 내리지 못하는 사람도 상당한 숫자에 달하고 있는 형편이다.

이것은 우리의 문항이 젊은이들을 심각한 딜레마로 몰아 넣고 있음을 의미하는 것으로 보인다. 그것은 서툰 표현이기는 하나 일부에서 말하는 '빵이냐 자유냐'의 설문과도 상통하는 딜레마일 것이다.

다음에 부분적 통계로 시선을 돌려 우선 남녀별의 숫자를 보면, 남자는 '배고픈 민주주의'보다는 '배부른 독재정치'를 선택하는 사람이 약간 많은 데 비하여, 여자는 반대로 '배고픈 민주주의'로 기울어진 숫자가 뚜렷하게 높다. 이것은 남자가 더 현실주의적이며, 여자는 이상주의 내지 낭만주의로 기울어지는 경향이 많음을 의미하는 것일까? 또는 '도덕' 내지 '사회생활' 교과서의 가르침을 그대로 받아들이는 경향이 여자에게 강하다고 할 것인가?

문과·이과별을 보면, 문과는 남자의 경우와 비슷한 숫자를 나타내고 있으며, 이과는 여자의 경우와 비슷한 숫자를 보여주고 있다. 남자와 문과는 생각이 복잡하다는 점에 있어서 일맥상통하는 면이 있는지도 모르겠다.

가정경제의 정도별에 따르는 수치의 차이는 별로 크게 나타나지 않았다. 하급에 속하는 사람들에게 '아니다'가 많은 것은 자연스러운 경향이라 하겠으나, 그 숫자의 차이는 어떤 계급론적 가설을 세우기에 충분하도록 큰 것 같지는 않다. 성장지의 도시·농촌별의 경우에 있어서도 약간의 숫자적 차이가 보이기는 하나, 이렇다 할 해석을 붙이기에는 그 차이가 너무 근소한 것으로 생각된다.

지금 고찰하고 있는 문항은 누구라도 대답하기에 곤란을 느끼지 않을 수 없는 성질의 물음이다. 독재도 곤란하고 굶주림도 받아들이기 힘든 것이기 때문이다. 여기서 우리가 자연히 생각하게 되는 것은 독재도 없고 굶주림도 없는 사회를 건설할 수는 없을까 하는 문제다. 여건이 좋은 나라에서는 그것이 비교적 수월할 것이다. 그러나 한국처럼 조건이 나쁜 나라에 있어서 통제도 계획성도 없는 경제정책을 가지고 온 백성이 잘산다는 것은 상식으로도 생각하기 어려운 일이다. 따라서 우리의 문제는 독재 없이 합리성과 계획성이 있는 경제체제를 수립할 수 있느냐는 물음을 불러일으킨다.

1의 3 : 우리의 셋째 문항은 다음과 같은 내용의 판단을 제시하고 이에 대한 의견을 묻는 것으로 되어 있다.

3. 위정자는 옳은 지도 원리를 따라 정치를 해야 하지만, 우리나라같이 급속도의 발전이 요구될 경우에 있어서는 일반 국민에게 일일이 그 지도 원리를 설명하고 납득시킬 필요는 없으며, 그저 강력하게 그 길로 국민을 끌고 가는 것이 좋다.

이것도 제2문항을 다룰 때 말한 『논어』의 "子曰, 民可使由之. 不可使知之"라는 구절에 근거를 둔 판단이다. 제2문항의 경우에는 공자의 말과 반대의 주장을 토대로 삼고 명제를 꾸몄던 것이나, 이번에는 공자의 주장을 그대로 받아들이는 태도의 글을 만들어 본 것이다. 다시 말하면, 제2문항에서는 '아니다'가 공자의 생각을 용인함에 가까웠으나, 제3문항에 있어서는 반대로 '그렇다'가 공자의 생각을 받아들임에 가깝다는 차이가 있다. 그러면 학생들의 응답한 결과가 과연 우리들의 논리가 예상하는 바와 일치하는지, 그 통계를 다음 [표 3]을 통하여 살펴보기로 하자.

[표 3] No.1

	남녀별				문과 · 이과별				전 체	
	남 자		여 자		문 과		이 과		총 원	
	명	%	명	%	명	%	명	%	명	%
그 렇 다	454	48.4	442	58.6	439	50.8	457	55.2	896	53.0
아 니 다	446	47.5	269	35.7	386	44.7	329	39.7	715	42.3
모르겠다	38	4.1	43	5.7	39	4.5	42	5.1	81	4.7
계	938	100	754	100	864	100	828	100	1,692	100

[표 3]　No.2

	가정의 수입 등급별						성장지의 도시·농촌별					
	상 급		중 급		하 급		서 울		지방도시		농어촌	
	명	%	명	%	명	%	명	%	명	%	명	%
그렇다	321	56.8	433	52.0	109	52.6	281	54.3	288	59.0	294	49.2
아니다	218	38.6	361	43.4	90	43.5	200	38.6	183	37.5	286	47.8
모르겠다	26	4.6	38	4.6	8	3.9	37	7.1	17	3.5	18	3.0
계	565	100	832	100	207	100	518	100	488	100	598	100

먼저 첫 번째 표를 보면 전체의 53%가 '그렇다'라고 대답하였으며, 42%가 '아니다'라고 대답하였다. 제2문항에 있어서 '아니다'라고 응답함으로써 "민주정치 아래 굶주리는 것보다는 독재정치 밑에서라도 부유하게 사는 것이 낫다."는 의견을 나타낸 사람들이 42.4%밖에 안 되었다는 사실과 비교할 때, 위의 숫자는 강력한 교도정치(敎導政治)에 찬성하는 사람이 제3문항에 있어서는 상당히 증가했음을 의미한다.

이러한 숫자의 변동을 우리는 몇 가지 이유로써 설명할 수 있을 것이다. 첫째, 제2문항에 있어서 '독재정치'라는 말과 '민주정치'라는 말의 대조에서 거의 자동적으로 '그렇다'라고 대답한 사람들의 일부가, 제3문항에 있어서는 "우리나라같이 급속도의 발전이 요구될 경우에 있어서는"이라는 설명에 약간 설득을 당했다고 볼 수 있으며, 둘째로 "일반 국민에게 일일이 지도 원리를 설명하고 납득시킬 겨를이 없어, 그저 강력하게 그 길로 국민을 끌고 가는 것"이 반드시 '독재정치'는 아니라고 생각한 사람들도 상당수 있었다고 볼 수 있다.

만약 제2문항에서 '아니다'라고 대답한 사람의 전부가 제3문항에서 '그렇다'라고 대답한 것이라면, 우리는 위의 설명만으로도 만족할 수 있었을 것이다. 그러나 사실은 제2문항에서 '아니다'로 대답하고 제3문항에서도 또 '아니다'라고 대답한 사람이 있는 까닭에, 문제는 그리 단순하지가 않은 것 같다. 여기 참고삼아 제2문항 및 제3문항에 대한 각자의 대답이 어떠한 결합의 경향을 보이고 있는가를 통계적으로 정리해 보면 다음과 같다.

① 제2문항에서 '그렇다'고 대답하고, 제3문항에서도 '그렇다'고 대답한 사람
　　남자　　938명 중 143명
　　여자　　754명 중 200명
　　문과　　862명 중 156명
　　이과　　830명 중 187명

② 제2문항에서 '그렇다'고 대답하고, 제3문항에서 '아니다'라고 대답한 사람
　　남자　　938명 중 247명
　　여자　　754명 중 147명
　　문과　　862명 중 210명
　　이과　　830명 중 184명

③ 제2문항에서 '아니다'라고 대답하고, 제3문항에서 '그렇다'고 대답한 사람
　　남자　　938명 중 254명
　　여자　　754명 중 190명
　　문과　　862명 중 230명
　　이과　　830명 중 214명

④ 제2문항에서 '아니다'라고 대답하고, 제3문항에서도 '아니다'라고 대답한 사람
　　남자　　938명 중161명
　　여자　　754명 중 91명
　　문과　　862명 중 145명
　　이과　　830명 중 107명

위의 통계가 보여주는 바와 같이 제2, 제3 두 문항에 있어서 모두 '아니다'로 대답한 사람의 수는, 다른 결합에 비하여 훨씬 적기는 하지만, 그러나 무시할 수 있을 정도의 아주 적은 숫자는 아니다.

제2문항 및 제3문항에 대한 응답에서 얻은 통계 숫자를 여러모로 검토하고 필자는 다음과 같은 결론 비슷한 생각을 갖게 되었다.

(1) 자유냐 통제냐 하는 문제에 관하여 우리나라 대학생들은 아직 일치된 여론을 형성하지 못한 상태에 있으며, 같은 사람의 경우에 있어서도 사실 어느 길이 좋을지 몰라서 딜레마에 빠지는 수가 많다.

(2) 독재와 굶주림은 어느 쪽도 받아들이기 곤란하다고 느끼는 것이 대부분의 대학생들의 심정이며, 이 두 가지를 모두 피할 수 있는 길이 제시된다면, 그 길은 크게 환영을 받을 것이다.

(3) 질문서의 방법으로 복잡한 사회사상을 탐구하는 데는 상당한 난점이 있음을 자인하고, 좀 더 정확성을 기할 수 있는 방법에 의한 보충을 꾀할 필요가 있다.

다음에 표본의 분류에 따른 통계를 살펴보면 남녀별에 있어서 남자는 '그렇다'가 48.4%에 '아니다'는 47.5%인 데 비하여, 여자는 '그렇다'가 58.6%에 '아니다'는 35.7%로 되어 있다. 이것은 남자의 경우에 있어서는 제2문항에 대한 응답의 경향과 논리가 잘 맞아 들어가나, 여자의 경우에 있어서는 제2문항에서도 '그렇다'고 대답하고 또 제3문항에서도 '그렇다'고 대답한 사람이 상당히 많음을 의미한다.

가정의 수입 등급별에 있어서는 '그렇다'가 상급에 56.8%로 비교적 많은 것이 눈에 띄고, 중급과 하급은 비슷한 수치를 보이고 있다. 성장지별의 통계에 있어서는 '그렇다'가 지방도시에 59.0%로 가장 많고, 농어촌에 가장 적음이 발견된다.

1의 4 : 우리 질문서의 제4문항의 내용을 이루는 명제는 다음과 같다.

4. 빈민이 압도적으로 많은 나라에 있어서, 고위의 정치가가 금일봉 또는 그 밖의 어떤 선심을 빈민에게 베푸는 것은 그 빈민을 구제하는 중요한 방법의 하나다.

그것이 개인 호주머니에서 나오는 것인지 또는 '판공비'라는 이름이 붙은 세금에서 떼어 주는 것인지는 모르나, 고위층으로부터 어떤 딱한 사정이 있는 사람들에게로 선심이 베풀어지는 것은 오늘날 흔히 보도되는 사실이다. 이러한 선심이 어떠한 평가를 받고 있는지 확인해 보고자 하는 생각에서 이 제4문항을 만든 것이다.

이 문항과 직접 관련이 있는 유교적 고전의 문구로서는 다음의 것을 지적할 수 있을 것이다.

> 자산(子産)이 정(鄭)나라의 정사(政事)를 맡아 보았을 때, 자기가 타는 수레에 사람을 태워서 주수(溱水)와 유수(洧水)를 건네 주었다. 맹자가 이것을 평하여 말씀하기를, "선심은 있으나 정치는 할 줄 모르는 처사다. 11월에 인도교를 완성하고, 12월에 차교를 완성하면, 백성들은 물 건너는 일로 근심하지 않게 될 것이다. 위정자가 정치를 공평하게 하면 길을 가면서 사람을 피해도 무방하다. 어찌 한 사람 한 사람을 모두 건네 줄 수 있겠는가. 그러므로 위정자가 개인개인을 일일이 기쁘게 해주려 든다면, 날마다 그 일만 해도 부족할 것이다."(子産聽鄭國之政, 以其乘輿濟人於酎溱洧. 孟子曰, 惠而不知爲政. 歲十一月徒杠成, 十二月輿梁成, 民未病涉也. 君子平其政, 行辟人可也. 焉得人人而濟之. 故爲政者, 每人悅之, 日亦不足矣.)[4]

---

4 『孟子』離婁章句 下, 惠而不知爲政章 第二.

우리의 문항은 맹자의 견해를 뒤집어서 꾸민 셈이다. 따라서 여기서는 '아니다'라고 대답하는 편이 맹자에게 동의하는 것이라고 볼 수 있을 것이다.

그러면 이 문항에 대한 학생들의 응답은 어떠한 것일까? 우리가 얻은 결과는 다음에 제시하는 [표 4]에 나타난 바와 같다.

[표 4]를 살펴보면, 전체의 82.6%라는 절대다수가 '아니다'라고 단정하고 있다. 일시적이요 부분적인 선심이나 미봉책으로 대할 것이 아니라, 국민의 생활이 안정될 수 있는 근본 대책이 세워져야 한다는 것이 압도적인 의견이라고 해석된다. 이것으로 미루어 볼 때, 선거일을 앞두고 정치인들이 베푸는 속이 보이는 선심에 대하여 학생들이 어떠한 평가를 할지는 묻지 않아도 명백하다 할 것이다.

[표 4] No.1

	남녀별				문과·이과별				전 체	
	남 자		여 자		문 과		이 과		총 원	
	명	%	명	%	명	%	명	%	명	%
그 렇 다	83	8.8	117	15.5	98	11.3	102	12.3	200	11.8
아 니 다	818	87.3	580	76.9	728	84.3	670	80.9	1,398	82.6
모르겠다	37	3.9	57	78.3	38	4.4	56	6.8	94	5.6
계	938	100	754	100	864	100	828	100	1,692	100

[표 4] No.2

	가정의 수입 등급별						성장지의 도시·농촌별					
	상 급		중 급		하 급		서 울		지방도시		농어촌	
	명	%	명	%	명	%	명	%	명	%	명	%
그 렇 다	66	11.7	90	10.8	29	14.0	47	9.1	57	11.7	81	13.5
아 니 다	464	82.1	702	84.4	166	80.2	449	86.7	400	82.0	483	80.8
모르겠다	35	6.2	40	4.8	12	5.8	22	4.2	31	6.3	34	5.7
계	565	100	832	100	207	100	518	100	488	100	598	100

제4문항에 있어서도 표본의 분류에 따르는 응답 경향의 차이를 찾아볼 수가 있다. 남녀별로 보면 여자 편에 '그렇다'라고 대답한 비율이 많고, 문과·이과별에 있어서는 이과생에게 그 비율이 많은데, 이것은 시야의 넓이 및 기질의 문제로써 설명될 수 있음직하다. 가정의 경제 사정을 기준으로 보면 '그렇다'의 대답이 하급에 많고, 도시·농촌별로 볼 때에는 '그렇다'의 대답이 농어촌에 가장 많이 발견된다. 이러한 경향을 어떻게 설명해야 옳을 것인지 경솔히 단정하기는 어려우나, 학생들의 경우에 있어서 계급주의적 반발의 감정은 일반적으로 보급되지 않았다는 증거라고 볼 수 있지 않을까 하는 생각이 든다.

1의 5 : 우리 질문서의 제5문항은 다음과 같은 명제를 내용으로 삼고 있다.

5. 정부가 사회의 질서를 확립하는 가장 좋은 방법은, 여러 가지 까다로운 법률을 만드는 일보다도 국민의 불만을 덜어 줌으로써 민심을 얻도록 하는 일이다.

필자로 하여금 이러한 문항을 생각하게 한 것은 『맹자』의 진심장구(盡心章句)에 나오는 다음 구절이다.

맹자가 말씀하기를 "… 정치를 잘함은 잘 가르침으로써 민심을 얻는 것만 못하다. 정치를 잘하면 백성이 이를 두려워하고, 가르치기를 잘하면 백성이 이를 사랑한다. 정치를 잘하면 백성의 재산을 얻고, 가르치기를 잘하면 백성의 마음을 얻는다."(孟子曰, … 善政, 不如善敎之得民也. 善政民畏之, 善敎民愛之. 善政得民財, 善敎得民心.)[5]

---

5 『孟子』盡心章句 上, 善敎得民心章 第十四.

이 맹자의 말씀과 제4문항의 명제가 빈틈없이 부합하는 것은 아니다. 그러나 맹자의 말씀과 우리의 문항은 그 근본정신에 있어서 일치한다고 말할 수 있을 것이다. 맹자는 선정(善政)과 선교(善敎)를 비교했으며, 우리는 '까다로운 법률의 제정'과 '국민의 불만을 덜어 줌'을 대비시켰다. 그러나 여기서 말하는 맹자의 '선정'은 '인정(仁政)'과는 다른 것으로서 '백성을 잘 장악하는 정치' 정도로 해석하는 것이 옳을 것이다. 그것은 선정이 백성을 두려워하게 하며, 또 백성의 재물을 얻는 소이(所以)라고 말한 것으로도 알 수 있다. (차주환 교수도 이 구절에 대한 주석에서, "법도와 금령을 어김없이 시행해 나가면, 부역이 잘 되어 나가고, 과세의 공납이 실수 없이 되어 공가(公家)에서 백성들의 재물을 거둬들이는 일은 제대로 되지만…" 운운의 해석을 하고 있다.[6]) 하여간, 우리의 문항에 대하여 '그렇다'고 대답하는 사람은 맹자의 이 말씀에 대하여도 찬동할 것이 대개 틀림없을 것으로 믿는다.

우리 제5문항에 대한 학생들의 응답을 통계적으로 처리하여 얻은 결과는 다음 [표 5]와 같다.

[표 5] No.1

	남녀별				문과·이과별				전체	
	남 자		여 자		문 과		이 과		총 원	
	명	%	명	%	명	%	명	%	명	%
그 렇 다	777	82.8	528	70.0	685	79.3	620	74.9	1,305	77.2
아 니 다	121	12.9	174	23.1	133	15.4	162	19.6	295	17.4
모르겠다	40	4.3	52	6.9	46	5.3	46	5.5	92	5.4
계	938	100	754	100	864	100	828	100	1,692	100

---

6 차주환 역주, 『동양의 지혜』, 을유문화사, 1964, p.330.

[표 5] No.2

| | 가정의 수입 등급별 | | | | | | 성장지의 도시·농촌별 | | | | | |
| | 상 급 | | 중 급 | | 하 급 | | 서 울 | | 지방도시 | | 농어촌 | |
	명	%	명	%	명	%	명	%	명	%	명	%
그렇다	424	75.0	655	78.7	160	77.3	380	73.4	375	76.8	484	81.0
아니다	117	20.7	123	14.8	33	15.9	111	21.4	81	16.6	81	13.5
모르겠다	24	4.3	54	6.5	14	6.8	27	5.2	32	6.6	33	5.5
계	565	100	832	100	207	100	518	100	488	100	598	100

필자는 이 제5문항이 스테레오타입에 가깝지 않을까 염려하였으며, 적어도 90% 가까운 '그렇다'의 응답이 나올 것으로 예측했다. 그러나 실제로 얻은 숫자는 예상과 약간 다르다는 것이 발견된다. 즉, 전체로 볼 때, 겨우 77.2%가 '그렇다'고 대답하고 있으며, 17.4%라는 예상 외로 많은 숫자가 '아니다'로 대답하고 있다. 물론 77.2%만 하더라도 절대다수임에 틀림이 없는 것이기는 하나, 우리의 제5문항 같은 상식적인 명제에 대하여 그 정도의 반대 의견이 나왔다는 사실에 주목이 가지 않을 수 없다. 여기서 '아니다'라고 대답한 것은 '국민의 불만을 덜어 줌으로써 민심을 얻도록 하는 일'에 반대한 것으로는 상식적으로 생각할 수 없으며, '까다로운 법률을 만드는 일'을 비난하는 어조에 반대한 것이라고 짐작이 간다. 만약 이 짐작이 옳다면, 학생들 일부의 그러한 반응은 무엇을 의미하는 것일까? 우선 표본의 분류에 따르는 통계부터 살펴보기로 하자.

우선 남자와 여자를 비교하면, 남자 82.8%의 '그렇다'에 대하여 여자의 '그렇다'는 70%로 훨씬 떨어진다. 문과와 이과를 비교하면 문과생의 '그렇다'가 상당히 높다. 가정의 경제 사정을 기준으로 삼을 때에는 중급의 '그렇다'가 제일 많으며, 상급의 그것이 가장 적다. 지방별로 볼 때에는 농어촌에 '그렇다'가 가장 많고, 서울에 가장 적다. 이는 제3문항에 있어서의 '그렇다'

라는 대답의 경향과 아주 대조적이다. 제3문항이란 "위정자는 옳은 지도 원리를 따라 정치"를 하되 "일반 국민에게 일일이 그 지도 원리를 설명하고 납득시킬 필요는 없으며, 그저 강력하게 그 길로 국민을 끌고 가는 것이 좋다."는 내용의 것이었다. 여기서 '그렇다'는 남자보다 여자에게 많았고, 문과보다는 이과에 많았으며, 가정의 경제적 등급으로는 상급에 가장 많고, 지방별로는 농어촌에 제일 적었던 것이다. 다시 말하면, 제3문항에 있어서 강력한 정치를 원한 부류의 사람들이 제5문항에 있어서 '까다로운 법률'의 필요성을 느낀 것으로 보인다.

까다로운 법률의 힘을 빌리더라도 강력한 정치가 시행되기를 원하는 마음은 안정과 현상 유지를 희구하는 마음이기도 하다. 여자와 이과가 남자와 문과보다도 사회적 격동을 싫어한다는 것은 기질상 자연스러운 일이며, 경제적으로 여유 있는 사람들 및 서울 사람들이 안정과 현상 유지를 희구하는 마음이 강한 것도 이해할 수 있는 일이다. 다만, 가정의 수입 등급별에 있어서 중급의 위정자에 대한 반발이 하급의 그것보다 심한 것은 뜻밖인 것 같기도 하나, 본래 자유주의적이고 비판적인 정신이 중류계급에게 강하다는 일반적인 현상을 상기한다면 역시 납득이 갈 것이다.

이 질문서가 작성되던 시기가 언론규제법 및 학원보호법이라는 색다른 법률안의 통과를 정부에서 서둘던 때였다는 사실을 참고삼아 적어 둔다. 이 문항에 있어서 '까다로운 법률'이라는 말을 사용하면서 필자가 우선 연상한 것은 바로 이 두 법안이었으며, 이 질문서가 학생들에게 배부될 무렵에도 대부분의 대학생은 '까다로운 법률'로 이 두 법안을 연상할 수 있을 정도로 그것들이 크게 보도되고 있었다. 따라서 이 문항에서 '사회의 질서를 확립'한다 함이 대체로 어떠한 방면의 질서 확립을 말하며, '까다로운 법률'이란 어떠한 따위의 법률을 말하는 것인지, 그 당시에는 짐작하기가 쉬웠으리라고 생각된다. 그러나 이제 상당한 세월이 흘러 저 두 법안이 우리의 뇌리로부터 사라져 가고 있는 오늘날 이 문항을 읽어 보면, 이 문항이 묻는 바가 충분히 확연하지 못한 듯한 느낌이 있다. 이 문항에서 말하는 '질서의 확립'이 주로 정치적 안정을 가리키며, '까다로운 법률'이라는 것이 어느 나라에서나 볼 수 있는 일반적 법률이 아니라 특수한 성격의 예외적 법률이라는 점이 분명히 나타나도록 문항의 표현을 좀 더 정확하게 꾸몄더라면 좋았을 것이라는 뉘우침이 있다.

2. 위정자의 인격 및 이도(吏道)에 관한 의견

2의 1 : 우리 질문서의 제6문항의 내용을 이루는 명제는 다음과 같다.

6. 정부의 고관이 하급 공무원의 부정과 부패를 다스리는 마당에 있어서, 자기들 자신에게도 부정과 부패가 많다는 사실에 크게 신경을 쓸 필요는 없다.

이것 또한 '아니다'라는 대답이 압도적으로 많을 것이 예상되는 상식적인 문항이다. 상식적임을 알면서도 구태여 이러한 문항을 설치한 이유는, 우리나라의 현실과 매우 관계가 깊은 고급 관리의 부패에 대한 젊은이들의 판단을 명확한 숫자로 확인해 두고 싶었기 때문이다.

제6문항의 내용과 비슷한 판단은 공자의 말씀에도 여기저기 발견된다. 예컨대, 『논어』에 다음과 같은 말이 거듭 나오고 있으니, 공자도 우선 윗물이 맑아야 아랫물도 맑을 수 있음을 역설한 것이다.

계강자가 도적이 많음을 걱정하여 공자에게 그 대책을 물었다. 공자가 대답하여 말씀하기를, "당신께서 물건을 탐내지 않으신다면, 상을 준다 하더라도 사람들에게 훔치는 일이 생기지 않을 것이오."(季康子患盜, 問於孔子. 孔子對曰, 苟子之不欲, 雖賞之不竊.)[7]

공자가 말씀하기를, "위정자 자신이 올바르면 명령하지 않아도 잘되어 나가고, 자신이 올바르지 못하면 명령을 내린다 하더라도 복종하지 않는다." (子曰, 其身正, 不令而行. 其身不正, 雖令不從.)[8]

공자가 말씀하기를, "자기의 몸을 바로 갖는다면 정치에 종사하기에 무슨 어려움이 있겠는가. 자기의 몸을 바로 갖지 못한다면 어찌 남을 바로잡을 수 있겠는가."(子曰, 苟正其身矣, 於從政乎何有. 不能正其身, 如正人何.)[9]

제6문항의 명제는 공자의 견해를 반대로 뒤집어서 꾸민 것이다. 따라서 여기서는 '아니다'라고 대답한 편이 공자의 생각에 찬성을 표시한 것이 된다. 이 문항에 대하여 우리가 실제로 얻은 대답의 통계는 [표 6]에 나타난 바와 같다.

[표 6] No.1

	남녀별				문과·이과별				전 체	
	남 자		여 자		문 과		이 과		총 원	
	명	%	명	%	명	%	명	%	명	%
그 렇 다	73	7.8	60	8.0	60	6.9	73	8.8	133	7.9
아 니 다	831	88.6	677	89.7	783	90.7	725	87.6	1,508	89.1
모르겠다	34	3.6	17	2.3	21	2.4	30	3.6	51	3.0
계	938	100	754	100	864	100	828	100	1,692	100

7 『論語』卷之六, 顔淵, 第十二, 十八章.
8 『論語』卷之七, 子路, 第十三, 六章.
9 『論語』卷之七, 子路, 第十三, 十三章.

[표 6] No.2

	가정의 수입 등급별						성장지의 도시·농촌별					
	상 급		중 급		하 급		서 울		지방도시		농어촌	
	명	%	명	%	명	%	명	%	명	%	명	%
그렇다	37	6.6	69	8.3	15	7.2	44	8.5	33	6.8	45	7.5
아니다	513	90.7	737	88.6	185	89.3	462	89.2	440	90.2	533	89.2
모르겠다	15	2.7	26	3.1	7	3.5	12	2.3	15	3.0	20	3.3
계	565	100	832	100	207	100	518	100	488	100	598	100

표를 보면 '아니다'의 대답이 압도적으로 많다. 우리의 예상과 그대로 일치한 것이다. 남녀별, 문과·이과별, 가정의 수입 등급별, 성장지의 도시·농촌별 등 어떠한 각도에서 분석해 보아도 그 결과에는 별로 큰 차이가 없다. 만약 우리나라의 고급 관리들에게 같은 문항의 대답을 구하더라도, 결과에는 큰 차이가 없을 것이다. 아마 이것은 동서고금을 통하여 거의 의견의 일치를 보는 도덕적 문제 중의 하나일 것이다. 그리고 이것이 절대다수의 통일된 의견을 초래하는 근본적 이유는 인간의 지성이 논리의 일관성을 무시하기 힘들다는 사실에 있을 것이다.

그러나 이론적인 판단의 일치가 반드시 실천적인 행동의 일치를 동반하는 것은 아니다. 실제에 있어서 자기의 비행은 감추고 남의 비행을 책망하는 사람은 옛날에도 많았고, 또 현대에도 많은 것으로 안다. 그러기에 공자도 그 당연한 주장을 거듭하였고, 우리도 또한 이 자명함에 가까운 문제에 다시 주의를 환기해 본 것이다.

2의 2 : 우리의 제7문항은 다음의 명제에 대한 찬성 또는 반대를 묻는 내용의 것이다.

7. 장관의 자리에 여러 해 동안 있다가 은퇴한 정치가가 집 한 채도 제대로 없다면,

그의 청렴을 칭찬할 사람도 있을지 모르나, 사실은 그가 융통성 없고 못난 사람이라고 보는 견해가 더욱 타당할 것이다.

고급 관리가 치부(致富)하는 경향은 후진국가에 있어서 흔히 있는 현상이다. 만약 고관에게 주어진 권한이 공공의 일을 위한 것이라면, 그 권한을 이용하여 어떤 개인적인 목적을 달성하는 것은 도리에 어긋나는 짓임이 분명하나, 후진국가의 인심은 그것을 예사로운 일로 보기도 한다. 이러한 현상은 우리 한국의 현실과도 깊은 관련이 있다고 보는 관점에서 이 문항을 만들어 본 것이다.

유가의 고전 가운데, 고관을 오래 지낸 뒤에 집 한 채 없이 은퇴한 선비의 이야기가 글자 그대로 있는지는 모르겠다. 그러나 『소학』의 다음 구절은 제7 문항에 대하여 '아니다'라고 대답하는 것이 유가의 정신임을 입증하기에 충분할 것이다.

> 유중영은 예로써 몸을 바로잡았다. … 세 번이나 대군국(大郡國)의 절도사를 지냈으나, 외양간에는 좋은 말이 없고, 의복에 향불의 냄새를 옮기는 일도 없었다.(柳仲郢 以禮律身. … 三爲大鎭, 廐無良馬, 衣不薰香.)[10]

『소학』을 지은 이는 유중영의 검소함을 칭찬하고 있는 것이다. 그리고 그의 검소함은 청렴을 포함하는 것으로 짐작된다. 만약 유중영이 탐욕이 많아 막대한 재물을 거두고도 명마(名馬)와 훈향(薰香)을 즐기지 못했다면, 그것은 한갓 음흉 내지 인색에 지나지 않을 것이니, 유가의 칭찬을 받을 이유가

---

10 『小學』外篇, 善行 第六, 實敬身篇, 第十節.

되지 않을 것이기 때문이다.

　유가에서는 고래로 청빈을 선비의 자랑으로 삼았다. 그러면 현대 한국의 대학생들의 생각은 어떠한 것일까? 우리가 얻은 통계는 다음 [표 7]에 나타난 바와 같다.

[표 7] No.1

	남녀별				문과 · 이과별				전 체	
	남 자		여 자		문 과		이 과		총 원	
	명	%	명	%	명	%	명	%	명	%
그렇다	287	30.6	317	42.0	303	35.1	301	36.4	604	35.7
아니다	571	60.9	359	47.7	483	55.9	447	54.0	930	55.0
모르겠다	80	8.5	78	10.3	78	9.0	80	9.6	158	9.3
계	938	100	754	100	864	100	828	100	1,692	100

[표 7] No.2

	가정의 수입 등급별						성장지의 도시 · 농촌별					
	상 급		중 급		하 급		서 울		지방도시		농어촌	
	명	%	명	%	명	%	명	%	명	%	명	%
그렇다	183	32.4	310	37.3	64	30.9	192	37.1	177	36.3	188	31.4
아니다	332	58.8	435	52.2	127	61.4	263	50.7	274	56.1	357	59.7
모르겠다	50	8.8	87	10.5	16	7.7	63	12.2	37	7.6	53	8.9
계	565	100	832	100	207	100	518	100	488	100	598	100

　전체로 볼 때, '그렇다'가 35.7%이고 '아니다'가 55.0%다. 고관의 부정과 부패를 좋다고 생각하는 사람은 아마 드물 것이다. 그러나 어느 정도 사복(私腹)을 채우는 것은 오히려 당연하다고 생각하는 사람도 상당한 수에 달하는 것으로 보인다.

　남녀별로 보면, 남자의 경우는 '아니다'가 '그렇다'의 두 배에 가까운데, 여자의 경우는 전자가 겨우 5% 더 많을 뿐이다. 부탁이 있을 경우에 고관을 찾아가느니보다 그 부인을 찾아가는 편이 효과적이라는 항간의 소리를 연상케 한다.

문과 · 이과별로 볼 때에는, 이과의 '그렇다'의 백분율이 문과의 그것보다 약간 높다. 문과의 태도와 남자의 태도가 가깝고 이과의 태도와 여자의 태도가 가까운 것은, 이 조사에 있어서 매우 여러 번 보는 경향이다.

가정의 수입 등급별로 보면 '그렇다'의 백분율이 중급, 상급, 하급의 순서로 높고, 성장지의 도시 · 농촌별에 있어서는 그 백분율이 서울, 지방도시, 농어촌의 순서로 높다. 대개 그럴 법한 일이라고 느껴지나, 중급이 상급보다도 '그렇다'의 비율이 상당히 높은 것은 그 원인을 짐작하기 어렵다.

이 문항에 관하여 끝으로 한 가지 보태 두고자 하는 것은, '그렇다'라고 대답한 사람들의 본심이 무엇이냐는 문제에 관한 것이다. 뇌물을 받거나 공금을 횡령하는 등의 범죄를 통하여 재물을 모으는 것까지 좋다고 생각하는 사람은 거의 없을 것이다. 별로 어긋나는 짓을 하지 않더라도 집 한 채쯤은 만들 수 있다고 생각한 것일지도 모른다. 그러나 우리나라 실정으로 볼 때, 공무원의 봉급만으로는 집을 장만하기 어려운 것이 사실이며, 고관의 자리에 있으면서 집 한 채 장만 못한 것을 부끄러운 일이라고 판단하는 심리의 배후에 청렴의 덕을 숭상하는 마음씨가 그리 강하지 아니함을 느끼게 한다.

2의 3 : 우리의 제8문항이 찬반의 평가를 요구하는 명제는 다음과 같다.

8. 자기 한 개인의 덕(德)을 닦지 못하여 인격이 대단치 못한 사람일지라도, 재주와 수완만 놀라우면 정치적 지도자로서의 자격이 있다.

유가들은 덕치주의를 거듭 강조하였고 '수신(修身), 제가(齊家), 치국(治國), 평천하(平天下)'의 순서로 역설했다. 한편, 오늘날 한국의 정계를 바라보면, 거기 권모술수의 암약을 보는 동시에, 힘이 곧 정의의 행세를 하는 현상이 종종 일어남을 본다. 이 제8문항은 인격과 정치적 지도자의 관계에 대하여 한국의 대학생들이 어떻게 생각하고 있는가를 분명히 해두고자 하는 생각에서 만들어 본 것이다.

제8문항의 명제와 직접 관계가 깊은 유가의 구절로는 다음과 같은 것을 예로 들 수 있을 것이다.

천자로부터 서민에 이르기까지, 누구나 다 같이 몸을 닦는 것을 근본으로 삼는다. 근본이 어지러우면서 말단이 다스려지는 예는 아직 없다. 후하게 해야 할 데에 박하게 하고, 박하게 해도 좋을 경우에 후하게 하는 사람은 일찍이 나타난 일이 없다.(自天子以至於庶人, 壹是皆以脩身爲本. 其本亂而末治者否矣. 其所厚者薄而其所薄者厚, 未之有也.)[11]

맹자가 말씀하기를 "남을 사랑하는데도 가까워지지 않으면, 나의 인(仁)이 부족하지나 않은가 반성하라. 남의 다스리되 다스려지지 않으면 내 지혜가 부족함이 아닌가 반성하라. 예(禮)로써 사람을 대하여도 반응이 없거든, 내 공경이 부족함이 아닌가 반성하라. 행해서 목적한 바를 얻지 못하거든, 그 원인을 자기 스스로에 구하라. 자기의 몸이 올바르면, 천하가 모두 귀순(歸順)해 올 것이다."(孟子曰, 愛人不親, 反其仁. 治人不治, 反其智. 禮人不答, 反其敬. 行有不得者, 皆反求諸己. 其身正, 而天下歸之.)[12]

남을 다스릴 수 있으려면 우선 자기의 인격부터 닦아야 한다는 유가의 말

---

11 「大學」, 經一章.
12 「孟子」 離婁章句上, 反求諸己章, 第四.

은 이 밖에도 얼마든지 찾아볼 수 있을 것이다. 우리의 제8문항의 명제는 유가들의 기본적인 가르침을 부정하고 나온 셈이다. 따라서 여기서는 '아니다'라고 대답하는 편이 유가들과 이 문제에 관해서 견해가 일치함에 가깝다는 결론이 될 것이다. 대학생들의 의견을 [표 8]을 통하여 살펴보기로 하자.

[표 8] No.1

	남녀별				문과·이과별				전 체	
	남 자		여 자		문 과		이 과		총 원	
	명	%	명	%	명	%	명	%	명	%
그렇다	162	17.3	135	17.9	147	17.0	150	18.1	297	17.5
아니다	743	79.2	581	77.1	681	78.8	643	77.7	1,324	78.3
모르겠다	33	3.5	38	5.0	36	4.2	35	4.2	71	4.2
계	938	100	754	100	864	100	828	100	1,692	100

[표 8] No.2

	가정의 수입 등급별						성장지의 도시·농촌별					
	상 급		중 급		하 급		서 울		지방도시		농어촌	
	명	%	명	%	명	%	명	%	명	%	명	%
그렇다	107	18.9	135	16.2	39	18.8	90	17.4	89	18.2	102	17.1
아니다	442	78.3	655	78.8	158	76.4	403	77.8	379	77.7	473	79.1
모르겠다	16	2.8	42	5.0	10	4.8	25	4.8	20	4.1	23	3.8
계	565	100	832	100	207	100	518	100	488	100	598	100

누구나 대강 예상할 수 있었듯이, '아니다'가 압도적인 숫자를 나타내고 있다. 지도자로서 갖추어야 할 자격 가운데 유덕(有德)한 인격을 뺄 수 없다는 것은 아마 동서고금을 통한 거의 일반적인 견해일 것이다. 남녀별, 문과·이과별 등 표본의 구분을 따르는 차이에도 특히 두드러진 점이 발견되지 않는 것은 문항의 성질로 보아서 당연한 것일지도 모른다.

여기서 한 가지 필자로서 반성하게 되는 점이 있다. 그것은 "정치적 지도

자로서의 자격이 있다.”는 말의 뜻이 약간 모호하다는 사실이다. 자격이 있다 없다 하는 것은 정도의 문제라고 생각되며, 정치적 지도자로서 만족스럽지는 못하더라도 인재가 귀한 나라인 만큼 지도자의 자격을 인정해야 할 경우도 생길 것이 아니냐는 의견도 제기될 수 있음직하다. 다만 이 문항에 대해서 ‘모르겠다’는 응답이 특히 많이 나오지는 않은 것으로 본다면, 응답자들이 이 점을 상식적으로 처리함에 별다른 곤란을 느끼지는 않은 것으로도 생각된다. 여하튼 제8문항의 취지는 정치적 지도자를 희구하는 마당에 있어서 그 인물의 도덕적 인품의 면이 어느 정도 중요시되고 있는가를 알아보자는데 있었으며, 우리는 현대의 대학생들도 지도자의 인격을 중요시하는 경향이 압도적이라는 결론을 얻은 것이다.

2의 4 : 우리의 제9문항은 다음 명제에 대한 찬성과 반대를 묻는 것이었다.

9. 만약 그것이 참으로 나라를 살리는 길이라면, 정치적 동지를 배반하고 새로운 당에 가담한다 해도 잘못이 아니다.

한국은 고래로 의리를 매우 존중하는 전통을 가졌다. ‘변절’이니 ‘전향’이니 하는 말은 흔히 비난의 뜻을 가지고 사용된다. 정객(政客)이 정당의 소속을 바꾸는 행위도 원칙적으로 찬양할 수 없는 짓으로 생각되고 있다. 그러나 변절 내지 전향은 어떠한 경우에도 용인될 수 없는 것일까? 더 큰 목적의 달성을 위해서라면, 변절 내지 전향도 용인해야 할 일이 아닐까? 이러한 문제를 염두에 두고 제9문항은 만들어진 것이다.

공자의 경우는, 대의(大義)를 위해서라면 소의(少義)에는 구애하지 말아야 한다는 견해를 분명히 가졌던 것으로 보인다. 그것은 『논어』의 다음 구절만으로도 알 수가 있다.

자로가 공자에게 다음과 같이 물었다. "환공이 공자(公子) 규(糾)를 죽였을 때, 소총(召忽)은 규를 위해 죽었습니다만, 관중(管仲)은 죽지 않았습니다. 관중은 인자하지는 못하다고 해야 할 것이 아니겠습니까?" 이에 대하여 공자께서 말씀하기를, "환공이 제후를 규합함에 있어서 전차를 쓰지 않은 것은 관중의 힘이다. 누가 그의 인자함을 능히 따라갈 수 있겠느냐. 누가 능히 따를 수 있겠느냐."(子路曰, 桓公殺公子糾. 召忽死之, 管仲不死. 曰, 未仁乎. 子曰, 桓公九合諸侯, 不以兵車, 管仲之力也. 如其仁, 如其仁.)[13]

자공(子貢)도, 관중이 공자 규가 환공의 손에 죽었을 때 규를 위해 죽지 못하고 도리어 환공의 대신(大臣) 노릇을 했다는 사실을 지적하면서, 관중의 인(仁)을 의심하였다. 이에 대하여 공자는, 관중이 환공의 대신 노릇을 했음으로 인하여 천하가 통일되고 정치가 바로잡혀 백성이 그 혜택을 입고 있는 바 큼을 말씀하고, 관중의 인을 역시 긍정하고 있다.[14]

요컨대, 자로와 자공은 관중의 변절을 이유로 그가 인(仁)하지 못한 사람이라는 의견을 암시했으나, 공자는 관중이 그의 변절을 통하여 더 큰 업적을 남겼음을 높이 평가하고, 그에게 인을 허락한 것이다. 그리고 그 뒤로 공자의 이 판단이 유가에 있어서 정통적인 견해가 되었을 것임에 의심의 여지가 없다.

우리의 제9문항은, 나라를 살리기 위해서라면 정치적 동지를 배반하고 새로운 당에 가담하여도 좋으냐고 물었다. 천하의 통일과 질서를 위하여 규에 대한 의리를 희생해야 한 관중의 경우와 근본에 있어서 상통하는 물음이다. 이 물음에 대한 대학생들의 응답을 통계적으로 보면, 다음 [표 9]와 같다.

---

13 『論語』 卷之七, 憲問, 第十四, 十七章.
14 『論語』 卷之七, 憲問, 第十四, 十八章.

[표 9] No.1

	남녀별				문과·이과별				전 체	
	남 자		여 자		문 과		이 과		총 원	
	명	%	명	%	명	%	명	%	명	%
그렇다	794	84.7	605	80.2	716	82.9	683	82.5	1,399	82.6
아니다	109	11.6	73	9.7	104	12.0	78	9.4	182	10.8
모르겠다	35	3.7	76	10.1	44	5.1	67	8.1	111	6.6
계	938	100	754	100	864	100	828	100	1,692	100

[표 9] No.2

	가정의 수입 등급별						성장지의 도시·농촌별					
	상 급		중 급		하 급		서 울		지방도시		농어촌	
	명	%	명	%	명	%	명	%	명	%	명	%
그렇다	462	81.7	690	82.9	172	83.1	414	79.9	415	85.1	495	82.8
아니다	76	13.5	92	11.1	23	11.1	64	12.4	45	9.2	82	13.7
모르겠다	27	4.8	50	6.0	12	5.8	40	7.7	28	5.7	21	3.5
계	565	100	832	100	207	100	518	100	488	100	598	100

전체로 볼 때, 82.6%라는 절대다수가 '그렇다'로 대답하고 있다. 필자가 알기에는 오늘의 젊은 세대에 있어서도 의리를 존중하는 전통적 기풍은 살아남아 있는 듯함에도 불구하고, 이토록 압도적인 숫자가 '그렇다'에 표를 던진 것은 "그것이 참으로 나라를 살리는 길이라면"이라는 가정이 결정적인 작용을 한 것으로 보인다. 그리고 '나라를 살리는 길'이라는 말이 그토록 힘 있게 작용한다는 사실은 지금 우리 한국이 존망의 위기에 처해 있다는 현실 및 이 현실에 대한 젊은이들의 깊은 관심을 반영한 것으로 해석된다.

표본의 구분별에 따르는 경향의 차이로서는 뚜렷한 것을 지적하기가 곤란하다. 한 가지 약간 주목을 끄는 것은 여자에 '모르겠다'가 유달리 많다는 사실과 서울에 '그렇다'가 비교적 적다는 사실이다. 여자에 '모르겠다'가 많은 것은 우리의 제9문항이 관계하는 "정치적 동지를 배반하고 새로운 정당에 가담한다."는 사항이 여자들에게 대단히 생소한 것이라는 사실과 관련이 깊을 것으로 생각되며, 서울에 '그렇다'가 비교적 적은 것은, 명분 없는 변절 내지 전향의 폐단을 가까이 느끼는 기회가 서울 사람들에게 더 많다는 사실과 관계가 있지 않을까 짐작이 되나, 그 분명한 인과관계는 간단히 말하기 힘들 것 같다.

2의 5 : 우리의 제10문항의 토대를 이루는 명제는 다음과 같다.

10. 대통령이나 국회의원도 일반 국민과 고락을 같이해야 한다는 의견이 있다. 그러나 애쓰고 싸워서 높은 자리에 오른 뒤에 일반 국민과 같이 고생스러운 생활을 하라는 것은 무리한 요구다.

혹은 국민에게 주권이 있다 하고, 혹은 국민을 위하여 봉사한다고도 하지만, 정권을 잡은 사람들 또는 고급 관리가 합법 또는 비합법의 방법으로 치부 (致富)하며 호화스러운 생활을 하는 것은 흔히 있는 일이다. 우리나라에 있어서 '출세'의 개념은 매우 이기적인 것이며, 국가나 사회를 위해서보다는 일신과 일가의 영예를 위해서 분투 노력하는 것이 전통적인 경향이다. 우리의 제10문항은 이러한 현실을 염두에 두고, 위정자 계급이 경제적으로도 상층을 형성하는 사실의 시비를 물어본 것이다.

동서를 막론하고 위정자가 착취를 자행한 것은 옛날부터의 일관된 일이며, 국가나 백성보다도 가문의 영광을 위하여 진력한 것은 유가로 자처한 사람들의 일반적인 경향이었다. 그러나 위정자가 백성을 희생하고 홀로 호의호식함이 정당한 일이라고 공자나 맹자가 생각한 것은 아니다. 유가의 정치 사상은 본래 '덕치(德治)'를 근본 이념으로 삼은 것이며, 덕치의 이념은 위정자의 솔선수범을 요구해 왔던 것이다. 『맹자』의 다음 구절은 이 점을 분명히 밝혀 준다.

왕의 자리에 있는 사람이 백성의 즐거움을 즐긴다면, 백성도 또한 왕의 즐거움을 즐길 것이요, 백성들의 근심을 근심한다면, 백성들도 역시 왕의 근심을 근심할 것입니다. 천하와 더불어 즐기고 천하와 더불어 근심하면서 그래도 왕 노릇을 제대로 못한 사람은 아직 없었습니다.(樂民之樂者, 民亦樂其樂. 憂民之憂者, 民亦憂其憂. 樂以天下, 憂以天下, 然而不王者, 未之有也.)[15]

이 밖에도 민본주의적 사상을 표명한 구절은 공자나 맹자의 가르침 가운데서 흔히 찾아볼 수 있다. 그리고 지도자의 검소한 생활을 찬양한 예는 이미 제7문항에 관한 해설에서 인용한 구절이 아니라도 얼마든지 들 수 있을 것이다. 다만, 위정자는 백성과 더불어 동고동락해야 한다고 주장했을 때, 유가가 과연 절대적인 분배의 평등을 말했다고 볼 수 있을지는 매우 의문이다. 아마 그들은 지나친 불평등에 반대했을 뿐이요, 정치적 계급의 귀천을 따라 생활 정도에도 상당한 차등이 있는 것이 당연하다고 여겼음에는 다름이 없었다고 보아야 할 것이다. 정치적 계급의 귀천만을 인정하고 경제적 계급은 부정한다는 것은 있을 수 없는 일이며, 유가의 윤리 사상은 본래 치자(治者)와 피치자(被治者)의 선천적 귀천을 전제로 삼고 형성된 것이었다. 그러나 공자와 맹자 같은 유교의 지도자들이 민생 문제를 중요시한 것은 의심의 여지 없는 사실이며, 오늘의 한국과 같은 형편에 있어서, 위정자들이 일반 국민의 생활고는 아랑곳없이 호의호식하는 것을 시인하리라고는 생각하기 어렵다. 따라서 우리의 제9문항에 대해서는 '아니다'라는 응답이 공맹의 사상에 가까운 것이라고 보아서 무리함이 없을 것이다. 그러면 우리 대학생들의 응답은 어떠한 것일까? 다음 [표 10]을 따라 검토하기로 하자.

---

15 『孟子』梁惠王章句 下, 樂以天下章 第四.

[표 10] No.1

	남녀별				문과·이과별				전 체	
	남 자		여 자		문 과		이 과		총 원	
	명	%	명	%	명	%	명	%	명	%
그 렇 다	128	13.7	148	19.6	117	13.5	159	19.2	276	16.3
아 니 다	750	80.0	568	75.3	687	79.5	631	76.2	1,318	77.9
모르겠다	60	6.3	38	5.1	60	7.0	38	4.6	98	5.8
계	938	100	754	100	864	100	828	100	1,692	100

[표 10] No.2

	가정의 수입 등급별						성장지의 도시·농촌별					
	상 급		중 급		하 급		서 울		지방도시		농어촌	
	명	%	명	%	명	%	명	%	명	%	명	%
그 렇 다	116	20.5	122	14.7	34	16.4	95	18.3	71	14.5	106	17.7
아 니 다	425	75.3	658	79.0	162	78.3	397	76.7	384	78.7	464	77.6
모르겠다	24	4.2	52	6.3	11	5.3	26	5.0	33	6.8	28	4.7
계	565	100	832	100	207	100	518	100	488	100	598	100

　전체의 77.9%가 '아니다'라고 대답한 것은 우리의 상식이 기대했던 바와 크게 어긋나지 않는다. 16.3%라는 (비록 많지는 않으나) 일부의 숫자가 '그렇다'고 응답한 것이 대학생의 양식으로서 어떠할까 하는 생각을 불러일으키는 바도 없지 않으나, 역시 그렇게 생각하는 대학생들이 그 정도는 있음직한 일이기도 하다.

　'그렇다'는 대답이 남자보다는 여자에게 6% 정도 많고, 문과생보다는 이과생에 5.7% 많다. 사회 전체에 대한 문제의식이 일반적으로 남자와 문과생에게 강하다는 사실의 반영이 아닌가 생각된다. 경제적 생활 정도의 구분으로 볼 때에는 '그렇다'가 상급에 가장 많고 성장지별로 보면 서울 출신에 그것이 가장 많다. 자기의 가정경제의 실정을 정당시하려는 경향의 나타남이라고 보아도 좋지 않을까? 경솔한 결론은 삼가는 것이 좋을 것이나, 현실에 대한 비판적 경향이 일반적으로 중급과 지방도시에 강한 것은 주목할 사실이라 하겠다.

민주주의의 정신으로 말한다면, 위정자도 당연히 일반 국민과 고락을 같이해야 한다는 의견에 찬성해야 할 것이다. 그러나 '민주주의'의 이름 뒤에서 각박한 이기주의가 창궐하는 현실의 세정(世情)으로 말한다면, 특권층의 우선을 정당시하는 견해에 도리어 솔직한 고백을 발견한다 하겠다. 어느 길이 옳은지 우리의 대다수는 어렴풋이 알고 있다. 그러나 그 어렴풋한 판단이 뚜렷한 신념에 이르기까지에는 거리가 있으며, 또 그 신념이 어김없는 실천을 동반하기까지에는 다시 한 계단의 관문이 가로막고 있는 것이 우리 현실의 한 단면이다.

2의 6 : 우리의 제11문항은 다음과 같은 명제에 대한 찬반을 묻는 것으로 되어 있다.

11. 나는 실직자로서 하루에 세 끼를 겨우 먹을 수 있을 정도로 가난하다. 만약 현 정부가 나에게 고관의 자리를 주겠다면, 설령 현 정부의 시책에 찬성할 수 없더라도 나는 그 취직 자리를 수락하는 것이 옳다.

사관(仕官)은 유가들의 한결같은 희망이었다. 고래로 한국과 중국의 선비들은 스스로 통치자의 자리를 노리는 야심에 불타는 일은 거의 없었으나, 군주를 섬기는 관리의 자리를 얻으려는 욕망은 언제나 굳세게 간직하고 있었다. 유가의 사상은 본래 춘추전국시대의 중국의 현실을 부정하는 데서 출발했던 것이며, 지식인으로서의 비판적 정신을 바탕으로 삼고 발전하였다. 그러한 점에서 혁신적이고 야당적인 성격을 간직했던 것이나, 유가들이 항상 사관에 뜻을 두었던 까닭에, 그들은 혁신적이기는 하나 혁명적은 아니었으며, 그들의 야당성에도 스스로 한계가 있었다. 그러나 유가들이 겉으로 표방한 사관의 동기는 어디까지나 군주를 도와 '선왕지도(先王之道)'를 실현함에 있었다. 속으로는 비록 이기적 욕구의 발동을 좇았을지도 모르나, 그들이 겉으로 내세운 것은 어디까지나 국가 사회를 위한 봉사였다. 따라서 일신의 영달이나 생계를 위하여 의(義)를 배반하고 사관(仕官)하는 것을 이념상으로 긍정할 수는 없었다. 선비는 비록 궁지에 처해서일지라도 의를 버리지 않으며, 비록 영달한 지위에 오른 뒤에도 도(道)를 떠나지 말아야 한다. 『맹자』의 다음 구절은 이 점을 분명히 말해 주고 있다.

　　그러므로, 선비는 궁하더라도 정의를 잃지 않으며, 영달하더라도 정도를 벗어남이 없다. 궁해도 정의를 잃지 않는 까닭에 선비는 자기의 본성을 지키며, 영달하여도 정도를 벗어나지 않는 까닭에 백성들은 희망을 잃지 않는다. (故士窮不失義, 達不離道. 窮不失義, 故士得己焉. 達不離道, 故民不失望焉.)[16]

　　오늘날 우리나라에 있어서 공직을 단순한 개인의 생활수단으로 생각하는 사람이 전혀 없지 않다. 그 일을 감당할 만한 역량이 없으면서도, 기회만 있으면 중책의 자리도 사양하지 않는 무책임도 있으며, 눈앞의 이익을 위해서는 정치의 이념이나 절조를 버리더라도 국가의 공직을 탐내는 파렴치도 있다. 우리의 제11문항은 이러한 현실을 염두에 두는 한편, 또 궁하더라도 정의를 잃어서는 안 된다고 한 맹자의 가르침을 생각하면서 만든 것이다. 이 문항

---

16 『孟子』盡心章句 上, 孟子謂宋句踐章 第九. 또 이와는 내용이 약간 다른 것이지만, "내가 어떤 관직에 있을 때 내 힘이 그 직책을 다하지 못함을 깨달았을 경우에는 마땅히 그 자리를 물러나야 한다."는 뜻을 말한 다음과 같은 구절도 있다. "五聞之也. 有官守者, 不得其職則去, 有言責者, 不得其言則去."(『孟子』公孫丑章句 下, 無官守無言責章 第五)

에 대한 학생들의 응답은 다음 [표 11]에 나타난 바와 같다.

[표 11] No.1

	남녀별				문과 · 이과별				전 체	
	남 자		여 자		문 과		이 과		총 원	
	명	%	명	%	명	%	명	%	명	%
그 렇 다	233	24.8	203	26.9	233	27.0	203	24.5	436	25.8
아 니 다	618	65.9	471	62.5	543	62.8	546	66.0	1,089	64.3
모르겠다	87	9.3	80	10.6	88	10.2	79	9.5	167	9.9
계	938	100	754	100	864	100	828	100	1,692	100

[표 11] No.2

	가정의 수입 등급별						성장지의 도시 · 농촌별					
	상 급		중 급		하 급		서 울		지방도시		농어촌	
	명	%	명	%	명	%	명	%	명	%	명	%
그 렇 다	149	26.4	202	24.3	61	29.5	128	24.7	143	29.3	141	23.6
아 니 다	366	64.8	528	63.4	131	63.3	323	62.4	306	62.7	396	66.2
모르겠다	50	8.8	102	12.3	15	7.2	67	12.9	39	8.0	61	10.2
계	565	100	832	100	207	100	518	100	488	100	598	100

전체의 64.3%가 '아니다'라고 대답하고 있기는 하나, 25.8%에 달하는 '그렇다'도 결코 적은 숫자는 아니다. '모르겠다'도 다른 문항의 경우보다 현저하게 많아서 10%에 가깝다. 이것은 시비에 관한 의견을 물은 질문이 얻은 응답의 숫자다. 만약 제11문항에서 제시된 것과 같은 내용의 행동 문제에 관한 한국 인사들의 실천을 통계로 나타내 볼 수 있다면, 그 숫자는 '그렇다' 쪽으로 크게 기울어지지 않을까 짐작된다. 다시 말하면, 정부의 시책에 찬성하지 않으면서도 그 정부의 고관이 되기를 거부하지 않는 사람들의 수는 매우 많을 것으로 생각되는 동시에, 한국에 있어서 개선을 요구하는 문제가 이 방면에 있어서도 심각함을 느낀다.

남녀별로 볼 때는 여자의 '그렇다'가 약간 많고, 문과·이과별로 볼 때는 문과의 그것이 약간 많다. 가정의 수입 등급별로 본 통계에 있어서는 하급의 '그렇다'가 29.5%로서 가장 많고, 성장지별에 따른 통계에 있어서는 지방도시의 '그렇다'가 29.3%로서 가장 많다. 그러나 그 숫자의 차이는 그리 현저하다 할 정도의 것은 아니며, 여자, 문과, 하급 및 지방도시에 있어서 왜 '그렇다'가 비교적 많은지, 그 사유를 짐작하기 매우 곤란하다.

2의 7 : 우리의 제12문항의 줄거리를 이루는 명제는 다음과 같다.

12. 나보다 실력이 월등하게 낫고 인품이 훌륭한 사람을 나와 같은 직장에서 일하도록 끌어들이면, 나 자신의 위치가 위험하게 될 염려가 있다. 그러므로 나보다 난 사람은 되도록 물리치는 것이 당연하다.

공직의 자리는 본래 공사(公事)를 위한 것이라 하겠지만, 실제에 있어서는 이를 한 개인 또는 한 가정의 생계를 위한 수단으로 보는 태도도 흔히 있는 일이다. 여기에 자기보다 우수한 사람을 경원(敬遠)하는 일반적 시기의 심리가 곁들이면, 자기보다 나은 사람이 같은 직장에 나타나기를 꺼리는 결과가 된다. 이러한 사례는 우리 한국에 있어서 흔히 보는 일이거니와, 거기에 정실인사(情實人事)의 풍조까지 작용하고 보니, 실력이 있으면서도 자리를 얻지 못하는 경우가 비일비재하다.

공자는 비록 가족중심주의 윤리 사상의 본산(本山)이기는 하나, 현재(賢才)의 등용을 강조했으며, 인재를 알고 그를 천거하지 아니함은 좋지 못한 일이라고 비난하였다. 『논어』에 보이는 다음과 같은 구절들은 공자가 얼마나 인재의 등용을 역설했는가를 짐작하기에 족하다.

공숙문자(公叔文子)의 가신이었던 대부 선(僎)은 (문자의 천거로) 문자와 함께 위공(衛公)의 조정에 나가 벼슬을 살았다. 공자가 이 말을 듣고, "과연 문(文)이라는 시호를 받을 만한 사람이다."라고 (자기와의 지위의 차이도 초월하여 가신인 선의 현재(賢才)를 천거하여 선으로 하여금 자기와 동렬에서 일하게 한) 공숙문자를 찬양하였다.(公叔文子之臣大夫僎, 與文子同升諸公. 子聞之曰, 可以爲文矣.)[17]

　　공자가 말씀하기를, "장문중은 벼슬자리를 훔친 사람이라 하겠도다. 그는 유하혜가 현명함을 알면서도 그와 함께 조정에 서지 않았다."(子曰, 臧文仲, 其竊位者與. 知柳下惠之賢, 而不與立也.)[18]

가신(家臣) 선을 천거하여 함께 조정에 선 공숙문자를 칭찬하는 한편, 유하혜가 현재(賢才)임을 알고도 그를 조정에 천거하지 않은 장문중을 도적이라고 비난한 공자의 말씀 가운데, 실력 본위의 인재 등용이 역설되고 있음이 뚜렷하다. 공자는 계씨(季氏)의 재상이 된 중궁(仲弓)이 정치의 도를 물었을 때도 현재를 등용할 것을 강조하였다.

현재의 등용이 공자에 의하여 그토록 역설된 것은, 세정(世情)의 현실이 옛날에도 반드시 실력을 환영하지 않았기 때문일지도 모른다. 옛날에도 있었고 오늘날에도 있는 이 현상 — 악화(惡貨)가 양화(良貨)를 배척하는 현상 — 을 옳다고 보는 견해도 있을 것이며, 그르다고 보는 견해도 있을 것이다. 한국의 대학생들의 견해는 어떠한 것일까? 다음 [표 12]의 기록을 살펴보기로 하자.

―――

17 『論語』卷之七, 憲問, 第十四, 十九章.
18 『論語』卷之八, 衛靈公, 第十五, 十三章.

[표 12] No.1

	남녀별				문과·이과별				전 체	
	남 자		여 자		문 과		이 과		총 원	
	명	%	명	%	명	%	명	%	명	%
그 렇 다	80	8.5	51	6.8	73	8.5	58	7.0	131	7.7
아 니 다	808	86.2	667	88.4	740	85.6	735	88.8	1,475	87.2
모르겠다	50	5.3	36	4.8	51	5.9	35	4.2	86	5.1
계	938	100	754	100	864	100	828	100	1,692	100

[표 12] No.2

	가정의 수입 등급별						성장지의 도시·농촌별					
	상 급		중 급		하 급		서 울		지방도시		농어촌	
	명	%	명	%	명	%	명	%	명	%	명	%
그 렇 다	45	8.4	63	7.6	20	9.7	31	6.0	46	9.5	51	8.5
아 니 다	491	86.5	726	87.2	180	86.9	457	88.2	416	85.2	524	87.6
모르겠다	29	5.1	43	5.2	7	3.4	30	5.8	26	5.3	23	3.9
계	565	100	832	100	207	100	518	100	488	100	598	100

전체로 볼 때 87.2%라는 절대다수가 '아니다'로 응답하고 있다. 만약 이 문항의 표현을 뒤집어서 "비록 나 자신의 위치가 위험하게 될 염려가 있더라도, 나보다 난 사람을 물리치는 것은 잘못이다."라고 했더라면, 아마 87.2%보다 더 큰 비율이 '그렇다'고 응답했을 것이다. (우리의 제12문항은 약간의 설득력으로써 유혹하는 힘을 숨기고 있다고 생각되기 때문이다.) 따라서 우리의 이 문항에는 스테레오타입적 성격이 있다고 보아야 마땅할 것이며, 이 문항의 의의는 미지의 사실을 발견하는 도구로서보다도, 우리가 건전한 상식으로 짐작하고 있던 바를 숫자적으로 확인하는 방편이 되었다는 점에 있다고 할 것이다.

남녀별로 보면 '아니다'가 여자에게 더 많고, 문과·이과별로 보면 이과생에게 그것이 더 많다. 가정의 수입 등급별로 보면 중급에 '아니다'가 약간 많고, 성장지별로는 서울에 그것이 좀 많다. 그러나 구분지에 따르는 숫자의 차이는 적은 편이며, 이렇다 할 경향이라고 볼 수 있을 정도의 것은 아니다.

2의 8 : 우리의 제13문항은 다음과 같은 명제에 대한 찬반을 묻는 것으로 되어 있다.

13. 공무원이 이렇다 할 공적 용무 없이 상사의 거처에 출입하면서 비위를 맞추는 것을 비열하다고 나무랄 이유는 없다.

공사(公私)의 구별이 분명하지 못한 것은 후진사회에 있어서 흔히 보이는 현상이다. 상위와 하위 직원 사이의 정실(情實)이 승진을 위한 결정적 요인이 되기도 한다. 우리의 제13문항은 이러한 현상을 염두에 두고 만들어진 것이며, 유가의 고전 가운데서는 다음의 구절이 이 문항을 위한 직접적 계기가 되었다.

> 자유(子游)가 무성(武城)의 읍장이 되었을 때, 공자가 물어 말씀하기를,
> "자네는 인재를 얻었는가?"
> 이에 자유가 대답하여 다음과 같이 여쭈었다.
> "담대멸명(澹臺滅明)이라는 사람을 속리(屬吏)로 쓰고 있사온대, 그는 항상 정도를 걸어 지름길로 잔꾀를 부리는 일이 없으며, 공무가 아니면 제 방에 들어오는 일이 없습니다."(子遊爲武城宰. 子曰, 汝得人焉爾乎. 曰, 有澹臺滅明者, 行不由徑, 非公事, 未嘗至偃之室也.)[19]

위의 인용으로 볼 때, 잔꾀를 부리거나 상사에게 알랑거리는 것은 유가에

---

19 『論語』卷之三, 雍也, 第六, 十二章.

있어서도 떳떳하지 못한 짓으로 물리침을 받고 있음이 분명하다. 따라서 이 제13문항에 있어서도 '아니다'라는 대답이 유가에게 동의하는 편이 될 것이다. 이 문항에 대한 우리 대학생들의 응답은 다음 [표 13]에 나타난 바와 같다.

[표 13] No.1

	남녀별				문과 · 이과별				전 체	
	남 자		여 자		문 과		이 과		총 원	
	명	%	명	%	명	%	명	%	명	%
그 렇 다	160	17.0	160	21.2	152	17.6	168	20.3	320	18.9
아 니 다	737	78.6	568	75.3	677	78.4	628	75.8	1,305	77.1
모르겠다	41	4.4	26	3.5	35	4.0	32	3.9	67	4.0
계	938	100	754	100	864	100	828	100	1,692	100

[표 13] No.2

	가정의 수입 등급별						성장지의 도시 · 농촌별					
	상 급		중 급		하 급		서 울		지방도시		농어촌	
	명	%	명	%	명	%	명	%	명	%	명	%
그 렇 다	112	19.8	148	17.8	33	15.9	79	15.3	93	19.1	121	20.2
아 니 다	428	75.8	658	79.1	164	79.3	417	80.5	379	77.6	454	76.0
모르겠다	25	4.4	26	3.1	10	4.8	22	4.2	16	3.3	23	3.8
계	565	100	832	100	207	100	518	100	488	100	598	100

이 표를 보면, 전체로서는 77.1%가 '아니다'로 대답하고 있으며, 18.9%가 '그렇다'로 대답하고 있다. '아니다'의 응답이 절대다수이기는 하나, 이 문항이 스테레오타입에 가깝지 않을까 하고 염려한 필자로서는 19%에 가까운 '그렇다'도 예상 외로 많은 숫자다. 상사에게 알랑거리는 것이 나쁠 것이 없다고 믿는 대학생이 19%나 있다는 것은 결코 무시할 수 없는 사실이라고 생각된다. 대체로 보아 세속의 물이 들기 이전이라고 할 대학생들에게 그 정도의 숫자가 있다면, 일반 사회인의 경우에는 더욱 많은 비율이 긍정적인 판단

을 하지 않을까 염려되기 때문이다.

남녀별로는 여자에게 '그렇다'의 대답이 많고, 문과·이과별로는 이과생에게 좀 더 많다. 여자와 이과생의 경향이 비슷한 또 하나의 예다. 가정의 수입 등급별로는 하급에 '그렇다'가 가장 적고, 상급에 가장 많다. 그리고 성장지별로 보면 같은 응답이 서울에 가장 적고, 농어촌에 가장 많다. 그러나 그 숫자의 차이는 그리 크지 않으며, 그 차이를 간단히 가설로 설명하기는 어려울 것으로 보인다.

3. 국정에 대한 비판 및 사회참여에 관한 의견

3의 1 : 우리의 제14문항을 이루는 명제는 다음과 같다.

14. 정치는 정치가에게 일임하는 것이 옳다. 일반 국민이 정치를 잘하네 못하네 하고 비판하는 것은 옳지 못하다.

『논어』 태백편(泰伯篇)에 "그 직위에 있지 않으면 그 정사를 논하지 않는다(不在其位, 不謀其政)."라는 말이 있다. 벼슬자리에 있지 않은 사람, 특히 공부 중에 있는 선비가 함부로 정책의 시비를 논하는 것을 경계한 말로 해석된다. 물론, 재야의 인사로서 정치를 논하는 것을 무조건 잘못이라고 생각하는 것이 공자나 맹자의 근본정신은 아니었다. 그들 자신이 재야의 신분으로서 당대의 위정자를 비판한 언사가 적지 않으며, 적어도 한무제(漢武帝)에 의하여 관학(官學)으로 인정되기 이전의 유가 사상에는 어느 정도의 야당적인 색채가 붙어 다녔다. 그러나 함부로 정치의 시비를 논하는 것을 부당하다고 생각한 것은 유가의 전통적 사고이며, 특히 후세로 내려오면서 정치에 대한 발언을 경계하는 경향이 더욱 뚜렷하게 되었다. 예컨대, 송대(宋代)의 문헌으로 알려진 『소학』의 다음 구절은 이 점을 분명히 밝혀 주기에 충분하다.

범익겸의 좌우명에 말하기를, 첫째, 조정이 하는 정치의 선악을 논하지 말고, 변경(邊境)의 급보에 관련된 파견인사에 대하여 시비를 말하지 말 것, 둘째, 주현(州縣)의 관리들의 장단과 득실을 말하지 말 것.(范益謙座右戒日, 一不言朝廷利害, 邊報差除. 二不言州縣官員長短得失.)[20]

이천선생이 말하기를, "'이 나라에 사는 사람은 이 나라 대부의 처사를 비난하지 않는다'는 옛말은 가장 좋은 도리를 가르친 것이다."(伊川先生日, 居是邦不非大夫. 此理最好.)[21]

오늘날 자유민주주의를 표방하는 나라에 있어서, 국민은 정부의 시책을 비판하고 감시할 권리가 있을 뿐 아니라, 마땅히 그렇게 해야 한다는 것은 상식이다. 그러나 위정자의 편에 서는 사람들 가운데는 오늘날에 있어서도 국민들이 무조건 순종해 주는 것이 바람직하다고 믿는 사람들이 있을 것이며, 국민들 가운데도 반드시 자유민주주의를 탐탁하게 생각하지 않는 사람들이 있을지 모른다. 이러한 점에 관하여 한국 대학생들의 생각은 어떠한 것일까? 제14문항에 대한 그들의 응답을 통계적으로 처리하면, 다음 [표 14]와 같다.

[표 14] No.1

	남녀별				문과·이과별				전 체	
	남 자		여 자		문 과		이 과		총 원	
	명	%	명	%	명	%	명	%	명	%
그렇다	133	14.2	165	21.9	156	18.1	142	17.1	298	17.6
아니다	778	83.0	552	73.2	676	78.2	654	79.0	1,330	78.6
모르겠다	27	2.9	37	4.9	32	3.7	32	3.9	64	3.8
계	938	100	754	100	864	100	828	100	1,692	100

[표 14] No.2

	가정의 수입 등급별						성장지의 도시·농촌별					
	상 급		중 급		하 급		서 울		지방도시		농어촌	
	명	%	명	%	명	%	명	%	명	%	명	%
그렇다	89	15.8	160	19.2	35	16.4	100	19.3	75	15.4	108	18.1
아니다	458	81.0	635	76.3	164	79.3	389	75.1	399	81.7	469	78.4
모르겠다	18	3.2	37	4.5	9	4.3	29	5.6	14	2.9	21	3.5
계	565	100	832	100	207	100	518	100	488	100	598	100

전체로 볼 때, 78.6%라는 절대다수가 '아니다'라는 대답을 하고 있다. 이 제14문항에 관한 한, 한국의 대학생들의 대부분은 유가의 사상에 반대하고 있음을 확인할 수가 있다. 이것은 현대 국가에 있어서 주권이 국민에게 있다 는 사실을 대학생들이 잘 이해하고 있다는 것을 의미하는 숫자이기도 하다. 한편, 전체의 17.6%가 '그렇다'는 판단을 내리고 있는데, 이 17.6%의 '그렇 다'가 무엇을 의미하는 것인지는 속단하기가 어렵다. 주권이 백성에게 있음 을 부인하고, 유가와 더불어 주권이 위정자에게 있다고 믿는 사람들이 17.6%나 있다고는 생각되지 않는다. 주권이 백성에게 있음을 믿으면서도 정 사(政事)는 정치가들에게 일임하는 것이 낫다고 판단하는 사람도 있음직한 일이기 때문이다. 특히 우리나라에는 지금 서구식 민주주의에 대하여 비판 적인 견해도 없지 않은 것으로 보인다. 안정을 희구하는 마음이 강력한 지도 체제를 원하며, 지나친 자유가 도리어 혼란의 원인이라는 의견도 있다. 17.6%의 '그렇다'가 의미하는 바도 이러한 일부의 사고와 관련시켜서 생각 하는 것이 옳지 않을까 한다.

---

20 『小學』外篇, 嘉言 第五, 廣敬身篇, 第二十三章.
21 『小學』外篇, 嘉言 第五, 廣明倫篇, 第十九章.

남녀별로는 여자의 '그렇다'가 7.7%나 많고, 문과·이과별로는 문과생의 그것의 1% 많다. 여자에게 '그렇다'가 많은 것은 안정을 구하는 경향이 여자에게 크다는 사실과, 순종의 전통이 오랜 동양 여성의 성격과 관련시켜서 이해할 수 있음직도 하나, 문과의 그것은 좀 더 복잡한 원인에서 온 것이 아닐까 생각된다.

가정의 수입 등급별로는 중급의 '그렇다'가 가장 많고, 성장지별로는 서울의 그것이 가장 많다. 그러나 여기서의 숫자의 차이는 그리 큰 편이 아니며, 그 차이의 원인을 짐작하기도 매우 어려움을 느낀다.

3의 2 : 제15문항도 역시 정치적 사회참여에 관한 것이다. 다만, 일반 국민의 정치적 비판 그 자체의 시비를 묻지 않고, 그러한 비판이 비판자에게 가져올 결과를 암시하고, 개인의 이해타산이 작용하도록 유도한 것이 제14문항과 다르다. 우리의 문항이 제시하는 명제는 다음과 같다.

15. 어지러운 세상에 함부로 바른말을 하다가 희생을 당하는 것은 어리석은 일이다. 따라서 험악한 세상에서는 오직 침묵을 지키는 것이 좋다.

『논어』에 의하면, 공자의 말씀 가운데 "나라에 도가 있으면 버림을 받지 않고, 나라에 도가 없으면 형륙을 면한다(邦有道不廢, 邦無道免於刑戮)."라는 것이 있다.[22] 나라가 현군(賢君)을 만나 정도(正道)를 따라 운영될 경우에는 나아가 벼슬할 것이며, 반대로 나라의 군주나 그 주위가 부덕하여 무도(無道)가 지배할 경우에는 언행을 삼가 공연한 희생을 당하지 아니함이 선비의 도리라는 것이다. 이와 비슷한 말은 『논어』의 다른 곳에서도 찾아볼 수가 있다.

---

22 『論語』卷之三, 公冶長, 第五, 一章.

공자가 말씀하기를, "… 위태로운 나라에는 들어가지 않고, 어지러운 나라에는 살지 않는다. 천하에 도가 있으면 나타나고, 천하에 도가 없으면 숨는다. 나라에 도가 행하여지는데 빈곤하고 미천하면 이는 부끄러운 일이며, 나라에 도가 행하여지지 않는데 그 안에서 부귀를 누린다면 그것 또한 부끄러운 일이다."(子曰, … 危邦不入, 亂邦不居. 天下有道則見, 無道則隱. 邦有道, 貧且賤焉, 恥也. 邦無道, 富且貴焉, 恥也.)[23]

공자도 바른말을 하는 강직을 반드시 부당하다고 생각한 것은 아니다. 그는 나라에 도가 있거나 없거나 항상 화살같이 곧았던 사어(史魚)를 "곧으니라!(直哉)" 하고 칭찬한 바 있다. 그러나 나라에 도가 행해지지 않을 때에는 자기의 재능을 "거두어 감추어 두고(卷而懷之)" 시세(時勢)에 거슬리는 일이 없었던 연백옥(蓮伯玉)을 "군자라!(君子哉)" 하고 더욱 높이 평가하였다.[24]

그러나 공자는 은둔주의자는 아니었다. 혼탁한 세상을 등지고 산야에 숨음으로써 홀로 깨끗하기를 꾀하는 은자의 사상에는 본래 반대하는 것이 유가의 기본적 자세였다. 다만, 그들은 때를 기다리라고 가르쳤으며, 자신들의 이상을 아무 곳에서나 실현해 보려고 꾀하지 않고, 현군이 있는 곳을 찾아 그 뜻을 이루어 보려고 했을 뿐이다.

공자가 인간세계에 대하여 적극적인 의욕을 가졌으며, 또 그 정신을 제자에게 강조했음은, 자로(子路)로 하여금 은자인 장저(長沮)와 걸익(桀溺)에게 나루터를 묻게 했을 때의 이야기로도 명백하다. 즉, 무도(無道)한 세속을 완전히 버리지 못하고, 사람을 찾아다니는 자기의 태도를 비난한 걸익의 말을 전해 듣고, 공자는 다음과 같이 말했던 것이다.

---

23 『論語』 卷之四, 泰伯, 第八, 十三章.
24 『論語』 卷之八, 衛靈公, 第十五, 六章.

새나 짐승과는 함께 떼지어 살 수가 없다. 내가 이 세상 사람들과 함께 살지 않고서 누구와 더불어 살 것인가? 천하에 정도가 행하여지고 있다면야 낸들 구태여 세태를 고치려고 헤매지 않을 것이다.(鳥獸不可與同群. 吾非斯人之 徒與, 而誰與, 天下有道, 丘不與易也.)[25]

그렇지만 공자의 사회참여의 정신은 그 한계가 뚜렷하다. 그의 정신은 무도한 정권의 전복을 꾀하도록 혁명적이 아니며, 일신의 안위를 무릅쓰고 직언을 토로하도록 모험적도 아니다. 여기에도 '중용(中庸)'을 숭상한 유교 정신의 단적인 표현을 본다.

오늘날 한국에 있어서 지성인의 사회참여를 부르짖는 소리가 높다. 한국에서 강조되고 있는 '사회참여'는 유교의 그것보다도 좀 더 적극적인 것이 아닌가 짐작된다. 특히 젊은 세대에 있어서, 그러한 요구가 강한 것으로 보인다. 그러나 젊은 세대의 얼마만한 비율이 모험적인 사회참여를 옳은 길이라고 믿고 있는 것일까? 여기에 바로 우리 제15문항의 관심이 집중한다. 우리의 제15문항에 대한 응답을 통계적으로 처리하면, 다음 [표 15]가 보여주는 바와 같다.

[표 15]   No.1

	남녀별				문과·이과별				전 체	
	남 자		여 자		문 과		이 과		총 원	
	명	%	명	%	명	%	명	%	명	%
그 렇 다	230	24.5	275	36.5	239	27.7	266	32.1	505	29.8
아 니 다	624	66.5	422	56.0	556	64.3	490	59.2	1,046	61.8
모르겠다	84	9.0	57	7.5	69	8.0	72	8.7	141	8.4
계	938	100	754	100	864	100	828	100	1,692	100

25 『論語』卷之九, 微子, 第十八, 六章.

[표 15] No.2

	가정의 수입 등급별						성장지의 도시 · 농촌별					
	상 급		중 급		하 급		서 울		지방도시		농어촌	
	명	%	명	%	명	%	명	%	명	%	명	%
그 렇 다	170	30.1	243	29.2	58	28.0	163	31.5	139	28.5	169	28.3
아 니 다	352	62.3	515	61.9	132	63.8	300	57.9	307	62.9	392	65.5
모르겠다	43	7.6	74	8.9	17	8.2	55	10.6	42	8.6	37	6.2
계	565	100	832	100	207	100	518	100	488	100	598	100

다음의 표를 보면, 전체의 29.8%가 '그렇다'라고 대답하였으며, 61.8%가 '아니다'라고 대답하고 있다. 유가가 가르친 것보다도 적극적이고 모험적인 사회참여를 옳은 길이라고 믿는 사람이 전체의 과반수에 달하는 셈이다. 이와 같은 숫자는 현대 국가의 주권이 국민에게 있다는 일반적인 신념과 깊은 관계를 맺고 있을 것이다. 한편, '그렇다'라는 응답은 전체의 거의 30%를 차지하고 있다. 이 30% 가운데는 일신의 안위를 가장 중요하다고 생각하는 개인주의 내지 이기주의에서 온 숫자가 클 것으로 생각된다. 앞의 제14문항에 있어서, "정치는 정치가에게 일임하는 것이 옳다."는 신념 아래 정치에 대한 비판을 삼가는 것이 옳다고 대답한 사람이 전체의 17.6%밖에 되지 않았다는 사실과 비교해 볼 때, 그러한 해석이 더욱 굳은 심증을 얻는다.

[표 15]에 있어서 특히 주목을 끄는 것은, 응답의 경향이 남녀별 및 문과 · 이과를 따라 상당한 차이를 보이고 있다는 사실이다. 즉, 남자에게 있어서는 '아니다'가 66.5%에 달하고 '그렇다'는 24.5%밖에 안 되는 데 비하여, 여자에게 있어서는 '아니다'가 56%로 줄고 '그렇다'는 36.5%로 늘어나고 있다. 그리고 문과는 '아니다'가 64.3%이고 '그렇다'가 27.7%인데, 이과의 경우는 '아니다'가 59.2%에 '그렇다'가 32.1%로, 그 차이가 상당히 줄어들고 있다. 이것은 개인 생활의 안정을 희구하며 사회적인 폭풍 속에 휩쓸려 들어가기를 원하지 않는 경향이, 여자와 이과생에게 그만큼 강하다는 것을 의미하는

것이 아닐까 생각된다.

한편, [표 15]를 살펴보면, 구분지에 따른 숫자의 차이가 그다지 크지 않다. 가정의 수입 등급별에 있어서는 하급에서 상급으로 갈수록 '그렇다'가 많고, 성장지별에 있어서는 농어촌, 지방도시, 서울의 순서로 '그렇다'가 많기는 하나, 그 수치의 차이는 매우 작다.

3의 3 : 우리의 제16문항은 국가 또는 사회를 위하여 일하는 것과 안락한 가정생활에 대한 욕구가 배치될 경우에 어느 쪽을 우선적으로 택할 것인가 하는 문제에 관한 것이다. 우리의 문항이 제시하는 명제는 다음과 같다.

16. "이 나라의 고등교육을 받은 사람들은 뜻을 널리 국가 사회의 문제로 돌려야 한다."고 외치는 소리도 있으나, 차라리 안락한 가정생활에 관심을 집중하여 실속을 차리도록 하는 것이 옳다.

『논어』에, "선비로서 편안한 살림에 애착한다면, 선비라 할 것이 못 된다 (士而懷居, 不足以爲士矣)."라는 말이 있다.[26] 이것은 『논어』 학이편(學而篇)의 "군자는 식사에 배부름을 구하지 않고, 거주에 안락함을 구하지 아니한다 (君子食無求飽, 居無求安)."라는 구절과도 상통하는 말이며, 선비는 뜻을 널리 사방을 경영함에 두어야 한다는 취지를 표명한 것으로 해석된다. 물론, 유가의 윤리 사상의 밑바닥에는 가족중심주의가 있다. 따라서 그들이 주장하는 '천하의 뜻'에도 스스로 한계가 있을 것이다. 그러나 국가와 사회의 문제로부터 외면하고 오로지 일신(一身) 일가(一家)의 안일만을 구하는 것이 유가의 정신이 아님에는 의심의 여지가 없다.

---

26 『論語』卷之七, 憲問, 第十四 三章.

오늘날 한국에는 관심의 중심을 국가와 사회로 돌리는 사람들이 필요하다고 한다. 그러나 한편 한국에는 새로운 풍조를 타고 들어온 서구의 개인주의와 예로부터 전해 오는 가족중심적 이기주의가 미묘하게 혼합하여, 사람들의 실제 행동을 좌우하고 있다. 여기 겉으로는 나라와 사회를 위하는 소리와, 안으로는 개인의 실리를 추구하는 행동과의 불협화를 목격한다. 국가냐 개인이냐는 양자택일이 강요되고 있다 할 정도는 비록 아닐지라도, 여기 일종의 딜레마가 있음은 확실하다. 우리의 제16문항은 이러한 심리적 갈등을 염두에 두고 만들어진 것이다. 이 문항에 대한 학생들의 응답을 다음 [표 16]에 의하여 살펴보기로 하자.

[표 16]   No.1

	남녀별				문과 · 이과별				전 체	
	남 자		여 자		문 과		이 과		총 원	
	명	%	명	%	명	%	명	%	명	%
그 렇 다	310	33.0	403	53.5	340	39.4	373	45.0	713	42.2
아 니 다	540	57.6	286	37.9	447	51.7	379	45.8	826	48.8
모르겠다	88	9.4	65	8.6	77	8.9	76	9.2	153	9.0
계	938	100	754	100	864	100	828	100	1,692	100

[표 16]   No.2

	가정의 수입 등급별						성장지의 도시 · 농촌별					
	상 급		중 급		하 급		서 울		지방도시		농어촌	
	명	%	명	%	명	%	명	%	명	%	명	%
그 렇 다	247	43.7	353	42.4	79	38.2	257	49.6	190	38.9	232	38.8
아 니 다	262	46.4	408	49.1	112	54.1	214	41.3	255	52.3	313	52.3
모르겠다	56	9.9	71	8.5	16	7.7	47	9.1	43	8.8	53	8.9
계	565	100	832	100	207	100	518	100	488	100	598	100

전체로 볼 때, '아니다'가 48.8%로 '그렇다'의 42.2%보다 겨우 6.6% 많

고, '모른다'도 9%로써 비교적 높은 비율이다. 이러한 수치는 개인주의 내지 이기주의의 태도와 국가 또는 사회의 문제를 걱정하는 태도와의 긴장된 혼재(混在)를 여실히 반영한 것이라 하겠다. 개인의 실리(實利)로 달리는 마음과 전체의 번영으로 달리는 마음이 팽팽한 세력으로 맞서고 있음을 본다고도 하겠으나, 이것이 행동적 태도에 관한 조사가 아니라 관념적 태도에 관한 조사로써 얻은 수치인 까닭에, 사람들의 현실적인 행동은 개인적 실리 쪽으로 훨씬 기울어지는 것이 아닌가 생각된다. 여하튼 개인과 공동체 사이의 딜레마는 오랜 전통을 가진 심각한 갈등이며, 개인의 행복과 공동체의 운명과의 일치가 현실적으로 입증되는 사회의 건설이 이루어지는 날 비로소 해소될 문제다.

응답의 경향은 남자와 여자, 그리고 문과와 이과의 구별에 따라 크게 달라지고 있음이 주목을 끈다. 남자는 '그렇다'가 33%에 '아니다'가 57.6%로 부정 쪽이 24.6%나 더 많은데, 여자는 '그렇다'가 53.5%에 '아니다'가 37.9%로 긍정이 거의 16% 더 많다. 한편 문과생은 '그렇다'가 39.4%에 '아니다'가 51.7%로 부정이 단연 우세한데, 이과생에 있어서는 '그렇다'가 45%에 '아니다'가 45.8%로 그 차이가 거의 없다. 남녀별 및 문과·이과별에 따르는 이와 같은 차이는 앞서 제15문항에서 본 차이와 꼭 부합하는 경향의 것이다. 다시 말하면, 우리는 [표 15]에 있어서, 일신상에 어떤 화가 미칠 것을 무릅쓰고 바른말을 해서는 안 된다는 의견에 찬성한 사람이 여자와 이과생에게 많다는 사실을 보았던 것이다. 이러한 경향은 남자와 여자 또는 문과생과 이과생의 기질 내지 인생관의 차이를 반영하는 것이라 하겠거니와, 그러나 실제 행동에 있어서 남자와 문과생이 국가와 사회를 위하여 헌신하는 경향이 많으리라는 보장이 되는 것은 아니다.

다음에 가정 수입별과 성장지별에 따르는 수치의 차이를 보면, 전자에 있어서는 '그렇다'가 하급에서 상급 쪽으로 갈수록 늘어 가고, 후자에 있어서는 그것이 농어촌에 가장 적고 서울에 가장 많다. 다만 그 차이는 남녀별에 있어서 본 바와 같이 큰 것은 아니나, 서울에 있어서만은 '그렇다'가 '아니다'를 능가할 정도로 우세하다는 사실이 주목을 끈다. 이것은 도시 생활과 개인주의의 발달 사이의 밀접한 관계를 암시하는 것으로 해석되며, 특히 서울 사람의 의식 형태가 한국에 있어서 갖는 비중을 고려할 때 그것이 무시하기 어려운 수치임을 느끼게 한다.

끝으로 한 가지 지적하고자 하는 것은, 제16문항에 대한 응답과 앞의 제15문항에 대한 그것과를 비교할 때 발견되는 논리적 정합성의 부족이다. 즉, 앞서 검토한 제15문항에 있어서, "험악한 세상에서 함부로 바른말을 하다가 희생을 당할까 두려워 침묵을 지키는 것"은 부당하다고 대답한 사람은 전체의 61.9%였는데, 제16문항에 있어서, "안락한 가정생활에 관심을 집중하여 실속을 차리는 것"이 부당하다고 대답한 사람들은 48.8%밖에 안 된다는 것은 약간의 모순을 포함한다는 사실이다. 논리를 일관시킨다면 도리어 제16문항에 있어서의 '아니다'라는 응답의 비율이 높아져야 할 것이다. 왜냐하면, 제15문항은 '사회악에 대한 비판'이라는 부정적 참여만을 물은 것인데, 제16문항은 건설적인 긍정의 참여까지도 아울러 물은 것이기 때문이다.

한국의 대학생들이 이 정도의 문제에서 논리의 일관성을 잃은 것은, 추상적 사고력이 부족해서라기보다는, 실천적 신념이 아직 확고하게 굳지 못했기 때문이 아닐까 생각된다. '안락한 가정생활' 및 '실속'이라는 말이 가족중심적 유가 도덕의 전통과 현대적 실리주의의 사조의 영향을 받은 한국의 젊은이들에게 상당히 강한 설득력을 발휘한 것 같다. 그리고 이 정도의 언어로 설득을 당한다는 것은 역시 신념이 충분히 굳어지기 이전이기 때문이 아닌가 생각되는 것이다.

3의 4 : 우리의 제17문항은 현실로부터의 도피의 한 형태라고 볼 수 있는 이민에 관한 것이다. 이 문항이 제시하는 명제는 다음과 같다.

17. 조국이 귀중한 것은 그것이 나에게 무슨 도움이 될 경우에 있어서다. 극도로 빈곤하고 불안한 조국이라면, 차라리 남미 같은 곳으로 이민을 가는 것이 옳은 일이다.

공맹 또는 그들의 제자가 이민에 관하여 논한 바 있음을 모른다. 그리고 이민의 동기에도 여러 가지 형태가 있을 것이다. 그러나 선비가 조국의 어지러움을 역겹게 여기는 나머지 그것을 등지고 멀리 타국으로 떠남으로써 일신(一身)의 안이(安易)를 구하는 것을 만약 고대의 유가가 보았다면, 결코 잘하는 일이라고 찬양할 것 같지는 않다. 그것은 자로(子路)가 어떤 은자(隱者)를 만난 『논어』 미자편(微子篇)의 이야기로 능히 짐작할 수 있음직하다.

자로가 공자를 따라가다가 뒤떨어졌을 때, 어떤 노인을 만나 공자의 행방을 물었다. 노인은 행방에는 대답하지 않고, 다만 자로에게 숙식을 대접하는 한편, 그의 두 아들로 하여금 인사를 하게 하였다. 이 사연의 보고를 들은 공자는 그가 은자임을 깨닫고, 자로에게 다시 그 노인을 찾아보도록 지시하였다. 그러나 자로가 그의 집을 다시 찾았을 때 은자는 이미 자취를 감추고 보이지 않았다. 이때 자로는 공자의 뜻을 받들어 다음과 같이 말했던 것이다.

벼슬을 거부하고 숨어 사는 것은 의롭지 못한 일이오. 어른과 아이의 예절조차도 없앨 수 없거늘 어찌 임금과 신하의 의리를 거부할 도리가 있겠소? 어지러운 세상에 자기의 몸을 깨끗이 하려는 뜻에서 세상을 배반하고 숨어버리는 것은 도리어 인간의 대륜(大倫)을 어지럽히는 짓이오. 벼슬을 살고 나라를 위하여 일하는 것은 인륜의 의리를 지키는 길이오. (不仕無義. 長幼之節, 不可廢也, 君臣之義, 如之何其廢之. 欲潔其身, 而亂大倫. 君子之仕也, 行其義也.)[27]

한국의 인구 실정으로 말한다면, 이민은 장려해야 할 좋은 일이다. 그러나 실제로 이민을 가는 사람들 또는 이민 문제를 고려하는 사람들의 동기가 반드시 한국의 인구에 대한 고찰에서 왔는지는 의문이다. 조국에 대한 실망으로 인하여 타국으로 떠나는 사람들이 있으며, 실제로 떠나지는 못하더라도 마음만은 조국을 등지고 있는 사람들이 있다. 우리의 제17문항은 이러한 경향을 대학생들이 어떻게 평가하는가를 조사하고자 하는 취지에서 만들어진 것이다. 이 문항에 대한 응답은 다음 [표 17]이 전하는 바와 같다.

[표 17]　No.1

| | 남녀별 | | | | 문과·이과별 | | | | 전 체 | |
| | 남 자 | | 여 자 | | 문 과 | | 이 과 | | 총 원 | |
	명	%	명	%	명	%	명	%	명	%
그렇다	186	19.8	197	26.1	188	21.8	195	23.6	383	22.6
아니다	661	70.5	501	66.5	601	69.5	561	67.7	1,162	68.7
모르겠다	91	9.7	56	7.4	75	8.7	72	8.7	147	8.7
계	938	100	754	100	864	100	828	100	1,692	100

[표 17]　No.2

| | 가정의 수입 등급별 | | | | | | 성장지의 도시·농촌별 | | | | | |
| | 상 급 | | 중 급 | | 하 급 | | 서 울 | | 지방도시 | | 농어촌 | |
	명	%	명	%	명	%	명	%	명	%	명	%
그렇다	114	20.2	175	21.0	62	30.0	138	26.6	88	18.0	125	20.9
아니다	412	72.9	592	71.2	126	60.8	345	66.6	353	72.2	432	72.2
모르겠다	39	6.9	65	7.8	19	9.2	35	6.8	47	9.8	41	6.9
계	565	100	832	100	207	100	518	100	488	100	598	100

27　『論語』卷之九, 微子, 第十八, 十章.

위의 표를 살펴보면, 전체의 68.7%가 '아니다'라고 대답하고 있으며, 22.6%가 '그렇다'고 대답하고 있다. 살기가 어렵다는 이유로 조국을 떠나려는 생각에 대부분이 반대하고 있는 것이며, 살기 어려운 나라를 살기 좋은 나라로 만드는 일에 진력함이 옳다고 보는 견해가 강하게 뒷받침하고 있는 것으로 해석된다.

남녀별로 보면 여자의 '그렇다'가 남자의 그것보다 6.3% 많고, 문과·이과별로 보면 이과생의 '그렇다'가 문과생의 그것보다 1.8% 많다. 이것은 사회문제에 대한 적극적인 의욕이 남자와 문과생에게 많은 것으로 나타난 [표 15], [표 16]의 경향과 부합한다.

다음에 가정의 수입 등급별의 통계를 보면, '그렇다'의 비율이 하급에 있어서 현저하게 높음을 발견한다. 이것은 심한 생활고가 현실에 대한 불만을 그만큼 크게 한다는 심리학적 사실과 관계가 있을 것이다. 끝으로 성장지별의 통계에 의하면, '그렇다'가 지방도시에 가장 적고 서울에 가장 많다. 이것은 서울이라는 도시가 특히 생활의 불안이 심한 곳이라는 사정과 관련이 있는 현상이 아닐까 생각된다.

4. 사회정의에 관한 의견

4의 1 : 제18문항에서 제21문항에 이르는 네 개의 문항은 사회정의에 관한 태도를 묻는 것이다. 사회정의에 관한 첫째 문항이 제시하는 명제는 다음과 같다.

18. 노동자나 농민의 힘을 빌려서 자기만이 부자가 되는 것은 어느 시대에나 흔히 있는 일이니, 크게 책망할 일이 못 된다.

지나친 빈부의 차이가 현대에 있어서 얼마나 심각한 문제를 제기하고 있는

가는 삼척동자도 익히 알고 있다. 빈부의 차이가 생기게 된 원인에도 여러 가지를 생각할 수 있겠으나, 그 가장 중요한 것으로 분배의 불공정을 들 수 있을 것이다. 우리의 제18문항은 이 불공평한 분배에 대하여 학생들이 어떠한 태도를 취하는가를 알아보고자 하는 취지에서 만든 것이다.

봉건사회를 배경으로 삼고 형성된 유가 사상에 있어서 현대적인 의미의 분배의 문제가 논의된 기록을 아는 바 없다. 봉건사회에 있어서는 인간의 귀천이 선천적인 것으로 믿어졌으며, 인간의 귀천을 따라 분배에도 당연히 차등이 있어야 한다고 전제되어 있었다. 유교의 사상은 본래 이 봉건 체제에 뿌리를 두고 자라났으며, 그 체제를 긍정하는 대전제 위에 발달한 것이었다. 그러므로 현대적인 의미의 사회의식을 유가의 사상 안에서 찾아보기는 힘들 것이다. 그러나 유가들은 나름대로 백성을 위해야 된다는 생각을 가지고 있었다. 그리고 백성을 위하는 길에 있어서 가장 기본적인 것은 그들의 생활을 안정시키는 것이니, 위정자는 인정(仁政)을 베푸는 동시에 백성으로부터 무리하게 많은 공납을 거두어서는 안 된다는 결론이 나온다. 사실상 공자는 그의 제자 염구(冉求)가 계씨(季氏)의 가신(家臣)으로 있으면서 계씨의 부덕(不德)은 고치지 못하고, 도리어 연공미(年貢米)만 배로 늘린 것을 매우 부당하게 생각하여, "구는 내 제자가 아니다. 너희들은 북을 울려 가며 그를 성토함이 가(可)하니라."고 말한 바 있으며, 맹자 또한 공자의 뜻을 이어 염구를 비난한 바 있다.[28] 또, 유가들이 대체로 축재를 찬양하지 않았으며, 이미 쌓인 재산은 빈곤한 사람들을 위하여 아낌없이 써야 한다고 믿었음은, 다음의 구절로도 알 수가 있다. 즉,『소학』에 나오는 안씨가훈(顔氏家訓) 가운데, 우리는 다음과 같은 구절을 발견하는 것이다.

---

28 『孟子』離婁章句 上, 率土之而食人肉章, 第十四.

평소에 야비하고 인색한 사람은, 유덕한 옛 사람이 의리를 존중하고 재물을 경시하며, … 재물이 있으면 가난한 사람들을 구제함에 사용했음을 보고 낯을 붉혀 부끄러이 여기고, 재산이 모이거든 그것을 쥐고만 있을 것이 아니라, 흩어서 활용하도록 해야 한다.(素鄙悋者, 欲其觀古人之貴義 輕財, … 賙窮恤匱, 赧然悔恥, 積而能散也.)[29]

우리는 이상과 같은 유가들의 언어 가운데 오늘날 말하는 사회주의의 색채를 찾아보지는 못한다. 그러나 그러한 색채가 없는 유교의 견지에서 보더라도, "노동자나 농민의 힘을 빌려서 자기만이 부자가 되는 것"은 마땅히 책망을 받아야 할 처세임을 알 수가 있다.

오늘날 재화의 분배에 관하여 심각한 견해의 대립이 있다는 것은 주지의 사실이거니와, "노동자나 농민의 힘을 빌려서 자기만이 부자가 되는 것"을 올바른 일이라고 공공연히 주장하는 사람은 극히 적다. 비록 사회주의를 못마땅하게 생각하는 사람들일지라도, 적어도 표면상은 그것을 부당하다고 비난하는 경향이 있다. '착취'라는 말에는 이미 어느 정도의 악덕을 연상케 하는 힘이 있다. 그러나 속으로는 분배의 불공정을 은근히 시인하는 사람들도 있을지 모른다. 우리가 알고 싶은 것은 분배의 불공정을 부당하다고 보는 생각이 확신에까지 이른 사람이 얼마나 되느냐는 것이다. 우리는 확신에 가까운 의견을 들어 보자는 뜻에서, 이 문항 가운데 '착취'라는 설득력 있는 단어를 쓰지 않았으며, 도리어 긍정하는 대답이 나오기 쉽도록 표현을 고려하였다. 이 제18문항에 대한 학생들의 응답은 다음 [표 18]이 알리는 바와 같다.

---

29 『小學』外篇, 嘉言 第五, 敬廣身篇, 第二十五章.

[표 18] No.1

	남녀별				문과·이과별				전 체	
	남 자		여 자		문 과		이 과		총 원	
	명	%	명	%	명	%	명	%	명	%
그 렇 다	197	21.0	197	26.1	191	22.1	203	24.5	394	23.3
아 니 다	684	72.9	504	66.9	610	70.6	578	69.8	1,188	70.2
모르겠다	57	6.1	53	7.0	63	7.3	47	5.7	110	6.5
계	938	100	754	100	864	100	828	100	1,692	100

[표 18] No.2

	가정의 수입 등급별						성장지의 도시·농촌별					
	상 급		중 급		하 급		서 울		지방도시		농어촌	
	명	%	명	%	명	%	명	%	명	%	명	%
그 렇 다	137	24.2	199	23.9	36	17.4	126	24.3	111	22.7	135	22.6
아 니 다	384	68.0	590	70.9	158	76.3	364	70.3	344	70.5	424	70.9
모르겠다	44	7.8	43	5.2	13	6.3	28	5.4	33	6.8	39	6.5
계	565	100	832	100	207	100	518	100	488	100	598	100

위의 표를 살펴보면, 전체의 70.2%가 '아니다'라고 대답하고 있으며, 23.3%가 '그렇다'라고 대답하고 있다. 여기서, '그렇다'로 응답한 23.3%가 불공정한 분배를 좋은 일이라고 생각했다고 볼 이유는 없다. 다만 그것이 "어느 시대에나 흔히 있는 일이니, 크게 책망할 일이 못 된다."고 생각했음을 알 수 있을 따름이다. 만약, "어느 시대에나 흔히 있는 일이니"라는 유도적인 구절과 '책망할' 앞에 붙인 '크게'라는 부사를 뺐더라면, '아니다'의 응답수는 좀 더 늘었을 것으로 짐작된다. 한편, '아니다'라고 대답한 70.2%를 곧 사회주의적 경향에 연관시켜서 생각해서도 안 될 것이다. 사회주의 사상과는 상반되는 계열에 속하는 입장에서도, 가령 이른바 인도주의적 견지에서 '아니다'라고 대답할 수는 있을 것이기 때문이다. 그러나 이 표만으로도 최소한 다음의 사실만은 확인할 수가 있을 것이다. 즉, 불공정한 분배를 하나의 기

정사실로서 묵인하려는 사람들이 아직도 20% 정도는 있으며, 불가불 분배의 불공정만은 시정해야 한다고 믿는 사람들이 70%가 좀 넘는다는 사실만은 확인할 수 있을 것이다.

남녀별로는 남자의 '아니다'가 72.9%로써 여자의 그것보다 6% 높다. 그리고 문과·이과별에 있어서는 문과의 '아니다'가 이과의 그것보다 약 1% 가량 높다. 사회문제에 대한 관심이 남자와 문과생에게 더 깊은 것으로 나타났던 제15, 16, 17문항의 표와 일치하는 경향이다.

가정의 수입 등급별 통계를 보면, 가정의 경제 사정이 윤택할수록 분배의 불공정을 묵인하려는 경향이 강하고, 경제 사정이 곤궁할수록 그 부당성을 절실히 느끼는 경향이 있음이 나타나고 있다. 즉, '아니다'라는 대답이 상급에 68%, 중급에 70.9%, 그리고 하급에 있어서는 76.3%로 늘어나고 있는 것이다. 이것은 자기의 개인적 처지가 그 사람의 가치관에 영향을 준 것으로서 이해하기에 곤란함이 없거니와, 여기서 한 가지 상기해야 할 것은 우리 조사에 있어서의 중급 및 하급이 한국 전체에 있어서의 중급 및 하급을 대표하는 표본이 아니라는 사실이다. 우리의 조사에서는 편의상 가정의 연수입이 6만 원 이상, 25만 원 미만의 경우를 '중급'으로 간주하고, 6만 원 이하는 모두 '하급'에 속하도록 했으나, 이것은 대학에 진학하고 있는 사람들의 가정이 일반적으로 부유한 층에 속한다는 사실을 고려한 분류의 기준이요, 만약 국민 전체를 분류의 대상으로 삼는다면, 그 기준은 상당히 달라져야 할 것이다. 다시 말하면, 우리나라의 가정 일반을 문제 삼을 경우에는 상급과 중급의 최저 한계선이 훨씬 내려가야 할 것이다. 그리고 경제 사정으로 대학의 진학을 포기한 사람들을 표본으로 삼고 조사를 한다면, 불공정한 분배를 부당시하는 사람들의 비율이 더 높아질 가능성이 있다는 것도 짐작할 수가 있다.

4의 2 : 우리의 제18문항은 계급에 관련된 가장 일반적인 문제를 다루었으나, 제19문항은 계급에 관련이 있는 매우 비근한 문제를 다루었다. 이 문항이 제시하는 명제는 다음과 같다.

19. 부자 또는 고관으로서 자기의 운전수와 같은 식탁에서 식사를 하는 것은, 불가피한 사정이라도 없는 한, 스스로 위신을 깎는 처사이니 주책없는 짓이라 하겠다.

자가용 또는 관용차를 이용하는 사람들이 운전수는 차에 남겨 두고, 자기들끼리만 식사의 자리로 옮겨 가는 것을 종종 본다. 차를 지키기 위해서 그렇게 해야 할 경우도 있겠지만, 반드시 그것만도 아닌 것 같다. 같은 시각에 같은 식당으로 들어갔을 경우에도 운전수만 다른 식탁에 자리잡게 하는 사람들이 많다. 외국에서 들은 이야기지만, 주인이 운전을 할 경우에는 운전석의 옆자리가 상석(上席)이고 고용인이 운전을 하는 자동차에 있어서는 뒷자리가 상석이라는 관념까지 있다고 한다.

물론, 인격에 대한 차별 대우는 주인과 운전수의 경우만의 문제가 아니다. 특히 한국같이 봉건적 잔재가 많은 나라일수록 갖가지 인간관계에 있어서 상하의 차등이 강조되고 있음을 본다. 응분의 차별은 어떤 질서의 유지를 위해서 필요하다는 견해도 있다. 손수 구두를 닦고 빨래를 하는 장교보다는 병졸을 시키는 장교가 군대 안에서 더 많은 존경을 받는다는 이야기를 예로 드는 사람들도 있다.

예의상의 차별 대우의 문제는 인격의 존엄성과도 직접적인 연결성을 가졌다. 사소한 문제라고 생각할 사람들이 있을지도 모르나, 분배에 있어서의 불공정과 아울러 중대한 문제를 숨기고 있다고 본 까닭에, 여기 이러한 제19문항을 마련한 것이다.

유교는 전통적으로 예(禮)를 숭상하였다. 그리고 예는 계급적 사회질서를 유지하기에 매우 효과적인 방편의 구실을 하였다. 인륜을 평등한 인간관계로 보지 않고 상하의 질서로서 이해한 유가들이 신분에 따르는 인간의 차별 대우를 당연한 처사로 생각했다는 것은 상식 이전의 사실이다. 그러나 유가들도 그 시대의 사회질서에 저촉됨이 없는 한에 있어서는, 교만을 경계하고 겸손을 장려하였다. 자공이 "가난해도 아첨하지 않고, 부유하더라도 교만함이 없다면 어떠하겠습니까?(貧而無諂, 富而無驕, 如何)"라고 물었을 때, 공자가 "그것은 좋은 일이다. 다만, 가난하면서도 도를 즐기고, 부유하면서도 예를 좋아하는 것만은 못하다(可也. 未若貧而樂, 富而好禮者也)."고 대답했다는 이야기는 널리 알려진 『논어』의 한 구절이다.[30]

현대는 인간의 자유와 평등이 하나의 당위로서 강조되고 있는 시대다. 만약 공자나 자공이 현대에 살았다면, 반드시 운전수에 대한 평등한 대접을 비례(非禮)라고 나무랐으리라고는 생각되지 않는다.

우리 제19문항에 대하여 대부분의 대학생들이 어떠한 대답을 하리라는 것은 상식으로 능히 예측할 수가 있었다. 이 스테레오타입에 가까운 문항을 마련한 것은, 대학생들의 응답이 어떻게 나올까 궁금해서라기보다도, 우리가 예측하는 바와 같은 응답이 실제로 나온다는 것을 숫자적으로 확인해 두기 위해서였다. 다음 [표 19]가 보여주는 바와 같이, 우리 제19문항에 대한 대학생들의 응답은 과연 압도적인 부정을 기록하고 있다.

[표 19] No.1

	남녀별				문과 · 이과별				전 체	
	남 자		여 자		문 과		이 과		총 원	
	명	%	명	%	명	%	명	%	명	%
그 렇 다	57	6.1	51	6.8	60	6.9	48	5.9	108	6.4
아 니 다	865	92.2	694	92.0	795	92.1	764	92.2	1,559	92.1
모르겠다	16	1.7	9	1.2	9	1.0	16	1.9	25	1.5
계	938	100	754	100	864	100	828	100	1,692	100

----

30 『論語』卷之一, 學而, 第一 十五章.

[표 19] No.2

	가정의 수입 등급별						성장지의 도시·농촌별					
	상급		중급		하급		서울		지방도시		농어촌	
	명	%	명	%	명	%	명	%	명	%	명	%
그렇다	44	7.8	38	4.6	21	10.1	41	7.9	28	5.7	34	5.7
아니다	511	90.4	784	94.2	182	88.0	466	90.0	452	92.6	559	93.5
모르겠다	10	1.8	10	1.2	4	1.9	11	2.1	8	1.7	5	0.8
계	565	100	832	100	207	100	518	100	488	100	598	100

위의 표를 살펴보면, 전체의 92.1%라는 절대다수가 '아니다'라는 판단을 내리고 있으며, '그렇다'는 겨우 6.4%밖에 안 된다. '모른다'도 다른 문항에 있어서보다 현저히 줄어서, 1.5%에 지나지 않는다. 그리고 남녀별에 따르는 차이와 문과·이과별에 따르는 차이가 거의 없다 하여도 과언이 아닐 정도로 적은 것도 이 문항이 얻은 결과의 특색의 하나다.

두 번째 표를 살펴보면, 가정의 수입 등급 및 성장지의 구분에 따라 응답의 비율이 약간 달라지고 있다. 그 숫자적 차이는 그리 대단한 편이 아니나, 다만 한 가지 이해하기 곤란한 것은, 하급에 있어서 '그렇다'가 비교적 많다는 사실이다. 그러나 어떤 계층 어떤 지방의 출신을 막론하고, '아니다'라는 대답이 압도적인 숫자를 차지하고 있음에는 다름이 없다.

인격을 평등하게 대접해야 옳다는 것이 압도적인 다수의 의견이다. 그러나 현실에 있어서는 사람의 지위에 따라 인격에도 귀천이 있음을 전제하는 듯한 실천이 자취를 감추지 않는다. 여기 관념과 실천 사이의 격차를 보거니와, 이 격차를 좁혀 감은 새로운 윤리의 한 과제가 아닐 수 없다. 그리고 관습을 개혁하는 과제를 달성함에 있어서 여론의 움직임이 결정적인 힘을 갖는 것이라면, 우리의 표가 보여주는 압도적인 경향은 어떤 여론의 방향을 암시하는 것으로서 약간의 의의를 인정받을 수 있을 것이다.

4의 3 : 우리의 다음 문항도 제19문항과 비슷한 성질을 가진 아주 비근한 문제를 다룬 것이다. 이 문항이 제시하는 명제는 낮은 지위의 여자들에게 사용되는 언어에 관한 것으로서 다음과 같다.

20. 우리나라에서는 차장(車掌)이나 여급에게 대하여 '이래라', '저래라' 하고 말을 놓는다. 그러나 차장 또는 여급의 나이가 고등학교 상급반 정도에 이르렀을 경우에는, 적어도 '하시오' 정도의 공손한 말을 사용하는 것이 옳다.

대화의 상대에 따라 쓰는 말투가 크게 다르다는 것은 한국을 비롯한 동양 여러 나라의 언어의 전통이다. '하십시오', '하시오', '하오', '하게', '해라'의 구별은 그 대표적인 것이라 하겠거니와, 존비의 구별을 뜻하는 우리나라 말투의 다양성은 오늘날에 있어서도 현저하다. 낮춘 말투를 듣는 사람들이 그러한 대접을 당연한 것으로서 감수하는 동안 문제는 없었겠지만, 속으로는 아니꼽게 생각하면서 소홀한 말씨를 참고 받아들이는 경우가 있다면, 그러한 말씨는 차차 고쳐 갈 필요가 있다는 견해도 성립할 수 있음직하다.

상하의 차등이 심한 언어의 전통은 봉건사회에 지반을 둔 것이며, 봉건사회의 긍정을 출발점으로 삼고 발전한 유교는 언어의 차별적 사용을 '예(禮)'의 이름으로 옹호하였다. 인간관계가 상하의 질서로서 이해된 윤리 사상에 있어서, 신분의 고저를 따라 언어가 달라야 한다고 생각된 것은, 그 시대로서는 당연한 일이기도 하다. 그러나 한편, 유가의 사상에는 인도주의적인 일면이 미약하게나마 항상 수반되고 있었다. 고대의 서양에 있어서 노예가 당한 것과 같은 심한 인간 학대는 유교적 전통의 동양에서는 드문 일이 아니었던가 생각된다. 비록 지위가 낮은 신분에 대하여도 사람 대접을 해야 한다는 것이 유가의 사상임은, 『소학』에 다음과 같은 도연명의 이야기가 실리고 있는 것으로도 알 수가 있다.

도연명이 팽택(彭澤)의 현령으로 부임했을 때, 임지에는 처자를 데리고 가지 않았다. 노복(奴僕) 한 사람을 그 아들에게 보내면서 전한 편지에 다음과 같이 적혀 있었다. "… 여기 일꾼 한 사람을 보내어 너의 나무하고 물 긷는 일을 돕게 하노라. 이도 또한 사람의 아들인지라 잘 대우하도록 해야 한다."(陶淵明爲彭令, 不以家累自隨, 送一力給其子. 書曰, … 今遣此力, 助汝薪水之勞. 此亦人之子也. 可善遇之.)[31]

현대는 평등이 표방되고, 인권이 강조되는 시대다. 그러나 실제에 있어서는 인간의 존엄성이 종종 무시되는 것이 우리의 현실이다. 차장이나 여급에 대한 소홀한 말씨가 반드시 그들의 인격을 무시하는 처사라고 단정하지는 못할 것이나, 저것과 이것 사이에 전혀 관계가 없다고도 보기 어려울 것 같다.

만약 한국의 경우 어떤 종류의 직업에 종사하는 사람들의 사회적 지위가 향상되어야 한다는 것이 사실이라면, 그리고 언어상으로 나타난 대우의 개선이, 비록 형식적인 것이기는 하나, 어떤 상징적인 의미를 갖는 것이 사실이라면, 차장이나 여급 또는 그와 비슷한 처지에 있는 사람들에 대한 말씨에도 어떤 변화가 있어야 마땅하지 않을까 생각된다. 우리의 제20문항은 이러한 생각을 염두에 두고 만들어진 것이거니와, 이에 대한 대학생들의 응답은 다음 [표 20]이 알리는 바와 같다.

---

31 『小學』外篇, 善行 第六, 實明倫篇, 第三十八章.

[표 20] No.1

	남녀별				문과 · 이과별				전 체	
	남 자		여 자		문 과		이 과		총 원	
	명	%	명	%	명	%	명	%	명	%
그 렇 다	799	85.2	679	90.1	747	86.5	731	88.3	1,478	87.3
아 니 다	108	11.5	52	6.9	83	9.6	77	9.3	160	9.5
모르겠다	31	3.3	23	3.0	34	3.9	20	2.4	54	3.2
계	938	100	754	100	864	100	828	100	1,692	100

[표 20] No.2

	가정의 수입 등급별						성장지의 도시 · 농촌별					
	상 급		중 급		하 급		서 울		지방도시		농어촌	
	명	%	명	%	명	%	명	%	명	%	명	%
그 렇 다	497	88.0	726	87.2	179	86.5	456	88.0	425	87.1	521	87.1
아 니 다	60	10.6	73	8.8	21	10.1	47	9.1	46	9.4	61	10.2
모르겠다	8	1.4	33	4.0	7	3.4	15	2.9	17	3.5	16	2.7
계	565	100	832	100	207	100	518	100	488	100	598	100

위의 표를 살펴보면, 전체의 87.3%라는 절대다수가 '그렇다'고 대답하고 있다. '아니다'는 9.5%이고, '모르겠다'도 비교적 낮은 비율이다.

남녀별로 볼 때는 남자의 '그렇다'가 85.2%인 데 비하여, 여자의 그것은 90.1%로서 상당한 차이가 있다. 이것은 아마, 차장이나 여급과 같은 여성 직업을 예로 들었으므로, 같은 여자로서의 동정심이 작용한 것과, 여자들은 실제에 있어서 남자들보다 공손한 말을 쓰고 있다는 사실이 반영된 것이라고 볼 수 있을 것이다. 문과 · 이과별에 따라서도 약간의 차이가 나타나고 있기는 하나, 기질적인 차이 이외의 어떤 사유를 생각하기는 곤란할 것으로 보인다.

가정의 수입 등급별에 따르는 차이는 '그렇다'가 상급에서 하급 쪽으로 갈수록 약간 줄어드는 경향을 보이고 있기는 하나, 거의 우연적인 것으로 해석될 정도의 사소한 차이를 나타내고 있을 뿐이다. 성장지별에 따르는 차이는 더욱 작아서 거의 무시할 수 있을 정도의 것이다.

　요컨대, 어떠한 부류에 속하는 대학생의 집단을 보더라도, 차장이나 여급 같은 사람들에게 대하여 쓰이는 말씨가 좀 더 공손했으면 좋겠다는 의견이 압도적이다. 이른바 구세대를 대상으로 삼고 같은 문항에 대한 응답을 구한다 해도, '아니다'가 약간 늘지도 모르나, 역시 절대다수가 대학생들과 같은 의견이 아닐까 짐작된다. 관념상의 의견은 그럼에도 불구하고, 실제로 사용되는 언어는 여전히 공손함에서 먼 것이 실정이다. 말을 좀 공손하게 한다고 크게 수고가 더할 리도 없고, 또 무슨 손해가 따르는 것도 아니지만, 그것이 그리 쉬운 일이 아니다. 여기 관습의 무서운 타성의 힘을 보거니와, 고쳐야 하는 것이 옳다고 믿으면, 비록 사소한 일일지라도 차차 고쳐 가는 것이 마땅하리라고 생각된다.

　4의 4 : 우리의 제21문항도 역시 비근한 일상생활에서 소재를 구한 것이다. 여기서는 불우한 사람들이 받는 푸대접에 대하여 의분을 느낄 정도로 확고한 의식을 가진 대학생이 어느 정도나 되는가를 알아보려는 것이 이 문항의 동기의 중심이 되고 있다. 제21문항이 제시하는 명제는 다음과 같다.

　21. 일부 부유층에서 자기 집의 개를 식모나 사동(使童)보다도 더 소중히 여기는 것은 물론 잘하는 일은 아니다. 그러나 도저히 용납될 수 없을 정도의 잘못이라고 할 것까지는 없다.

　같은 지붕 밑에서 사는 식모와 개의 생활 조건을 비교할 때, 식모가 받는 대우가 개의 그것만도 못한 경우의 이야기를 가끔 듣는다. 부유층에서 볼 수 있는 이러한 처사를 잘하는 일이라고 믿는 대학생들은 별로 없을 것으로 짐작된다. 그러나 그것을 잘못이라고 생각하는 마음이 미지근한 정도에 그치는 경우가 상당히 있는 것이 아닐까? 현대는 인권의 존중이 상식처럼 논의되고 있음에도 불구하고, 사실은 사람이 극히 천대를 받는 시대라고도 볼 수 있다. 인간은 평등한 것으로 되어 있지만, 현실에서는 여전히 귀천의 차이가 현저하다. 그런가 하면, 일부의 동물애호가들은 개나 고양이를 친자식이나 다름없이 애지중지한다. 여기에 무엇인가 잘못된 점이 있는 것이 아닐까? 대략 이러한 생각을 머리에 두고, 우리는 제21문항을 만들었던 것이다.

유가들은 인간의 계급적 귀천을 시인하면서도, 사람이 천지의 만물 가운데서 가장 귀중한 존재라는 생각을 버리지 않았다. 따라서 가축과 인간이 비교의 대상이 될 경우에는, 비록 그 사람이 미천한 신분이라 할지라도, 항상 사람에 대한 우선이 인정되었다. 이 점은 세상에 널리 알려진 『논어』의 다음 구절에도 여실히 나타나고 있다.

마굿간에 불이 났다. 공자는 조정으로부터 퇴근하여, "사람이 다쳤느냐?"고 물었을 뿐, 말의 안부는 묻지 않았다.(廐焚. 子退朝, 曰, 傷人乎. 不問馬.)[32]

화재가 난 것은 마굿간인데, 말은 묻지 않고 사람이 상하지나 않았느냐고 물은 공자의 정신, 짐승과는 비교할 나위 없이 인간을 귀중히 여기는 그의 태도가 잘 부각되고 있다. 마굿간이 탈 때에 상하기 쉬운 것은 마부 따위의 미천한 사람들임을 아울러 고려한다면, 식모나 사동보다도 개나 고양이를 더 소중히 여기는 현대의 풍경을 유가들이 어떻게 평가할지도 대략 알 수 있음직하다. 그러면 우리 대학생들의 제 21문항에 대한 응답은 어떠한 것일까? 다음에 소개되는 [표 21]을 통하여 검토하기로 하자.

---

32 『論語』 卷之五, 鄕黨, 第十, 十三章.

[표 21] No.1

	남녀별				문과·이과별				전 체	
	남 자		여 자		문 과		이 과		총 원	
	명	%	명	%	명	%	명	%	명	%
그 렇 다	366	39.0	399	52.9	385	44.6	380	45.9	765	45.2
아 니 다	517	55.1	317	42.1	430	49.7	404	48.8	834	49.3
모르겠다	55	5.9	38	5.0	49	5.7	44	5.3	93	5.5
계	938	100	754	100	864	100	828	100	1,692	100

[표 21] No.2

	가정의 수입 등급별						성장지의 도시·농촌별					
	상 급		중 급		하 급		서 울		지방도시		농어촌	
	명	%	명	%	명	%	명	%	명	%	명	%
그 렇 다	261	46.2	397	47.7	84	40.6	260	50.2	224	45.9	258	43.1
아 니 다	275	48.7	389	46.8	111	53.6	231	44.6	240	49.2	304	50.9
모르겠다	29	5.1	46	5.5	12	5.8	27	5.2	24	4.9	36	6.0
계	565	100	832	100	207	100	518	100	488	100	598	100

첫째 표를 보면, 전체의 45.2%가 '그렇다'는 대답을 하고 있으며, 49.3% 가 '아니다'라고 대답하고 있다. '아니다'가 약간 많기는 하나 그 차이는 그리 큰 것이 아니며, '모른다' 5.5%까지도 고려한다면, '개를 식모나 사동보다 소중히 여기는' 소행을 '도저히 용납될 수 없을 정도의 잘못'이라고 확신하 는 사람이 반수에도 약간 모자란다는 계산이 된다. 물론, '도저히 용납될 수 없을 정도의'라는 수식이 상당한 영향을 주었을 것이며, 그것이 아니었다면 '아니다'의 비율이 훨씬 높아졌을 것이다. 그러나 한국의 식모나 사동들이 받고 있는 소홀한 대우에 대하여 의분을 느낄 정도로 뚜렷한 판단을 가진 대 학생의 비율이 절대다수가 못 된다는 것은 주목할 사실이 아닐 수 없다.

우리의 문항은 식모나 사동을 박대하는 행위의 시비를 물은 것이 아니라, 동물을 특히 우대하는 행위의 그것을 물었다는 점도 약간 고려에 넣어야 할 것이다. 그러나 우리나라의 빈곤한 경제 사정과, 식모나 사동들이 일반적으로 받고 있는 대우의 정도와, 그리고 일부 부유층에서 개나 고양이가 받고 있는 인간을 능가하는 대접 등을 고려한다면, 이렇게 물으나 저렇게 물으나 문제의 핵심에는 다름이 없을 것이다.

이 표에서 특히 주목되는 것은 남녀별에 따르는 응답의 경향에 큰 차이가 있다는 사실이다. 남자의 경우는 '그렇다'가 39%에 '아니다'가 55.1%로 후자가 단연 우세한데, 여자의 경우는 반대로 '그렇다'가 52.9%에 '아니다'가 42.1%로써 전자가 훨씬 우세하다. 앞에서도 나타난 일이 있었던 이러한 종류의 차이는 남자와 여자의 시야의 차이 또는 관심 영역의 차이와 밀접한 관계가 있을 것으로 믿는다. 문과·이과별에 있어서는 문과의 '아니다'가 이과의 그것보다 약간 높기는 하나, 숫자의 차이는 그리 크지 않다.

다음에 둘째 표의 통계는 우리의 해석을 매우 난처하게 만든다. 먼저 가정의 수입 등급별에 의한 숫자를 보면, '아니다'가 상급에 48.7%, 중급에 46.8%, 그리고 하급에 53.6%로 되어 있다. '아니다'가 하급에 가장 많은 것은 쉽사리 이해할 수 있으나, 중급보다 상급에 있어서 '아니다'가 약간 많은 것은 설명하기가 곤란하다. 상급의 가정에 있어서 동물이 사람을 능가하는 대접을 받는 것을 목격한 젊은이들이 자기네 집의 실정에 대하여 강한 반발을 느낄 수가 있다는 사실로 설명할 수 있음직도 하나, 그렇게 하면 다음의 성장지별에 따르는 숫자의 차이를 설명하기가 곤란하게 될 것 같다. 왜냐하면, 여기서는 '아니다'가 서울보다도 지방도시에 많을 뿐 아니라, 서울에서는 '그렇다'가 '아니다'보다 더욱 우세할 정도이기 때문이다. 한국에 있어서 애견가의 분포가 어떠한 실태인지는 모르나, 애견가가 많은 점에 있어서 서울이 지방도시보다 크게 뒤떨어지리라고는 생각되지 않으며, 애견가를 목격할 기회가 많은 지방에 있어서일수록 반발이 크다는 가설의 신빙도가 위협을 받지 않을 수 없다. 다만, 여기서 우리의 설명을 위해서 참고가 되는 유리한 조건이 하나 있으니, 그것은 우리의 표본 가운데서 성장지가 '서울'로 되어 있는 사람은 남녀별로 보면 남자가 201명밖에 안 되고, 여자는 319명에 달한다는 사실이다. 이것은 여자가 61.6%를 차지한다는 것을 의미하며, 우리의 표본이 전체로 보면 여자가 44.5%(1,692명 중 754명)밖에 안 된다는 사실과 비교할 때, 성장지별 통계에 있어서 서울의 경우 여자가 차지하는 비중이 특히 크다는 것을 입증한다. 그리고 제 21문항에 대한 응답의 남녀별 통계에 있어서 여자에게 '그렇다'가 특히 많았다는 점은 이미 지적한 바 있다.

5. 이기(利己)와 이타(利他)에 관한 의견

5의 1 : 이기성은 인간성에 있어서 자연스러운 경향의 하나라 하겠거니와, 실천윤리에 있어서 여러 가지 문제를 제기해 왔다. 우리의 이기성과 그것의 극복에 관한 문제를 질문서 가운데 세 문항 넣었다. 그 첫째인 제22문항은 다음과 같은 명제를 제시한다.

22. 공익(公益)과 관계있는 문제에 당면했을 때에는 우선 일부터 해결하도록 꾀할 것이요, 보수의 문제는 뒤로 미루어야 한다.

번지(樊遲)가 인(仁)을 물었을 때 공자는, "인자는 어려운 일을 먼저 수행하고, 이득의 문제는 뒤로 돌린다(仁者 先難而後得)."고 대답하였다.[33] 또, 숭덕(崇德)의 길을 물었을 때도 "일을 먼저 하고 얻기는 뒤로 한다(先事後得)."라고 말씀하였다.[34] 인의(仁義)를 숭상하고 이득을 너무 꾀하지 말라는 것은 유가들의 일관된 주장이다. 위에 인용한 공자의 말씀 이외에도 같은 정신을

---

33 『論語』卷之三, 雍也, 第六, 二十章.
34 『論語』卷之六, 顏淵, 第十二, 二十一章.

표명한 구절은 도처에서 발견된다. 한두 구절만 더 인용해 보기로 하자.

이해를 따라 행동하면 남의 원망을 사는 일이 많다.(子曰, 放於利而行, 多怨.)[35]

군자는 의로움에 밝고, 소인은 이로움에 밝다.(子曰, 君子喩於義. 小人喩於利.)[36]

임금을 섬김에 있어서는, 자기의 맡은 바 직무를 존중하고, 식록(食祿)의 문제는 뒤로 돌린다.(子曰, 事君, 敬其事而後其食.)[37]

맹자가 대답하여 말씀하기를, "왕께서는 왜 하필이면 이득을 말씀하십니까? 그보다는 역시 인과 의가 있을 뿐입니다."(孟子對曰, 王何必曰利. 亦有仁義而己矣.)[38]

유가가 이해득실을 가벼이 여기라고 역설한 것을 그들 또는 고대의 사회인 일반이 이해를 가벼이 여겼다는 증거라고 볼 수는 물론 없다. 인심의 자연이 이득으로 끌리는 경향이 심했던 까닭에, 도리어 그것이 경계의 대상이 되었으리라는 것도 생각할 수 있다. 그러나 하나의 이념으로서 인의가 존중되고 이해가 경시된 것만은 의심의 여지가 없다.

현대는 과거에 비하여 이익이 공공연하게 추구되고 있는 시대다. 봉사에

---

35 『論語』卷之二, 里仁, 第四, 十二章.
36 『論語』卷之二, 里仁, 第四, 十六章.
37 『論語』卷之八, 衛靈公, 第十五, 三十七章.
38 『孟子』梁惠王章句 上, 何必曰利章 第一.

대하여 보수를 요구함은 당당한 권리로서 인정된다. 그러나 공공연한 사리(私利)의 추구가 때로는 공공의 이익을 위협할 경우도 있다. 예컨대, 의사가 가난한 환자를 거부하거나, 버스가 요금의 인상을 꾀하여 운행을 정지하는 경우 등이다. 이에 공익과 사리가 대립할 경우에 어느 쪽을 우선적으로 생각함이 옳으냐는 원칙적인 문제가 생긴다. 우리의 제22문항은 이러한 사정을 머리에 두고 만들어진 것이다. 그러면, 한국의 대학생들은 이 물음에 무엇이라고 대답하는가? 다음에 소개하는 [표 22]를 통하여 살펴보기로 하자.

[표 22] No.1

	남녀별				문과·이과별				전 체	
	남 자		여 자		문 과		이 과		총 원	
	명	%	명	%	명	%	명	%	명	%
그 렇 다	704	75.1	595	78.9	680	78.7	619	74.8	1,299	76.8
아 니 다	182	19.4	97	12.9	137	15.9	142	17.1	279	16.5
모르겠다	52	5.5	62	8.2	47	5.4	67	8.1	114	6.7
계	938	100	754	100	864	100	828	100	1,692	100

[표 22] No.2

	가정의 수입 등급별						성장지의 도시·농촌별					
	상 급		중 급		하 급		서 울		지방도시		농어촌	
	명	%	명	%	명	%	명	%	명	%	명	%
그 렇 다	419	74.2	645	77.5	157	75.8	380	73.4	382	78.3	459	76.7
아 니 다	94	16.6	138	16.6	44	21.3	99	19.1	72	14.7	105	17.6
모르겠다	52	9.2	49	5.9	6	2.9	39	7.5	34	7.0	34	5.7
계	565	100	832	100	207	100	518	100	488	100	598	100

전체로 보면, '그렇다'가 76.8%의 절대다수이고, '아니다'는 16.5%에 지나지 않는다. 그러나 이러한 숫자의 결과를 바로 한국 대학생에게 공익 우선의 정신이 왕성하다는 증거라고 볼 수 있을지는 의문이다. 왜냐하면, 이 문항에

있어서 '그렇다'라는 대답이 의미하는 것은 반드시 응답자 자신의 어떤 결의의 표명이라기보다는, 응답자가 요망하는 바의 표명에 가까우리라고 생각되기 때문이다. 냉철한 도덕 판단이라면, 자기를 행위자의 위치에 놓거나 또는 방관자의 위치에 놓거나, 그 판단의 내용은 한결같을 것이다. 그러나 심리학적 사실로서는, 자기가 놓인 처지에 따라 도덕 판단의 내용이 달라질 수가 있다. 예컨대, 가난한 환자를 거절한 의사의 행위를 평가함에 있어서, 자기의 위치를 환자의 입장에 두느냐 의사의 입장에 두느냐에 따라 판단이 달라질 수가 있다. 이것은 물론 이 제22문항에만 국한된 문제가 아니다. 다만, 이 제22문항에 있어서는 공익과 사리 사이에서 하나를 골라야 할 행위자와 공익의 해택을 나누어 받을 관찰자와의 이해의 대립이 특히 뚜렷하다는 특색이 있다. 그리고 대학생이 갖는 사회적 지위로 볼 때, 자기를 행위자의 자리에 놓기보다는 관찰자의 자리에 놓을 가능성이 더욱 크리라고 생각된다. 그러므로 [표 22]가 의미하는 바는 다른 문항의 경우보다도 더욱 불투명할 가능성이 많다고 하겠으나, 적어도 다음의 사실만은 확언할 수 있을 것으로 보인다. 즉, 한국의 대학생들의 절대다수는 우리 사회에 있어서 공익이 사리보다도 우선적으로 추구되기를 희망하고 있다는 사실이다. 그리고 만약 대학생의 지성으로써 논리의 일관성의 요구를 물리칠 수 없다면, 공익의 우선적인 추구를 희망한 자기 자신도 그 희망에 부응하는 행위자가 되어야 한다는 추론을 거부하지 못할 것이다.

남녀별에 따르는 통계에 있어서는 여자의 '그렇다'가 3.8% 높고, 문과·이과별에 있어서는 문과의 '그렇다'가 3.9% 높다. 가정의 수입 등급별로 보면 '그렇다'가 중급에 가장 많고 상급에 가장 적으며, 성장지별에 있어서는 그것이 지방도시에 가장 많고 서울에 가장 적다.

5의 2 : 우리의 제23문항은 타인의 성공을 돕는 행위에 관한 것이다. 이 문항이 제시하는 명제는 다음과 같다.

23. 인생은 경쟁이다. 내가 성공하기 위해서는 남의 실패가 필요할 경우도 많다. 나의 성공을 위하듯이 남의 성공도 도와주어야 한다는 도덕의 가르침은 받아들일 수가 없다.

인생에 있어서 경쟁은 날로 치열해 가고 있다. 내가 잘되기 위하여 남을 유린하는 잔인한 이야기를 수없이 듣는다. 그러나 전통적 도덕관념에 의하면, 남이 잘되는 것을 싫어해서는 안 될 뿐만 아니라, 남이 성공하도록 도와주는 것이 사람이 도리라고 한다. 현대의 젊은 학생들은 이 점을 어떻게 생각하는 것일까? 우리의 제23문항은 이러한 관심을 바탕으로 삼고 만든 것이다.

인(仁)과 의(義)를 역설하는 유가들이 남의 성공을 도와야 한다고 주장하는 것은 당연한 일이다. 그러한 주장 가운데서 특히 우리에게 잘 알려져 있는 것으로는 다음과 같은 것들이 있다.

무릇 인자한 사람은 자기가 나서고 싶으면 남을 내세워 주고, 자기가 달성하기를 원하면 남의 달성을 도모한다. 가까운 자기에게 남의 처지를 비기는 것은 가히 인(仁)을 위한 방도라 할 수 있다.(夫仁者己欲立而立人, 己欲達而達人. 能近取譬, 可謂仁之方也已.)[39]

군자는 남의 좋은 일은 이를 도와서 성취시키고, 남의 나쁜 일은 그것이 일어나지 않도록 막아 준다. 소인은 이와는 정반대로 행동한다.(子曰, 君子成人之美. 不成人之惡. 小人反是.)[40]

---

39 『論語』 卷之三, 雍也, 第六, 三十八章.
40 『論語』 卷之六, 顔淵, 第十二, 十六章.

일부 인사(人士)들의 보는 바에 의하면, 시대가 뒤로 올수록 점점 심각해 가는 생존경쟁에 따라 인심의 각박함이 더욱더 심해진다. 젊은 세대로 내려 올수록 순후(淳厚)한 인정을 찾아보기 힘들다고 말하는 사람도 있다. 과연 이러한 관찰이 정확한 것일까? 제23문항에 대한 대학생들의 응답은 여기에 참고적인 자료로서의 의미를 가질 것이다. 여기에서의 응답이 바로 젊은이 들의 실천적 경향을 나타내는 것은 비록 아니나, 그들이 가진 인심의 방향을 암시하는 뜻은 충분히 가질 것이기 때문이다. 만약 여기서 '그렇다'라는 대 답이 압도적인 비율을 차지한다면, 현대의 젊은 세대의 인심이 옛날의 그것 과 크게 달라졌다는 확실한 증거로 삼을 수 있을 것이다. 그러면 학생들의 이 물음에 대한 응답은 어떠한가? 다음의 [표 23]을 음미해 보기로 하자.

[표 23] No.1

	남녀별				문과 · 이과별				전 체	
	남 자		여 자		문 과		이 과		총 원	
	명	%	명	%	명	%	명	%	명	%
그 렇 다	166	17.7	111	14.7	137	15.9	140	16.9	277	16.4
아 니 다	710	75.7	604	80.1	678	78.4	636	76.8	1,314	77.6
모르겠다	62	6.6	39	5.2	49	5.7	52	6.7	101	6.0
계	938	100	754	100	864	100	828	100	1,692	100

[표 23] No.2

	가정의 수입 등급별						성장지의 도시 · 농촌별					
	상 급		중 급		하 급		서 울		지방도시		농어촌	
	명	%	명	%	명	%	명	%	명	%	명	%
그 렇 다	99	17.5	129	15.5	37	17.9	100	19.3	73	15.0	92	15.4
아 니 다	437	77.4	644	77.4	163	78.7	389	75.1	384	78.6	471	78.7
모르겠다	29	5.1	59	7.1	7	3.4	29	5.6	31	6.4	35	5.9
계	565	100	832	100	207	100	518	100	488	100	598	100

표의 첫째 것을 보면, 전체의 77.6%가 '아니다'로 대답하고 있으며, '그렇다'는 16.4%, 그리고 '모르겠다'가 6%를 차지하고 있다. 현대에 이기적 기풍이 강하다고는 하지만, 도덕적 신조로서는 역시 남의 성공도 도와주어야 한다는 견해가 압도적임을 본다. 다시 말하면, 당위의 관념으로서는 지금의 대학생들도, 옛날의 유가들과 마찬가지로, 남의 성공까지도 도와주어야 한다고 대부분이 믿고 있는 것이다. 믿고 있는 그대로 실천을 하고 있느냐 하는 것은 물론 별개의 문제다. 관념상의 신조와 실천상의 행동 사이에 거리가 있었으리라는 것은 옛날의 유가에 있어서도 마찬가지다. 다만, 일부에서 관찰하듯 현대의 인심이 특히 이기적이라는 것이 사실이라면, 도덕적 신조와 실천적 행동 사이의 거리가 현대에 이르러 더욱 넓어졌다는 말이 될 것이다.

남녀별로 볼 때에는 여자의 '아니다'가 80.1%로써 남자의 75.7%보다 4.4% 높다. 그리고 문과·이과별의 경우에는 문과의 '아니다'가 78.4%로써 76.8%를 기록한 이과의 경우보다 2% 가까이 높다. 그리 큰 숫자의 차이는 아니나, 남자의 수치는 이과의 그것에 가깝고 여자의 수치는 문과의 그것에 가깝다는 말을 할 수 있을 것 같다. 이것은 앞에 소개한 [표 22]에 나타난 것과 일치하는 경향이다. 다시 말하면, 이기적인 것을 배척하는 경향이 여자와 문과에 있어서 강한 것으로 나타났다는 점에서, [표 22]와 [표 23]은 일치하는 것이다. 이것은 정치나 사회의 문제에 관해서는 대체로 남자와 문과생의 경향이 비슷하고, 여자는 이과생의 경향에 가까웠다는 사실과 비교할 때, 매우 흥미 있는 일이다.

가정의 수입별에 따르는 차이는 거의 없다 하여도 좋을 정도로 적으며, 성장지별에 따르는 통계에서는 서울의 '그렇다'가 약간 높은 비율을 나타내고 있음이 눈에 뜨인다. 이것은 서울이 한국에 있어서 가장 생활 경쟁이 치열한 곳이라는 사실과 관계가 있는 것일까?

5의 3 : 방금 살펴본 제23문항은 자기와 타인을 아울러 위하는 행위에 관한 것이었으나, 다음의 제24문항에 있어서는 좀 더 적극적인 애타(愛他)의 문제, 즉 나보다도 남을 더 위하는 행위에 관한 문제를 다루었다. 여기서 우리가 제시한 명제는 다음과 같다.

24. 사람은 누구나 자기를 위하는 마음이 강하지만, 사람된 도리로 말하면 항상 남을 먼저 하고 나를 나중으로 돌려야 한다.

『소학』에 의하면, 노공(魯公) 범질(范質)이 송(宋)나라의 재상이 되었을 때, 그 조카 고(杲)는 숙부의 힘으로 벼슬이 승진되기를 희망했다. 그러나 범질은 도리어 지위를 탐내는 조카의 생각이 잘못임을 깨우치는 훈계의 글을 보냈다. 그 훈계의 글 가운데 다음과 같은 것이 있다.

> 훈계하노니, 너는 치욕을 멀리하고, 행동을 삼가 예절에 가까이 하며, 나를 낮추고 남을 높이며, 다른 사람을 먼저 하고 자기는 뒤로 돌려라.(戒. 爾遠恥辱, 恭則近乎禮, 自卑而尊人, 先彼而後己.)[41]

위의 훈계에는 분명히 "남을 먼저 하고 나를 뒤로 돌려야 한다."는 말이 들어 있다. 그리고 이 말이 『소학』에 실리고 있다는 사실은, 노공뿐만 아니라 유가에서 일반적으로 이 '선피이후기(先彼而後己)'의 사상을 시인한 것으로도 해석된다. 그렇다면 여기서 문제가 되는 것은 공자의 인(仁)의 사상과의 관계다. 묵자의 '겸애'의 개념과 비교되는 공자의 '인'에는 자기중심적인 일면이 있다. 남의 부모보다도 내 부모를 먼저 위해야 하고, 남의 가족보다도

---

41 『小學』外篇, 嘉言 第五, 廣立教篇, 第十章.

내 가족을 먼저 생각해야 하며, 만사에 있어서 가까운 곳에서부터 먼 곳으로 옮겨 가야 한다고 그것은 가르친다. 만약 이 논리를 일관시킨다면, 남보다는 나를 먼저 해야 한다는 추론이 성립할 것이다. 남을 먼저 해야 한다는 주장과 나를 먼저 해야 한다는 주장 중 도대체 어느 편이 유가의 사상에 가까운 것일까?

유가들 자신이 이 문제를 세밀한 분석으로 따져 보았는지 그것부터가 우선 의문이다. 아마, 개인을 단위로 한 이타주의와 가족을 단위로 한 이기주의 사이의 모순을 의식함이 없이, 막연히 이 두 가지 사상의 혼재를 허용한 것이 아닌가 생각된다. 그리고 내 가족, 내 친척부터 위하기를 가르친 공자의 본의는, 현실적인 실천의 방안으로서, 우선 나에게 가까운 남인 부모나 처자에서부터 출발하여, 사랑을 인류에게 미치도록 노력하라는 인성론적 지혜에 있을 것이다. 생물학적 근거를 가진 개인의 이기심은 옛날의 유가에 의하여도 관찰되었을 것이며, 그것의 극복이 도덕의 근본처럼 생각되었을 것이다. 그리고 이 이기성 극복의 과정을 가족 특히 부모에 대한 봉사로부터 실천하라는 가르침이 유가의 전통을 이루었을 것이다. 만약 이러한 해석이 용납될 수 있다면, 위에서 말한 외견상의 모순은 해소될 것이며, '나보다도 남을 먼저 하라'는 가르침이 유가 사상의 밑바닥에 있다는 결론을 얻게 될 것이다. 적어도 우리의 제24문항을 일상적인 문맥에서 이해하는 한, 이에 대하여 '그렇다'고 대답하는 것이 유가의 태도라고 보아서 틀림이 없을 것이다.

현대는 자아를 주장하는 경향이 극히 강한 시대다. 서양에서는 근세 이래 공공연히 이기주의를 옹호하는 학자들이 많았으며, 이기주의까지는 가지 않더라도, 적어도 남을 위하는 것과 같은 정도로는 자기도 위해야 한다는 사상이 매우 우세한 조류를 이루었다. 이러한 사조는 우리 한국에도 어느 정도 파급되었을 것으로 생각된다. 그러면, 우리 제24문항에 대한 대학생들의 응답은 어떠한가? 다음의 [표 24]를 검토하기로 하자.

[표 24] No.1

	남녀별				문과·이과별				전 체	
	남 자		여 자		문 과		이 과		총 원	
	명	%	명	%	명	%	명	%	명	%
그 렇 다	528	56.3	482	63.9	526	60.9	484	58.5	1,010	59.7
아 니 다	330	35.2	226	30.0	289	33.4	267	32.2	556	32.9
모르겠다	80	8.5	46	6.1	49	5.7	77	9.3	126	7.4
계	938	100	754	100	864	100	828	100	1,692	100

[표 24] No.2

	가정의 수입 등급별						성장지의 도시·농촌별					
	상 급		중 급		하 급		서 울		지방도시		농어촌	
	명	%	명	%	명	%	명	%	명	%	명	%
그 렇 다	340	60.1	501	60.2	110	53.1	292	56.4	294	60.2	365	61.0
아 니 다	181	32.0	266	32.0	83	40.1	179	34.6	155	31.8	196	32.8
모르겠다	44	7.9	65	7.8	14	6.8	47	9.0	39	8.0	37	6.2
계	565	100	832	100	207	100	518	100	488	100	598	100

표의 첫째 것을 보면, 전체의 59.7%가 '그렇다'로 대답을 하고 있으며, 32.9%가 '아니다'로 대답하고 있다. 당위의 관념으로서는 나보다도 남을 먼저 위해야 한다는 생각이 우세한 것이다. 실제로 행동하는 마당에서도 과연 남을 위하는 경향이 강한지는 물론 의문이다. '남을 먼저 함이 인간의 도리'라는 생각이 반드시 깊은 성찰을 통한 철학적 신념으로서 확립된 것도 아닐 것이다. 다만 전통적인 관념의 유산이 막연한 도덕감으로서 젊은 세대의 마음속에까지 상당한 자리를 차지하고 있는 것으로 보인다. 이에 비하여, '아니다'라고 대답한 32.9%의 생각은 좀 더 확신에 가까운 것일 것이며, 상당한 실천력을 동반한 관념일 것이다. 그러나 '아니다' 가운데는 '나를 먼저 해야 한다'는 생각뿐만 아니라, '나와 남을 같은 비중으로 위해야 한다'는 생각도 있을 것이니, 이 응답의 전부를 이기주의의 표명이라고 해석해서는 안 될 것

같다.

　남녀별의 통계를 보면, 남자는 '그렇다'가 56.3%에 '아니다'가 35.2%인데, 여자는 '그렇다'가 63.9%에 '아니다'가 30%로 되어 있다. 그리고 문과·이과별에 있어서는, '그렇다'와 '아니다'가 모두 문과에 있어서 조금씩 높고, '모르겠다'에 있어서 이과의 수치가 높아지고 있다.

　다음에 가정의 수입 등급별에 있어서는, 상급과 중급의 비율이 거의 같고 하급에 가서 '아니다'의 비율이 상당히 높아지고 있음을 본다. 끝으로 성장 지별에 나타난 통계에 있어서는, 서울의 '그렇다'가 좀 낮은 것밖에는 별로 큰 차이가 나타나지 않고 있다. 이상과 같이 나타난 집단별의 차이는, 어느 집단에 이기 또는 이타의 신념이 더 강한가를 가리키는 것이라기보다는, 어느 집단에 있어서 개인주의적인 자아의 의식이 더 발달했는가를 알려 주는 뜻이 강하다고 생각된다.

6. 실리주의와 인격주의 또는 물질적 가치와 정신적 가치의 대립에 관한 의견

　서양에서도 그랬지만 특히 동양에 있어서는, 전통적으로 정신적 가치가 숭상되어 왔다. 실리(實利)보다는 명분(名分)이 존중을 받았으며, 부귀와 영화 같은 세속적 성공보다도 지덕(知德)이 겸비된 인격의 도야를 더욱 소중히 여겨 왔다. 그러나 서양의 물질주의적인 사조의 활발한 도입을 보게 된 근래에 이르러, 그리고 또 각박하고 경쟁적인 생활 조건의 자극을 받으면서, 물질적 가치 내지 감성적 쾌락을 소중히 여기는 기풍도 차차 머리를 드는 것으로 보인다. 여기 인격과 명분을 숭상하는 옛 사조와, 물질과 실리를 좇는 새 기풍의 교차를 보거니와, 이러한 교차는 도덕적 과도기에 있어서 여러 가지 갈등과 문제를 일으키는 것으로 이해된다. 우리 질문서의 제25문항부터 제32문항까지는 바로 그러한 갈등과 문제에서 소재를 구했다.

6의 1 : 우리의 제25문항은 다음과 같은 명제를 제시하고, 그에 대한 찬반을 묻는다.

25. 한 가지 특기에 능하여 생활의 안정을 얻는 것도 중요하고, 전체로서의 인격을 닦는 일도 중요하다. 그러나 그 가운데서 더욱 중요한 것은 후자다.

『논어』 위정편(爲政篇)에 "군자는 그릇이 아니다(君子不器)."라는 말이 있다. 군자는 한 가지 목적을 위해서만 적합한 기구적 존재가 아니라, 만사에 응용할 수 있는 지혜와 덕의 소유자라는 뜻이다. 일기(一技) 일예(一藝)에 능통한 기술자가 되는 것보다도 도리의 근본을 터득한 군자가 되는 것은 유가들의 공통된 이상이다. 다음의 인용도 유가들의 그러한 가치관을 표명한 것들이다.

　　자하(子夏)가 말씀하기를, "비록 일기 일예의 소도(小道)에도 그 안에 볼 만한 것이 있기는 하지만, 그것에 너무 멀리 따라가면 자연 집착하게 될까 두려워, 군자는 그런 것에 종사하지 않는다."(子夏曰, 雖小道, 必有可觀者焉. 致遠恐泥. 是以君子不爲也.)[42]

　　안씨가훈에 말하기를, "무릇 글을 읽고 학문을 닦는 것은, 본래 마음을 열고 눈을 밝게 하여, 나의 행동이 사리에 맞도록 하기 위한 것이다."(顏氏家訓曰, 夫所以讀書學問, 本欲開心明目, 利於行耳.)[43]

---

42 『論語』 卷之十, 子張, 第十九, 四章
43 『小學』 外篇, 嘉言 第五, 廣敬身篇, 第二十五章.

위의 자하의 말 가운데서 '소도(小道)'라 함은 농예(農藝), 의술, 복술(卜術) 등의 기술을 가리키는 것이며, 그 기술에도 취할 바 없는 것은 아니나, 이에 지나치게 몰두하면 인륜의 대도(大道)를 닦음에 방해가 될까 두려워, 군자는 그 길로 들어서지 않는다는 것이다. 안씨가훈에 있어서도, '마음을 열고 눈을 밝게 한다' 함은 사욕과 정념으로 가려진 마음을 열고 사물의 근본 이치를 인식한다는 뜻으로 해석되니, 역시 학문의 목적이 일기 일예의 습득에 있지 아니함을 말한 것이다.

고대의 유가들이 일기 일예를 가볍게 볼 수 있었던 것은 옛날의 경제 사정과 유가들의 유리한 사회적 지위 때문이었을 것이다. 공업화를 서둘러야 할 현대의 한국에 있어서, 기술의 습득을 소홀히 여길 수 없음은 이미 상식이다. 국가에서도 기술 교육에 치중하고 있으며, 국민도 기술 방면으로 진출하기를 꾀하는 경향이 강한 실정이다. 그러나 한편, 사상의 빈곤을 걱정하는 소리가 높으며, 전체로서의 인간 교육이 소홀히 되어 감을 경고하는 여론도 일고 있다. 이러한 사정을 염두에 두고 꾸며진 우리의 제25문항은, 기술을 배우는 일과 인격을 닦는 일과 어느 것이 더욱 중요한가를 물은 것이다. 그러면 대학생들의 의견은 어떠한가? 다음 [표 25]를 살펴보기로 하자.

[표 25] No.1

	남녀별				문과 · 이과별				전 체	
	남 자		여 자		문 과		이 과		총 원	
	명	%	명	%	명	%	명	%	명	%
그렇다	754	80.4	651	86.3	724	83.8	681	82.3	1,405	83.0
아니다	140	14.9	80	10.6	112	13.0	108	13.0	220	13.0
모르겠다	44	4.7	23	3.1	28	3.2	39	4.7	67	4.0
계	938	100	754	100	864	100	828	100	1,692	100

[표 25]　No.2

	가정의 수입 등급별						성장지의 도시 · 농촌별					
	상 급		중 급		하 급		서 울		지방도시		농어촌	
	명	%	명	%	명	%	명	%	명	%	명	%
그 렇 다	467	82.6	702	84.4	166	80.2	424	81.9	404	82.8	507	84.8
아 니 다	76	13.5	95	11.4	35	16.9	69	13.3	59	12.1	78	13.0
모르겠다	22	3.9	35	4.2	6	2.9	25	4.8	25	5.1	13	2.2
계	565	100	832	100	207	100	518	100	488	100	598	100

위의 표의 첫째 것을 보면, 전체의 83%가 '그렇다'라고 대답하였으며, '아니다'는 13%밖에 되지 않는다. 한 가지 특기에 능하여 생활의 안정을 얻는 것이 중요함을 부인하는 것은 아니다. 그러나 전체로서의 인격을 닦는 일이 더욱 중요하다는 것이 압도적인 의견이다. 격심한 생활의 경쟁과 범람하는 물질주의로 말미암아, 인간이 자기를 상실해 간다는 오늘날, 인격이니 정신의 가치니 하는 것을 비웃는 사람들도 있다. 그들은 오직 육체적 쾌락만이 모든 가치와 보람의 근원이라고 주장한다. 이러한 사람들의 풍조가 한국에도, 특히 젊은 세대를 통하여, 상당히 깊이 침투하지나 않았을까 하고 예상했던 필자로서는, 13%밖에 되지 않는 '아니다'에 일종의 안도감 비슷한 것을 느낀다. 어떠한 인격을 훌륭하다고 생각하며, 어떠한 정신을 고귀하다고 생각하느냐에 관하여는 옛사람과 새 세대 사이에 상당한 차이가 있을지 모른다. 그러나 인간에 있어서 더욱 중요한 것이 인격이요 정신이라는 평가가 지속되는 한, 동양적인 전통이 바탕으로부터 뒤집히지는 않을 것이다.

남녀별 통계를 보면, 여자의 '그렇다'가 남자의 경우보다 6% 가까이 더 많다. 좋은 의미로나 나쁜 의미로나 남자가 더 현실적이며, 좋은 의미에 있어서나 나쁜 의미에 있어서나 여자가 더 보수적이라는 해석이 가능함직하다. 문과와 이과의 구별에 따르는 차이는 별로 크지 않다. '그렇다'에 있어서 이과의 비율이 약간 낮은 것을 보거니와, 이공계통이 기술 교육을 위한 기관이라는 사실을 상기한다면 이해할 수 있는 경향이다.

다음에 표의 둘째 것을 보면, '아니다'에 있어서 하급의 비율이 비교적 높음이 발견된다. 경제 사정이 어려울수록 생활의 안정에 대한 욕구가 큰 것은 당연한 일이라 하겠다. 다만 상급과 중급을 비교할 때, 상급의 '아니다'가 도리어 많다는 사실은 간단히 설명하기 힘들 것 같다. 중급만 하더라도 생활은 어느 정도 안정된 편이라는 사실, 그리고 상급의 가정에 있어서 경제의 중요성이 강조되는 기풍이 강하리라는 것 등을 고려할 수 있으나, 그것으로써 결정적 해석으로 삼을 수 있을지는 의문이다. 끝으로 성장지별에 있어서는, '그렇다'가 서울에 가장 적고 농어촌에 가장 많다. 시골로 갈수록 보수적인 경향이 강하다는 증거로 볼 수 있으니, 극히 자연스러운 경향이라고 생각될 따름이다. 그러나 여기에 나타난 숫자의 차이는 극히 적은 것이며, 대체로 보아서 '그렇다'가 압도적이라는 사실에는 변함이 없다.

6의 2 : 우리의 제26문항은 직접 정신의 가치와 물질의 가치를 비교하는 것은 아니다. 그러나 간접적으로는 역시 그 문제와 관련이 있다고 생각된다. 우리의 문항이 제시하는 명제는 다음과 같다.

26. 내 과실을 인정하고 그것을 부끄러이 여기며, 빨리 그것을 고쳐야 한다는 것은 봉건 도덕의 주장이다. 현대의 새 세대는 웬만한 경우에는 내가 잘했다고 버팀으로써 인생의 승리자가 되도록 꾀해야 한다.

맹자가 제(齊)나라의 대부(大夫) 진고(陳賈)에게 한 말 가운데 다음과 같은 것이 있다.

또 옛날의 군자는 과오를 범하면 그것을 고쳤는데, 오늘날의 인사(人士)는 과오를 범하면 그것을 그대로 밀고 나가오. 옛날 군자의 허물은 마치 일식이나 월식과 같아서 백성이 모두 그것을 보고 알았으며, 그 허물을 고치는 날에는 백성들이 모두 그를 우러러 보았소. 오늘날의 인사는 과오를 밀고 나갈 뿐만 아니라, 그 과오를 변명하기까지 하오.(且古之君子, 過則改之. 今之君子, 過則順之. 古之君子, 其過也, 如日月之食, 民皆見之. 及其更也, 民皆仰之. 今之君子, 豈徒順之. 又從而爲之辭.)[44]

여기서 '옛날의 군자'라 함은 주공(周公)을 염두에 두고 한 말이요, '오늘날의 인사(今之君子)'는 제나라의 선왕(宣王)을 빗대 놓고 한 말 같다. 여하간 "과실은 솔직히 인정하고, 그것을 고쳐야 옳다."는 것이 맹자의 견해임에는 의심의 여지가 없다.

공자도 "내 잘못을 추궁하되, 남의 잘못은 추궁하지 말라(攻其惡, 無攻人之惡)."고 가르쳤고,[45] 또 "군자는 자기에게 책임을 추궁하고, 소인은 남에게 추궁한다(君子求諸己, 小人求諸人)."라고도 하였다.[46] 유가의 정신을 따른다면, 우리 제26문항에 대하여는 누구나 '아니다'라고 대답할 것이다.

요즈음 우리나라에 있어서 '너무 양심적이다'라는 말이 쓰이는 것을 종종 듣는다. '솔직하다'는 말을 약간 업신여기는 뜻으로 쓰기도 한다. 한편, '배짱이 좋다'는 말은 좋은 뜻으로 쓰이는 경우가 많다. 이러한 언어의 사용이 우리의 제26문항에 대하여 갖는 관계를 단정적으로 말하기는 어려우나, "오늘날처럼 험난한 세상을 살아가자면 좀 억센 성격이 좋다."는 의견을 포함하는 것임에는 틀림이 없다. 특히, '정치적 수완이 놀랍다'는 칭찬을 받을 수 있

---

44 『孟子』公孫丑章句 下, 燕人畔章 第九.
45 『論語』卷之六, 顔淵, 第十二, 二十一章.
46 『論語』卷之八, 衛靈公, 第十五, 二十章.

으려면, 너무 솔직하거나 양심적이어서는 곤란한 것도 사실이다. 그리고 실제에 있어서 솔직하게 잘못을 인정하고 물러서는 사람은 손해를 보고, 배짱좋게 자기를 옹호하는 사람은 아무 일 없는 수가 흔히 있다. 우리의 제26문항은 이러한 실정을 염두에 두고 만들어진 것이다. 그러면 학생들은 이 점에 관하여 어떠한 태도를 취하는가? [표 26]에 나타난 바를 검토해 보기로 하자.

[표 26] No.1

	남녀별				문과 · 이과별				전 체	
	남 자		여 자		문 과		이 과		총 원	
	명	%	명	%	명	%	명	%	명	%
그렇다	75	8.0	77	10.2	83	9.6	69	8.3	152	9.0
아니다	841	89.7	658	87.3	760	88.0	739	89.3	1,499	88.6
모르겠다	22	2.3	19	2.5	21	2.4	20	2.4	41	2.4
계	938	100	754	100	864	100	828	100	1,692	100

[표 26] No.2

	가정의 수입 등급별						성장지의 도시 · 농촌별					
	상 급		중 급		하 급		서 울		지방도시		농어촌	
	명	%	명	%	명	%	명	%	명	%	명	%
그렇다	50	8.8	76	9.1	19	9.2	50	9.6	47	9.6	48	8.0
아니다	498	88.2	735	88.4	185	89.4	457	88.3	427	87.5	534	89.3
모르겠다	17	3.0	21	2.5	3	1.4	11	2.1	14	2.9	16	2.7
계	565	100	832	100	207	100	518	100	488	100	598	100

우선 첫째 표를 보면 '아니다'가 88.6%로 절대다수를 차지했으며, '그렇다'는 겨우 9%밖에 되지 않는다. 이것으로 보면, 도덕의 권위를 전적으로 회의 내지 무시하는 이른바 도덕적 무정부주의(moral anarchism)의 사조는 한국의 젊은이들 사이에 아직 그리 침투되고 있지 아니함을 알 수 있다. 소크

라테스 시대의 그리스에 있어서, 소피스트들 가운데는 강자의 주장이 곧 정의의 길이라고 말한 극단론자도 있었다 하거니와, 이에 비해 우리 한국은, 도의심(道義心)의 퇴폐를 개탄하는 일부의 비판에도 불구하고, 도덕 문제에 관하여 아직 낙관할 이유를 가졌다고 하겠다. 물론, 도덕의 권위를 관념상으로 인정한다고 해서, 그것이 곧 도덕의 실천을 보장하는 것은 아니다. 그러나 마음속으로나마 도덕의 권위를 인정한다는 것은, 도덕적 질서의 확립을 위하여 절대로 중요한 기본 조건이다.

다음에 부분적 통계를 보면, 남녀별에 있어서는 '그렇다'가 여자에게 약간 많고, 문과 · 이과별에 있어서는 그것이 문과생에게 약간 많다. 문과생에게 '그렇다'가 더 많다는 것은 짐작하기 어려운 일이 아니나, 여자에게 그것이 더 많다는 것은 좀 예상 밖이다. 아마, 과거에 있어서 봉건 도덕의 제약을 특히 많이 받은 것이 여자들이기 때문에 그러한 과거에 대한 반동이 작용한 것일지도 모른다.

끝으로 표의 둘째 것을 보면, 가정의 수입 등급별에 따르는 차이는 거의 없다 하여도 좋을 정도이고, 성장지별에 따르는 차이도 그리 현저하지 않다. 다만, 농어촌 출신에 '그렇다'가 가장 적은데, 이는 자연스러운 경향으로서 이해할 수 있을 것이다.

6의 3 : 우리의 제27문항은 자기선전에 관한 것으로서, 다음과 같은 명제에 대한 의견을 묻는 것으로 되어 있다.

27. 실력의 양성에만 주력할 것이 아니라, 세상 사람이 나를 알아주도록 어느 정도의 선전도 게을리하지 않을 필요가 있다.

『논어』의 헌문편(憲問篇)에 "남이 나를 알아주지 않는 것을 걱정할 것이 아니라, 자기의 무능함을 걱정할 일이다(不患人之不己知, 患其不能也)."라는 공자의 말씀이 있다. 이것은 우리의 제27문항의 명제와는 정반대되는 주장이거니와, 공자의 말씀 가운데는 같은 정신의 주장이 여러 곳에 나타나 있다. 다음에 그 몇 가지만 들어 보자.

옛날에 공부하던 사람들은 자기의 인격을 향상시키기 위해서 했고, 지금의 공부하는 사람들은 남에게 알려지기 위해서 한다.(古之學者爲己. 今之學者爲人.)[47]

군자는 스스로의 무능을 근심하되, 남이 나를 알아주지 않음을 근심하지 않는다.(君子病無能焉. 不病人之不己知也.)[48]

남이 나를 모르는 것을 걱정할 것이 아니라, 내가 남을 모르는 것을 걱정한다.(不患人之不己知, 患不知人也.)[49]

남이 나의 실력을 알아주지 않아도 노여워하지 않는 것은 또한 군자다운 일이 아니냐.(人不知而不慍, 不亦君子乎.)[50]

공자가 이토록 거듭하여 같은 뜻의 정신을 강조한 것은, 도리어 그 당시의 선비들에게 실력의 양성보다도 실력 이상의 명성을 탐내는 기풍이 있었다는 증거라고 보는 해석도 가능할 것이며, 우리는 공자 자신이 자기를 알아줄 현

---

47 『論語』卷之七, 憲問, 第十四, 二十五章.
48 『論語』卷之八, 衛靈公, 第十五, 十八章.
49 『論語』卷之一, 學而, 第一, 十六章.
50 『論語』卷之一, 學而, 第一, 一章.

군(賢君)을 찾아 헤맸다는 사실을 지적하여 반박할 수도 있을 것이나 여하간 공자의 가르침이 안으로 덕과 능력을 쌓을 것을 강조하는 동시에 남에게 알려지려고 허둥지둥하는 태도를 배척하고 있음에는 의심의 여지가 없다. 그리고 이 가르침은 제자들에 의하여 오래 계승되어, 겸허한 태도는 유가에 의하여 전통적으로 찬양되는 바가 되었다.

한편, 현대는 자기선전이 극히 활발하게 되고 있는 시대다. 상품이나 영리단체뿐만 아니라, 개인들도 음성 또는 양성의 자화자찬을 예사로 한다. 자화자찬은 물론 현대만의 특수한 경향이 아닐 것이다. 저 잘난 맛에 사는 것은 옛날부터의 인정(人情)이며, 자기를 보호하고자 하는 인간의 기본적 욕구는 어느 시대에 있어서나 사람들로 하여금 자기를 좋게 알리고 싶은 충동에 사로잡히게 했을 것이다. 그러나 옛날에 있어서의 자기선전이 현대에 있어서와 같이 활발했는지는 의문이며, 적어도 자기선전을 당연한 것으로 여기는 기풍만은 약간 새로운 것이 아닐까 생각된다. 확실히 오늘날 자기선전을 어느 정도 필요한 것으로 보고, 또 정당한 일이라고 믿는 사람들이 있다. 그러면, 그렇게 믿는 사람들이 어느 정도나 되는 것일까? 우리 대학생의 경우는 다음의 [표 27]에 기록된 바와 같다.

[표 27] No.1

	남녀별				문과·이과별				전 체	
	남 자		여 자		문 과		이 과		총 원	
	명	%	명	%	명	%	명	%	명	%
그렇다	497	53.0	452	59.9	506	58.6	443	53.5	949	56.1
아니다	370	39.4	245	32.5	301	34.8	314	37.9	615	36.3
모르겠다	71	7.6	57	7.6	57	6.6	71	8.6	128	7.6
계	938	100	754	100	864	100	828	100	1,692	100

[표 27] No.2

	가정의 수입 등급별						성장지의 도시·농촌별					
	상 급		중 급		하 급		서 울		지방도시		농어촌	
	명	%	명	%	명	%	명	%	명	%	명	%
그 렇 다	330	58.4	459	55.2	177	56.5	318	61.4	268	54.9	320	53.5
아 니 다	201	35.6	307	36.9	76	36.7	154	29.7	184	37.7	246	41.1
모르겠다	34	6.0	66	7.9	14	6.8	46	8.9	36	7.4	32	5.4
계	565	100	832	100	207	100	518	100	488	100	598	100

첫째 표를 통하여 전체의 통계를 보면, '그렇다'가 56.1%로 우세하고, '아니다'는 36.3%를 차지하고 있다. 공자의 생각과는 달리, 어느 정도는 자기를 선전해야 한다고 믿는 사람이 상당히 많은 것인데, 이것은 심각한 경쟁이 강요되고 있는 현대의 사회 실정과 관계가 있을 것이다. 다만 우리 문항에서는 '실력의 양성'이 전제되고 있는 것이며, '자기선전'도 '어느 정도의'라는 제한을 받고 있음을 기억해야 할 것이다. 실력은 기르지 않고, 오로지 근거 없는 선전만으로 입신출세를 꾀하는 일부의 불건전한 태도를 오늘의 대학생들이 시인하는 것이라고 볼 이유는 없다.

다음에 분류에 따라 산출한 통계를 살펴보면, 남녀별에 있어서는 여자의 '그렇다'가 59.9%로써 남자의 경우보다 6.9% 많다. 어떻게 생각하면 예상을 뒤집은 숫자 같기도 하나, 여자들이 하는 화장도 일종의 자기과시를 위한 수단임을 상기한다면, 반드시 이해하기 어려운 바도 아니다. 문과·이과별에 있어서는 문과생의 '그렇다'가 58.6%로써 이과생의 경우보다 5.1% 높다. 이것은 자연과학자들의 대체로 겸손하고 고지식한 성격과 관련시켜서 이해할 수 있음직하다.

둘째 표로 시선을 돌리면, 가정의 수입 등급별에 있어서는 '그렇다'가 상급에 가장 많고, 성장지별로 본 통계에 있어서는 '그렇다'가 서울에 가장 많다.

서울과 농어촌의 '아니다'를 비교해 보면, 서울은 29.7%, 농어촌은 41.1%로써 후자가 11.4%나 높다. 대도시일수록 현대적인 풍조가 강하게 밀어 닥치고 있는 현상을 반영한 것이라 하겠다.

6의 4 : 우리의 제28문항은 실리주의의 극단의 경우를 묻는다. 이 문항의 명제는 다음과 같다.

28. 수단과 방법을 가리지 말고 돈 벌기와 출세를 위해서 싸워야 한다.

공자의 말씀으로서 널리 알려진 구절 가운데 다음과 같은 것들이 있다.

부와 귀는 사람들이 원하는 바이기는 하나, 정당한 방법으로 얻은 것이 아니면 거기에 머물러 있지 않는다. 가난과 천함은 사람들이 싫어하는 것이기는 하나, 내 잘못으로 인하여 얻은 것이 아니면 거기서 떠나지 않는다.(子曰, 富與貴, 是人之所欲也. 不以其道得之, 不處也. 貧與賤, 是人之所惡也. 不以其道得之, 不去也.)[51]

거친 것을 먹고 물을 마시며, 팔을 구부려 베개로 삼을지라도 즐거움이 또한 그 가운데 있다. 불의(不義)로써 얻은 많은 재산과 높은 지위는 나에게 있어서는 뜬구름과 같은 것이다.(子曰, 飯疏食飮水, 曲肱而枕之, 樂亦在其中矣. 不義而富且貴, 於我如浮雲.)[52]

군자는 옳은 길을 구하되 먹을 것을 구하지 않는다. … 군자는 옳은 길을 걱정하되 가난함을 걱정하지 않는다.(君子謀道, 不謀食. … 君子憂道, 不憂貧.)[53]

이상의 인용으로 미루어 볼 때, 우리의 제28문항에 대하여 공자나 그 밖의 유가들이 어떻게 응답할지는 명백하다. 유가들의 견지에서 볼 때, 수단과 방법을 가리지 않고 부귀나 영화를 좇는 것은 도저히 용납될 수 없는 것이다.

한편, 오늘날 우리의 주변을 살펴보면, 돈 벌기 또는 어떤 지위의 획득을 위하여 수단을 가리지 않는 사람들이 적지 않은 것 같다. 그리고 매사에 있어서 정당한 길을 찾는 사람을 한갓 '융통성 없는 샌님'이라고 멸시하는 경향도 일부에 보인다. 이러한 현실을 한국의 대학생들은 어떻게 평가하는 것일까? 우리의 제28문항은 바로 이러한 의문과 관심에서 마련된 것이다. 이 문항에 대한 응답의 통계를 다음 [표 28]을 통하여 살펴보기로 하자.

표의 첫째 것을 보면 전체에 있어서 '아니다'가 74.4%로써 절대다수를 차지하고 있다. 역시 정당한 길을 벗어나서는 안 된다는 생각이 단연 우세한 것이다. 그러나 '그렇다'의 18%와 '모르겠다'의 7.6%도, 비록 그 수치는 낮은 편이나, 이 문항의 성질로 보아서, 무시할 수 없을 것으로 생각된다.

[표 28] No.1

| | 남녀별 | | | | 문과·이과별 | | | | 전 체 | |
| | 남 자 | | 여 자 | | 문 과 | | 이 과 | | 총 원 | |
	명	%	명	%	명	%	명	%	명	%
그 렇 다	163	17.4	141	18.7	164	19.0	140	16.9	304	18.0
아 니 다	699	74.5	560	74.3	626	72.4	633	76.4	1,259	74.4
모르겠다	76	8.1	53	7.0	74	8.6	55	6.7	129	7.6
계	938	100	754	100	864	100	828	100	1,692	100

---

51 『論語』卷之二, 里仁, 第四, 五章.
52 『論語』卷之四, 述而, 第七, 十五章.
53 『論語』卷之八, 衛靈公, 第十五, 三十一章.

[표 28] No.2

	가정의 수입 등급별						성장지의 도시 · 농촌별					
	상 급		중 급		하 급		서 울		지방도시		농어촌	
	명	%	명	%	명	%	명	%	명	%	명	%
그 렇 다	106	18.8	139	16.7	39	18.8	98	18.9	79	16.2	107	17.9
아 니 다	420	74.3	621	74.6	155	74.9	382	73.8	367	75.2	447	74.7
모르겠다	39	6.9	72	8.7	13	6.3	38	7.3	42	8.6	44	7.4
계	565	100	832	100	207	100	518	100	488	100	598	100

남녀별에 있어서는, '그렇다'가 남자에 17.4%, 여자에 18.7%로써 여자 쪽이 약간 높다. 그리고 문과 · 이과별에 있어서는, 문과의 '그렇다'가 19%로써 이과의 그것보다 2.1% 높다. 그 수치의 차이는 비록 많지 않으나, 이상의 순위는 제27문항에 있어서 '그렇다'가 여자 및 문과에 많았다는 경향과 부합된다는 점에서 약간의 의의를 갖는다.

다음에 둘째 표를 보면, 여기서도 구분지에 따르는 차이는 적은 수치를 나타내고 있다. 가정의 수입 등급별에 있어서, '아니다'의 경우는 거의 같은 수치를 보이고 있으며, 다만 '그렇다'를 비교할 때 중급의 그것이 좀 낮을 뿐이다. 성장지별에 있어서는, '그렇다'가 서울에 가장 높고 지방도시에 가장 낮다는 것을 보나, 그 차이는 역시 그리 대단한 것이 아니다.

6의 5 : 우리의 제29문항은 신의(信義)와 정직에 관련하여 도덕적 무정부주의의 시비를 묻고 있다. 이 문항이 제시하는 명제는 다음과 같다.

29. 신의가 있고 정직한 사람은 밥 세 끼 얻어먹기도 힘든 오늘날, 신의를 지키고 정직하게 살라는 도덕의 가르침은 무의미한 것이며, 그것을 따를 이유도 없다.

유교에서 윤리의 기본으로서 숭상하는 다섯 가지 규범 가운데 "벗과 벗 사이에는 신의가 있다(朋友有信)."는 조항이 있음은 널리 알려진 사실이거니와, 여기서 '붕우(朋友)'라 함은 반드시 좁은 의미의 친구만을 가리키는 것이 아니리라고 해석된다. 따라서 이 조항은 사람을 사귀는 모든 경우에 널리 적용되어야 할 것으로 생각된다. 사람을 사귈 때에는 누구에게 대하여도 신의를 지켜야 한다는 것이 유가의 정신임은, 주(周)의 문왕(文王)을 칭송한 『대학』의 다음 구절에도 잘 나타나 있다.

> 남의 임금이 되어서는 인자함에 머물러 있었고, 남의 신하가 되어서는 공경스러움에 머물러 있었으며, … 사람들과 사귐에 있어서는 신의에 머물러 있었다.(爲人君, 止於仁. 爲人臣, 止於敬 … 與國人交, 止於信.)[54]

위의 인용에서, 마지막 구절이 사람을 사귈 때에는 신의를 지킴이 군자의 도(道)임을 명시하고 있거니와, 신의를 지키기 위해서는 정직함이 원칙적으로 요구된다는 것은 논의의 여지도 없다. 사회의 질서가 유지되기 위하여 극히 필요한 미덕으로서의 정직은, 동서고금을 통하여 대개 어느 사회에 있어서나 숭상된 것이지만, 신의를 존중하는 유교 윤리에 있어서도 자연히 강조되어 왔다.

그러나 요즈음 우리 주변의 도덕적 상황을 살펴보면, 신의와 정직의 미덕이 차차 허물어져 가는 듯한 인상을 받는다. 어느 정도의 거짓은 당연한 처세술로서 인정을 받기도 하며, 고지식한 사람이 바보 취급을 받는 경우도 드물지 않다. 이러한 현실을 우리나라 대학생들은 그대로 시인하는 것일까? 또는 유가의 전통을 따라 배격하는 것일까? 우리의 제29문항은 이러한 관심과 직

---

54 『大學』, 四(傳之 三章).

결되는 것이니, 이에 대한 대학생들의 응답은 다음 [표 29]가 알리는 바와 같다.

[표 29] No.1

	남녀별				문과 · 이과별				전 체	
	남 자		여 자		문 과		이 과		총 원	
	명	%	명	%	명	%	명	%	명	%
그 렇 다	110	11.7	111	14.6	101	11.7	120	14.5	221	13.1
아 니 다	774	82.5	594	78.9	701	81.1	667	80.6	1,368	80.8
모르겠다	54	5.8	49	6.5	62	7.2	41	4.9	103	6.1
계	938	100	754	100	864	100	828	100	1,692	100

[표 29] No.2

	가정의 수입 등급별						성장지의 도시 · 농촌별					
	상 급		중 급		하 급		서 울		지방도시		농어촌	
	명	%	명	%	명	%	명	%	명	%	명	%
그 렇 다	72	12.7	107	12.9	29	14.0	71	13.7	67	13.7	70	11.7
아 니 다	466	82.5	663	79.6	169	81.7	416	80.3	387	79.3	495	82.8
모르겠다	27	4.8	62	7.5	9	4.3	31	6.0	34	7.0	33	5.5
계	565	100	832	100	207	100	518	100	488	100	598	100

우선 첫째 표를 보면, '아니다'가 80.8%로 절대다수를 차지하고 있으며, '그렇다'가 13.1%이고 '모르겠다'는 6.1%다. "신의가 있고 정직한 사람은 밥 세 끼 얻어먹기도 힘든 오늘날"이라는 말을 넣어서 '그렇다'는 대답으로 은근히 유도했음에도 불구하고, '아니다'라는 대답이 80%를 넘은 것은, 신의를 지키고 정직하게 언행해야 한다는 생각을 확고한 신념으로서 간직하고 있는 사람들이 아직도 대부분이라는 것을 의미한다. '아니다'라는 대답은 대체로 '그렇다'는 그것보다도 더욱 확신적인 의사의 표시라고 볼 수 있다는 사실까지를 고려할 때, 우리나라 대학생들의 생각이 비교적 건실하다는 것을

느끼지 않을 수 없다.

남녀별 통계에 있어서는, '아니다'가 남자의 경우에 82.5%이고, 여자의 경우는 78.9%다. 그리고 문과·이과별에 있어서는, 문과생의 '아니다'가 81.1%로써 이과생의 그것보다 약간 높은 수치를 보이고 있다. ('그렇다'의 통계로 보면, 문과가 11.7%에 이과는 14.5%로써, 그 수치의 차이가 좀 더 벌어진다.)

표의 둘째 것으로 시선을 돌리면, 가정의 수입 등급별에 있어서는 '그렇다'가 하급에 있어서 약간 높은 것이 눈에 뜨이고, 성장지별에 있어서는 농어촌의 '그렇다'가 조금 낮은 것이 눈에 뜨인다. 그러나 그 수치의 차이는 어떤 경우에 있어서나 그리 큰 편은 아니다.

요컨대, 성별이나 문과·이과별, 성장지별 등으로 나누어지는 어떠한 부류의 대학생들을 보더라도, "신의를 지키고 정직하게 살아야 한다."고 믿는 사람들이 대부분이다. 현대에 있어서 신의니 정직을 찾는 것은 어리석은 짓이라는 견해는 극소수의 생각이거나, 그렇지 않으면 지성의 깊은 반성을 거치지 않은 피상적인 의견에 지나지 않는다는 것을 이로써 알 수 있다.

6의 6 : 우리의 제30문항은 육체의 쾌락과 정신의 쾌락과의 우열을 곧장 묻는다. 이 문항이 제시하는 명제는 다음과 같다.

30. 식(食)이나 색(色) 같은 육체적 쾌락보다도 예술을 즐기고 우정을 나누는 따위의 정신적 쾌락이 더 값지다.

육체의 쾌락을 천하게 여기고 정신의 쾌락을 숭상하는 것은 동양적 윤리사상의 특색의 하나이거니와, 유교에 있어서도 그러한 경향은 아주 뚜렷하다. 이러한 경향을 표명한 것으로서 우리는 다음과 같은 구절을 예시할 수 있을 것이다.

즐거움 가운데는 유익한 것이 세 가지 있고, 해로운 것이 세 가지가 있다. 예악(禮樂)이 절도에 알맞음을 즐기며, 남의 좋은 점 말하기를 즐거워하며, 좋은 벗 많이 갖기를 즐기는 것은 유익하다. 교만에서 오는 쾌락을 즐기며, 일없이 노는 것을 좋아하며, 연음(宴飮)의 쾌락을 즐기는 것은 해롭다.(孔子曰, 益者三樂, 損者三樂. 樂節禮樂, 樂道人之善, 樂多賢友, 益矣. 樂驕樂, 樂佚遊, 樂宴樂, 損矣.)[55]

신체에는 귀한 부분과 천한 부분이 있으며, 큰 부분과 작은 부분이 있다. 작은 것을 위하여 큰 것을 해쳐서는 안 되며, 천한 부분을 위하여 귀한 부분을 해쳐서도 안 된다. … 음식을 탐내어 입과 배만을 기르는 사람은 누구나 다 이를 천하게 여기거니와, 그것은 입과 배 같은 작은 것을 기르기 위하여 뜻과 마음 같은 큰 것을 잃기 때문이다.(孟子曰, 體有貴賤, 有小大. 無以小害大, 無以賤害貴. … 飮食之人, 則人賤之矣. 爲其養小以失大也.)[56]

현대에 있어서 육체적 욕구를 죄악시하는 관념은 비교적 작은 것으로 안다. 육체적 욕구가 자연스러운 심리임은 대부분의 교육받은 사람들이 인정하는 바이며, 어떤 사람들은 도리어 육체적 쾌락을 최고의 가치라고 보는 경향조차 있다. 따라서, 현대의 견지에서 볼 때, 육체적 쾌락이 죄스러운 것이냐 아니냐는 물음은 크게 문제될 것이 없으며, 육체의 쾌락과 정신적 쾌락을 비교할 때 어느 편에 더 높은 자리를 인정해야 할 것이냐가 더욱 중요한 문제가 될 것 같다. 우리의 문항이 육체적 쾌락 자체의 귀천은 묻지 않고, 오직 정신적 쾌락에 대한 우열만을 물은 것은 그러한 점을 고려한 때문이다. 요컨

---

55 『論語』卷之八, 季氏, 第十六, 五章.
56 『孟子』告子章句上, 養小失大章 第十四.

대, 우리의 제30문항의 근본 취지는 육체적 쾌락을 중요시하는 경향이 차차 강해져 가고 있는 듯한 오늘날에 있어서, 육체적 쾌락과 정신적 쾌락을 비교할 때, 젊은이들은 과연 어느 편을 더욱 중요하다고 믿는가를 조사하고자 하는 점에 있다.

그러면, 이 제30문항에 대한 대학생들의 대답은 어떠한 것일까? 다음의 [표 30]을 통하여 살펴보기로 하자.

[표 30] No.1

	남녀별				문과 · 이과별				전 체	
	남 자		여 자		문 과		이 과		총 원	
	명	%	명	%	명	%	명	%	명	%
그 렇 다	732	78.0	671	89.0	712	82.4	691	83.5	1,403	82.9
아 니 다	108	11.5	46	6.1	85	9.8	69	8.3	154	9.1
모르겠다	98	10.5	37	4.9	67	7.8	68	8.2	135	8.0
계	938	100	754	100	864	100	828	100	1,692	100

[표 30] No.2

	가정의 수입 등급별						성장지의 도시 · 농촌별					
	상 급		중 급		하 급		서 울		지방도시		농어촌	
	명	%	명	%	명	%	명	%	명	%	명	%
그 렇 다	462	81.8	699	84.0	160	77.3	435	84.0	413	84.6	473	79.1
아 니 다	54	9.5	70	8.4	27	13.0	39	7.5	40	8.2	72	12.0
모르겠다	49	8.7	63	7.6	20	9.7	44	8.5	35	7.2	53	8.9
계	565	100	832	100	207	100	518	100	488	100	598	100

우선 전체의 통계를 보면, '그렇다'가 82.9%로써 절대다수를 차지하고 있으며, '아니다'는 겨우 9.1%밖에 되지 않는다. 아직도 정신적 가치에 우위를 인정하는 견해가 압도적인 것이다. 물론, 이것은 실제 행동에 있어서 젊은이들이 육체의 가치보다도 정신의 가치로 달리는 경향이 압도적이라는 증거는

아니다. 다만, 관념상으로 정신의 가치에 우위를 인정하는 경향이 압도적임을 나타내는 데 그치는 것이나, 도덕에 있어서 이 관념상의 신념이 갖는 의의는 매우 복잡하고 또 중대하다.

다음에 부분적 통계를 보면, 남녀별에 있어서는 '그렇다'가 남자의 경우에 78%인데, 여자의 경우는 89%로써 남자보다 11%나 높다. 전통적인 가치에 애착을 느끼는 경향이 여자에게 더 높다는 것을 의미한다. 그리고 이것은 대중의 눈에 뜨이기 쉬운 일부 여대생들의 행동 또는 영화나 소설의 과장된 이야기에 입각한 한국의 여대생관이 극히 피상적임을 말해 주는 것이기도 하다. 남녀별의 차이가 큰 데 비하여, 문과·이과별의 그것은 그리 큰 편이 아니다. '그렇다'가 문과에 82.4%, 이과에 83.5%로써 후자의 경우가 1.1% 많을 따름이다.

두 번째 표로 시선을 돌리면, 가정의 수입 등급별에서 '그렇다'가 가장 높은 것이 중급의 84%이며, 가장 낮은 것이 하급의 77.3%이다. 성장지별의 통계를 보면, '그렇다'가 서울과 지방도시의 경우는 비슷하고, 농어촌에 있어서 약 5% 정도 줄어들고 있음을 발견한다. 그러나 이것으로써 하급 및 농어촌의 사람들이 가치의 영역 전반에 걸쳐서 정신적인 것을 숭상하는 경향이 비교적 약하다는 증거로 삼아서는 안 될 것 같다. 왜냐하면, 우리 제30문항에 있어서 물질적 가치의 대표로서 예시된 것은 식(食)과 색(色)이며, 정신적 가치의 대표로서 지적된 것은 예술과 우정이었는데, 이같이 예시된 것이 무엇이냐에 따라 피조사자들의 반응은 상당히 달라질 수도 있을 것이기 때문이다. 다시 말하면, 식생활의 문제는 경제적으로 어려운 사람들에게 특히 심각하고 중대한 것으로 느껴질 것이며, 한편 예술의 가치 같은 것은 그것을 즐길 기회가 적은 빈곤한 서민이나 농어촌의 주민들에게 비교적 소홀히 생각될 것이라는 사실을 고려해야 할 것이라는 뜻이다. 만약 우리 문항에서 예시된 물질의 쾌락이 빈곤한 사람 또는 농어촌에 인연이 먼 것이었고, 거기서 예시된 정신의 쾌락은 반대로 그들에게 친근한 것이었다면, 우리가 얻은 수치는 상당히 달라졌을지도 모른다.

6의 7 : 우리의 제31문항은 학식 및 인격을 금력 및 권력과 비교하여 그 우열을 묻는다. 이 문항이 제시하는 명제는 다음과 같다.

31. 학식이 있고 인격도 높지만 가난하고 권력도 없이 사는 것보다는, 학식이 낮고 인격은 보잘것없더라도 많은 금력과 권력을 가지고 사는 것이 더 바람직한 인생이다.

유교에 있어서, 덕과 인격이 숭상되고 금력과 권력 따위는 그리 중요시되지 않는다는 것은 널리 알려진 사실이거니와, 우리의 제31문항과 직접 관련시켜 볼 수 있는 구절로서 우리는 다음과 같은 것을 인용할 수 있을 것이다.

> 제경공(齊景公)은 4천 필의 말을 소유할 정도로 재산이 많았으나, 죽던 날 백성의 칭송을 받을 만한 덕이 없었다. 백이와 숙제는 수양산 아래서 죽었으나, 오늘에 이르기까지 백성들은 그 덕을 찬양한다. 그것은 바로 이것을 가리켜 말함이 아닐까? (齊景公有馬千駟, 死之日, 民無德而稱焉. 伯夷·叔齊, 餓于道陽之下, 民到于今稱之. 其斯之謂與.)[57]

여기서 부귀와 영화를 누렸으나 칭송할 만한 덕이 없는 제나라의 경공과 지위를 버리고 수양산으로 숨어 굶어 죽기는 하였으나 덕망이 높은 백이 및 숙제의 형제가 비교되고 있음을 본다. 그 어느 편이 더 훌륭한 인생이냐는 판단은 "그것은 바로 이것을 말함이 아닐까?" 하는 마지막 한마디로 내려져 있

---

[57] 『論語』卷之八, 季氏, 第十六, 十二章.

거니와, 이 마지막 한마디가 뜻하는 바는 여기에 인용된 글만으로는 분명치 않다. 그러나 정자(程子)와 주자(朱子)는 안연편(顔淵篇)에 보이는 "진실로 사람들이 찬미함은 부유하기 때문이 아니라, 오직 인품이 다르기 때문이다(誠不以富, 亦祇以異)."라는 시의 한 구절을 여기에 보태질 착간(錯簡)으로 보고, 전체의 뜻이 부귀를 가벼이 여기고 덕과 인품을 중요시함에 있음을 밝히고 있다. 정주(程朱)의 주석에는 이론의 여지도 있을지 모르나, 여하간 여기서 정신의 가치가 높이 칭송되고 있음에는 의심의 여지가 없다.

한편, 오늘날 우리의 주변에는 황금만능주의니 배금주의니 하는 새로운 말이 떠돌아 다니고 있다. 재산과 수입으로써 사람의 값이 저울질되며, 성인의 활동의 대부분은 금전의 획득을 음양의 목적으로 삼고 있다 하여도 과언이 아닌 실정이다. 그리고 금력과 권력은 서로 밀접한 관계를 가졌다. 금력은 곧 권력으로 바뀔 수 있으며, 권력은 곧 금력으로 변할 수 있다. 이에 금력과 권력은 현대 생활의 최대의 목표가 된 것 같으며, 또 그것들은 바로 '성공'의 대명사 같기도 하다. 이러한 추세 속에서 정신의 가치는 차차 위축되어 갈 수밖에 없다고 개탄하는 사람들도 있으며, 그러한 개탄은 전근대적 사고의 잔재라고 물리치는 사람도 있다. 우리의 제31문항은 이러한 실정을 염두에 두고 만들어진 것이다. 그러면 이 문항에 대한 대학생들의 응답은 어떠한 것일까? 다음에 소개하는 [표 31]에 의하여 검토하기로 하자.

[표 31] No.1

	남녀별				문과 · 이과별				전 체	
	남 자		여 자		문 과		이 과		총 원	
	명	%	명	%	명	%	명	%	명	%
그 렇 다	134	14.3	92	12.2	110	12.7	116	14.0	226	13.4
아 니 다	713	76.0	616	81.7	681	78.8	648	78.3	1,329	78.5
모르겠다	91	9.7	46	6.1	73	8.5	64	7.7	137	8.1
계	938	100	754	100	864	100	828	100	1,692	100

[표 31] No.2

	가정의 수입 등급별						성장지의 도시·농촌별					
	상 급		중 급		하 급		서 울		지방도시		농어촌	
	명	%	명	%	명	%	명	%	명	%	명	%
그 렇 다	78	13.8	110	13.2	25	12.1	77	14.9	64	13.1	72	12.0
아 니 다	436	77.2	649	78.0	173	83.6	400	77.2	376	77.1	482	80.6
모르겠다	51	9.0	73	8.8	9	4.3	41	7.9	48	9.8	44	7.4
계	565	100	832	100	207	100	518	100	488	100	598	100

　　표의 첫째 것을 통하여 전체의 통계를 보면, '그렇다'가 13.4%이고, '아니다'는 78.5%의 절대다수를 차지하고 있다. 정신적 가치인 학식과 인격을 물질적 가치로서의 금력과 권력보다 중요하다고 보는 견해가 압도적인 것이다. 다만, 이와 같이 인격의 가치를 높이 보는 견해가 어릴 때부터 수동적으로 받아들인 인습적 관념을 표명한 데 지나지 않는 것인지, 또는 스스로의 방황과 사색을 통해 얻은 확고한 인생관의 결과인지는 확실치 않다.

　　다음에 부분적 통계로 시선을 돌려 보면, 남녀별에 있어서는 여자의 '아니다'가 81.7%로써 남자의 76%보다 5.7% 높다. 앞에서도 거듭 보아 온 것처럼 남자가 여자보다 현실주의적 경향이 강하다는 사실과 일치하는 수치의 차이라고 생각된다. 문과·이과별에 있어서는, '아니다'로 볼 때, 문과와 이과 사이에 차이가 거의 없고, '그렇다'로 보면 이과의 경우가 1.3% 정도 높으니, 전체적으로 말해서 별로 차이는 없다고 하여도 좋을 것이다.

　　가정의 수입 등급별로 보면, '아니다'가 상급에 77.2%로 가장 적고, 하급에 83.6%로 가장 많다. 성장지별로 본 통계에 있어서는, 서울과 지방도시의 차이는 거의 보이지 않고, 다만 농어촌만은 '그렇다'가 12%에 '아니다'가 80.6%로써, 학식 및 인격의 가치를 숭상하는 경향이 다소 높은 것으로 나타나고 있다.

6의 8 : 우리의 제32문항은 다음과 같은 명제를 제시하고, 이에 대한 가부를 묻는 것으로 되어 있다.

32. 실력은 있으나 취직이 못 된 청년보다는, 실력은 없지만 부모가 유력한 덕택으로 취직이 된 청년이 더 부러운 존재다.

유교의 배경을 이룬 동양의 봉건사회에 있어서는 가문 여하가 출세를 좌우하는 가장 중요한 요인이었다. 그러나 가문의 세도를 빌려 높은 지위에 오르는 것을 유가들이 다행한 일이라고 생각하지는 않은 것 같다. 관념상으로는 어디까지나 실력 본위의 인재 등용이 찬양되었다. 여기에도 유교 사상의 현실 부정의 일면을 본다. 가문의 세도의 힘을 빌려 출세함이 떳떳하지 못하다고 언명한 유가의 기록으로서, 우리는 다음의 구절을 인용할 수 있을 것이다.

> 이천선생이 말하기를, "사람에게 세 가지 불행이 있다. 나이 어려서 높은 과거에 급제하는 것이 첫째 불행이다. 부형(父兄)의 세도에 의하여 좋은 관직에 오름이 둘째 불행이다. 재능이 탁월하여 문장을 잘 쓰는 것이 셋째 불행이다."(伊川先生言, 人有三不幸. 少年登高科, 一不幸. 席父兄之勢爲美官, 二不幸. 有高才能文章, 三不幸也.)[58]

오늘날 한국에 있어서의 취직난은 심각한 사회문제의 하나다. 그리고 이 사회문제에 더욱 어두운 그림자를 던지는 것은 취직 경쟁에서의 승패가 반드시 본인의 실력만으로 결정되지 않고, 그 사람의 사회적 배경에 의하여 좌우되는 예가 적지 않다는 사정이다. 해가 갈수록 차차 공개 시험에 의한 채용

---

58 「小學」外篇, 嘉言 第五, 廣敬身篇, 第十四章.

의 경향이 늘어 가고는 있다 하나, 아직도 실력보다도 사회적 배경이 인사 문제를 좌우하는 사례가 적지 않다. 이러한 사태를 염두에 두고, 우리의 제32문항은 '실력'이라는 내적 가치와 취직이라는 외적 가치의 경중을 학생들에게 물어본 것이다. 이 문항에 대한 학생들의 응답은 다음에 보이는 [표 32]가 가리키는 바와 같다.

[표 32] No.1

| | 남녀별 | | | | 문과 · 이과별 | | | | 전 체 | |
| | 남 자 | | 여 자 | | 문 과 | | 이 과 | | 총 원 | |
	명	%	명	%	명	%	명	%	명	%
그 렇 다	233	24.8	192	25.5	212	24.5	213	25.7	425	25.1
아 니 다	626	66.8	490	65.0	568	65.7	548	66.2	1,116	66.0
모르겠다	79	8.4	72	9.5	84	9.8	67	8.1	151	8.9
계	938	100	754	100	864	100	828	100	1,692	100

[표 32] No.2

| | 가정의 수입 등급별 | | | | | | 성장지의 도시 · 농촌별 | | | | | |
| | 상 급 | | 중 급 | | 하 급 | | 서 울 | | 지방도시 | | 농어촌 | |
	명	%	명	%	명	%	명	%	명	%	명	%
그 렇 다	148	26.2	205	24.6	47	22.7	131	25.3	119	24.4	150	25.1
아 니 다	368	65.1	544	65.4	144	69.6	340	65.6	319	65.3	397	66.4
모르겠다	49	8.7	83	10.0	16	7.7	47	9.1	50	10.3	51	8.5
계	565	100	832	100	207	100	518	100	488	100	598	100

표의 전체의 통계를 보면, '그렇다'는 25.1%이고, '아니다'는 66%로써, 남의 힘으로 된 취직보다는 자기의 실력을 더욱 귀중하다고 보는 의견이 압도적이다. 물론, 여기에는 남의 힘으로 된 취직이 오래가지 않는 경우가 많으며, 한편 실력만 있으면 언젠가는 취직의 기회가 올 날이 있으리라는 계산도 들어 있을 것이다. 그러나 대학생들의 대부분이 내 힘으로 살아야 한다는 건

실한 태도를 보여준 것만은 의심의 여지가 없다.

다음에 부분적인 통계로 시선을 돌려 보면, 남녀별 또는 문과·이과별에 따르는 응답의 차이가 별로 없음을 발견한다. '그렇다'에 있어서 여자와 이과의 백분율이 약간 높기는 하나, 그 정도의 차이는 우연적인 사유에서도 올 수가 있을 것이다.

끝으로 두 번째 표를 보면, 성장지별에 따르는 통계에 있어서는 어느 부류에 있어서나 거의 비등한 비율을 나타내고 있으나, 가정의 수입 등급별에 의거한 통계에 있어서는 어느 정도의 차이가 나타나고 있다. 즉, '그렇다'에 있어서 상급은 26.2%로써 가장 높은 비율을 보이고 있으며, 중급은 24.6%로써 중간이고, 하급은 22.7%로써 가장 낮은 수치를 보이고 있다. 비록 그 수치의 차이는 크지 않으나, 이와 같이 가정의 경제 사정이 좋을수록 남에게 의존하려는 경향이 많은 것은 흥미 있는 일이며, 또 이해할 수 있는 심리 현상이기도 하다.

7. 그 밖의 개인적 처세에 관한 의견

제33문항에서 제36문항에 이르는 네 개의 문항은 어떤 뚜렷한 항목 아래 소속시키기가 마땅치 않은 여러 가지 문제를 다룬 것이다. 이것들을 여기서 편의상 '그 밖의 개인적 처세에 관한 의견'이라는 이름으로 묶어서 검토하기로 한다.

7의 1 : 우리의 제33문항은 정실인사(情實人事) 및 파당성(派黨性)에 관한 물음이다. 이 문항의 명제는 다음과 같다.

33. 사람을 쓸 때 되도록 자기의 친척이나 후배 또는 같은 고향 사람을 채용하여 자기의 세력지반을 굳게 닦는 것은 잘하는 일이다.

정실인사는 후진사회에 있어서 흔히 있는 폐단의 하나다. 그리고 이 폐단은 대개의 경우 후진사회의 또 하나의 고질인 파당성과 연결되기가 쉽다. 정실인사와 파당성은 모두 비이성적이라는 공통성을 가졌다.

유교는 본래 봉건사회를 배경으로 삼고 발달했으며, 또 가족중심주의에 입각한 도덕 사상을 고취한 까닭에, 유교를 표방하는 사회에 있어서 정실인사 및 파벌적 행위의 폐단이 많았던 것은 오히려 자연스러운 추세였다. 그 대표적인 예로서는 조선시대 말의 사회상을 생각할 수 있을 것이다. 그러나 비록 결과에 있어서는 유교가 그러한 폐단을 조장한 면이 있었다 하더라도, 고대의 유가들이 가졌던 본래의 정신은 정실인사 또는 파당성을 시인 내지 찬양하는 따위의 것은 아니었다고 생각된다. 다음의 인용은 이러한 짐작이 그릇되지 아니함을 밝혀 주는 데 도움이 될 것이다.

> 탕왕(湯王)은 매사에 중도(中道)를 지키고, 훌륭한 인재를 등용함에 있어서, 그 사람의 출신처를 묻지 않았다.(湯執中, 立賢無方.)[59]

> 군자는 몸가짐을 장엄하게 하여 긍지는 잃지 않으나 남과 다투지 않으며, 여러 사람과 서로 어울리기는 하나 편당적으로 굴지는 않는다.(君子矜而不爭, 群而不黨.)[60]

여기서 맹자는 인재의 등용에 있어서 오직 실력과 인품만을 묻고 출신을 묻지 않은 탕왕을 찬양하고 있으며, 공자는 편당성(偏黨性)이 군자의 도(道)가 아님을 지적하고 있다. 이것으로 볼 때, 우리 제33문항에 대하여 부정으

---

59 『孟子』離婁章句 下, 周公思兼三王章 第二十.
60 『論語』卷之八, 衛靈公, 第十五, 三十一章.

로 응답함이 공맹 본래의 정신임을 알 수 있을 것이다.

해방과 더불어 한국인에게도 많은 일자리의 기회가 생겼다. 그러나 일자리를 원하는 사람의 수는 그 기회보다 훨씬 많았으니, 여기서 치열한 경쟁 사태가 초래되었다. 그러나 이 경쟁은 반드시 실력에 의하여 승패가 경정되는 것이 아니었으며, 많은 경우에 있어서 연줄과 정실이 결정적인 힘을 발휘하였다. 그리고 정실인사의 배후에는 대개 자기의 세력지반을 굳게 하려는 은근한 동기가 작용하였다. 근래에 와서 차차 공개 시험에 의한 사람의 채용이 늘어 가는 것 같기도 하나, 근본적으로 새로운 풍토가 마련되기에는 아직 앞길이 요원한 것으로 보인다. 우리의 제33문항은 이러한 현실을 염두에 두고, 정실인사에 관련한 학생들의 의견을 물어본 것이다. 이 문항에 대한 학생들의 응답은 다음 [표 33]의 통계와 같이 나타나고 있다.

[표 33] No.1

	남녀별				문과 · 이과별				전 체	
	남 자		여 자		문 과		이 과		총 원	
	명	%	명	%	명	%	명	%	명	%
그렇다	123	13.1	124	16.4	129	14.9	118	14.3	247	14.6
아니다	729	77.7	576	76.4	657	76.1	648	78.2	1,305	77.1
모르겠다	86	9.2	54	7.2	78	9.0	62	7.5	140	8.3
계	938	100	754	100	864	100	828	100	1,692	100

[표 33] No.2

	가정의 수입 등급별						성장지의 도시 · 농촌별					
	상 급		중 급		하 급		서 울		지방도시		농어촌	
	명	%	명	%	명	%	명	%	명	%	명	%
그렇다	101	17.9	104	12.5	31	15.0	74	14.3	74	15.2	88	14.7
아니다	416	73.6	662	79.6	160	77.3	397	76.6	373	76.4	468	78.3
모르겠다	48	8.5	66	7.9	16	7.7	47	9.1	41	8.4	42	7.0
계	565	100	832	100	207	100	518	100	488	100	598	100

우선 첫째 표를 보면, 전체에 있어서 '그렇다'는 14.6%이고, '아니다'가 77.1%로 절대다수를 차지하고 있다. '모르겠다'는 8.3%로 '모르겠다'의 비율로서는 비교적 높은 편이다. 이와 같은 수치가 의미하는 바를 짐작하건대, 대부분의 대학생들은 취직 문제가 본인의 인물과 실력에 따라 결정되어야 한다고 믿고 있으나, 아직도 상당한 수효의 젊은이들이 정실인사를 자연스러운 처사 또는 부득이한 현상으로서 용인하고 있는 것 같다. 여기서 '그렇다'라고 대답한 대학생들 가운데는, 인간의 이기성을 소박한 차원에서 긍정하는 윤리적 회의의 견지에서 정실인사 내지 편당적 처사를 용인하는 사람들도 있을 것이며, 또 유교의 정신이 잘못 이해되고 잘못 실천된 전통의 영향을 받고, 정실적으로 가까운 사람을 우선적으로 대접하는 것을 당연한 도리라고 생각하는 사람들도 있을 것이다.

부분적 통계를 보면, 남녀별에 있어서나 문과·이과별에 있어서나 그 차이가 별로 크지 않다. 다만, 남녀별에 있어서는 '그렇다'가 여자에 3.3% 많고, 문과·이과별에 있어서는 '아니다'가 이과에 2.1% 많음을 볼 따름인데, 이것은 여자의 정서적인 기질 및 실력의 차이가 비교적 정확하게 드러나는 자연과학계의 특색과 다소 관계가 있을 것이다.

다음에 둘째 표로 시선을 돌리면, 성장지별에 따르는 차이는 거의 없으며, 가정의 수입 등급별에 따르는 차이는 약간 있다. 즉, '그렇다'에 있어서 상급이 17.9%로 가장 높으며, 하급이 15%로 다음이고, 중급이 12.5%로 가장 낮다. 상급에 '그렇다'가 많은 것은 이해관계가 사람의 가치관에 영향을 미친다는 사실로 미루어 이해할 수 있는 일이나, 하급의 그것이 중급의 경우보다 많은 것은 상식적인 설명을 허락하지 않는 것으로 보인다.

7의 2 : 우리의 제34문항은 다음과 같은 명제를 제시하는 것으로 되어 있다.
34. 속으로 원한을 숨기고 겉으로 친하게 지내는 것은 좋지 못한 일이다.

우리의 이 문항과 똑같은 내용의 글을 우리는 『논어』 가운데서 찾아볼 수가 있다. 즉, 공야장편(公冶長篇) 제24장에서 우리는 다음과 같은 구절을 발견한다.

공자께서 말씀하기를, "교묘한 말솜씨와 좋게 꾸민 얼굴의 표정으로써 남의 비위를 맞추고, 지나치게 공손한 태도로 사람의 환심을 사려 하는 태도는 좌구명(左丘明)이 부끄러이 여긴 바이거니와, 나도 또한 그것을 부끄러이 여긴다. 원한을 숨기고 그 사람과 외견상의 친교를 맺는 것을 좌구명은 부끄러이 여겼거니와, 나도 또한 그것을 부끄러이 여긴다."(子曰, 巧言令色足恭, 左丘明恥之. 丘亦恥之. 匿怨而友其人, 左丘明恥之. 丘亦恥之.)[61]

매사에 거짓 없이 할 것을 강조하는 공자로서, 마음의 내면과 상반되는 행동으로 나와 남을 속이는 태도를 미워한 것은 당연한 일이라 하겠다. 그러나 오늘날 새로운 심리학에 근거를 둔 듯한 현세적 처세술에 의하면, 될 수 있는 대로 남의 감정을 상하지 않도록 말과 행동을 부드럽게 하라고 가르친다. 글자 그대로 교언영색(巧言令色)을 권고하는 '카네기적 처세술'은 요즈음 차차 '세련된 사람들'의 교양의 일부로서 상식화되어 가고 있는 느낌이 있다. 이 새로운 심리학 내지 새로운 처세술에 의하면, 마음속에 원한이 있다 하여 그것을 겉으로 나타내는 것은 확실히 어리석은 짓이다. 여기서 우리는 유교적 전통의 윤리와 현대의 심리학적 처세술과의 상반된 가르침 사이에 하나의 길을 선택해야 할 처지에 놓인 것 같기도 하다. 이 갈림길에서 대학생들은 어느 편을 옳은 길이라고 판단하는 것일까? 우리의 제34문항은 이러한 호기심

---

61 『論語』卷之三, 公冶長, 第五, 二十四章.

을 배경으로 삼고 만들어진 것이거니와, 이에 대한 학생들의 응답은 다음의 [표 34]에 나타난 바와 같다.

[표 34]　No.1

	남녀별				문과 · 이과별				전 체	
	남 자		여 자		문 과		이 과		총 원	
	명	%	명	%	명	%	명	%	명	%
그렇다	752	80.1	638	84.6	689	79.7	701	84.7	1,390	82.1
아니다	129	13.8	86	11.4	122	14.1	93	11.2	215	12.7
모르겠다	57	6.1	30	4.0	53	6.1	34	4.1	87	5.1
계	938	100	754	100	864	100	828	100	1,692	100

[표 34]　No.2

	가정의 수입 등급별						성장지의 도시 · 농촌별					
	상 급		중 급		하 급		서 울		지방도시		농어촌	
	명	%	명	%	명	%	명	%	명	%	명	%
그렇다	465	82.3	682	82.0	169	81.6	415	80.1	403	82.5	498	83.3
아니다	69	12.2	106	12.7	33	15.9	72	13.9	63	12.9	73	12.2
모르겠다	31	5.5	44	5.3	5	2.5	31	6.0	22	4.6	27	4.5
계	565	100	832	100	207	100	518	100	488	100	598	100

첫째 표를 통하여 전체의 통계를 보면, '그렇다'가 82.1%이고, '아니다'는 12.7%밖에 안 되는 적은 수치를 나타내고 있다. 속에 있는 감정을 숨기고 겉으로만의 친교를 일삼는 현대적 처세술을, 적어도 도덕적 견지에서는 시인할 수 없다는 것이, 대부분의 대학생들의 의견인 것이다.

남녀별의 통계에 있어서는, '그렇다'가 남자에게 80.1%, 여자에게 84.6%로써 여자의 긍정이 4.5% 많다. 그리고 문과 · 이과별 통계에 있어서는, 문과의 '그렇다'가 79.7%, 이과의 그것이 84.7%로써 후자가 높은 수치를 보이고 있다. 대체로 말해서, 솔직하고 단순한 것을 좋아하는 마음이 남자보다는 여자에게 강하고, 문과 계통의 사람보다는 이과 계통의 사람에게 강하다는 상식적 관찰을 뒷받침하는 수치의 차이라고 생각된다.

다음에 둘째 표를 살펴보면, 가정의 수입 등급별 통계에 있어서는, 하급에 '아니다'가 비교적 많은 것밖에는 구분지에 따르는 차이는 별반 없으며, 성장지별의 경우에 있어서는, '그렇다'가 서울, 지방도시, 농어촌의 순서로 조금씩 높은 비율을 나타내고 있다. 이와 같은 차이를, 경제적인 어려움이 노골적인 감정의 표시를 방해할 수 있으리라는 것과, 대도시로 갈수록 사회생활이 복잡해지므로 솔직하고 단순한 처세의 자세를 지키기 힘들다는 사실과 관련시켜서 설명할 수도 있을 것 같으나, 그 수치의 차이가 너무 근소한 까닭에 어떤 단정을 내리기는 어려울 것으로 보인다.

7의 3 : 우리의 제35문항이 제시하는 명제는 다음과 같다.

35. 재산에 관하여 네것과 내것의 한계를 엄밀히 따지는 것보다는, 항상 이쪽이 양보하는 태도로 사는 것이 바람직한 미덕이다.

『소학』외편(外篇)에 다음과 같은 구절이 있다.

효우선생(孝友先生) 주인궤(朱仁軌)는 … 말하기를, "한평생 남에게 길을 양보한대도 손해 보는 것은 백보 안쪽일 것이며, 전답의 경계선을 한평생 양보한다 하여도 손해 보는 땅은 일단보(一段步) 미만일 것이다."라고 하였다.(孝友先生朱仁軌, … 曰, 終身讓路不枉百步, 終身讓畔不失一段.)[62]

---

62 『小學』外篇, 嘉言 第五, 廣敬身篇, 第四章.

여기에 인용된 효우선생의 말은 의(義)를 존중하는 반면에 이(利)를 경시하는 유가들의 기본적 도덕관념을 표명한 많은 발언 가운데 하나다. 이러한 유교의 전통은 우리나라 도덕관념에도 깊이 침투해 왔으며, 오늘날에 있어서도 이해관계를 별로 따지지 않는 것이 점잖은 처사로서 찬양을 받는 경우가 많다. 같은 차를 타거나 같은 식탁에서 음식을 먹었을 때, 값을 따로따로 내는 것이 도리어 이상하게 생각되는 것도 그러한 관념의 영향이라 하겠거니와, 학자가 원고료나 인세를 떼였을 때 침묵을 지키는 것이 좋다고 생각하는 것이나, 심지어는 사기나 횡령을 당해도 법에 호소하기를 꺼리는 따위의 심리에도 물질적 이해관계를 천하게 여기는 관념이 들어 있음을 본다.

이해관계에 있어서 항상 스스로 양보함이 옳다는 관념은 여러 가지 미풍(美風)을 초래한 좋은 점도 있는 반면에, 경우에 따라서는 무리한 '체면 존중'이 도리어 위선의 온상이 되기도 한다. 또, 이익을 추구함에 민첩한 경제주의의 정신과 근대화와의 밀접한 관계를 고려할 때도, 이해를 경시하는 전통적 관념에 일장일단(一長一短)이 있음을 본다. 그리고 근래 서구적인 실리사상이 들어옴에 이르러, 이해 문제에 대처하는 우리의 심리는 대체로 착잡하다. 우리의 제35문항은 이러한 정신적 상황을 염두에 두고, 전통적인 관념에 대한 학생들의 의견을 물은 것이다. 이 문항에 대한 학생들의 응답을 다음 [표 35]에 의하여 통계적으로 살펴보기로 하자.

먼저 첫째 표를 통하여 전체의 통계를 보면, '그렇다'가 47.6%이고, '아니다'가 46.9%이며, '모르겠다'는 5.5%다. '그렇다'와 '아니다'가 거의 같은 비율로 나오고 있는 것이다. 이것은 젊은 세대의 사조 안에서 이해관계를 초연함을 숭상하는 전통적 도덕관념과 공평을 역설하는 서구의 합리주의적 사고가 백중(伯仲)하는 세력으로 대치하고 있음을 말해 주는 것이라 하겠다.

[표 35] No.1

	남녀별				문과 · 이과별				전 체	
	남 자		여 자		문 과		이 과		총 원	
	명	%	명	%	명	%	명	%	명	%
그 렇 다	441	47.0	364	48.3	413	47.8	392	47.4	805	47.6
아 니 다	445	47.5	349	46.3	408	47.2	386	46.6	794	46.9
모르겠다	52	5.5	41	5.4	43	5.0	50	6.0	93	5.5
계	938	100	754	100	864	100	828	100	1,692	100

[표 35] No.2

	가정의 수입 등급별						성장지의 도시 · 농촌별					
	상 급		중 급		하 급		서 울		지방도시		농어촌	
	명	%	명	%	명	%	명	%	명	%	명	%
그 렇 다	271	48.0	391	47.0	102	49.3	224	43.2	228	46.7	312	52.2
아 니 다	266	47.0	391	47.0	96	46.4	260	50.2	235	48.2	258	43.1
모르겠다	28	5.0	50	6.0	9	4.3	34	6.6	25	5.1	28	4.7
계	565	100	832	100	207	100	518	100	488	100	598	100

네것과 내것을 경우 바르게 구별하는 데는 좋은 면도 있고 좋지 못한 면도 있을 것이다. 또, 네것과 내것의 한계를 분명히 가리는 것이 좋을 경우도 있고 좋지 못할 경우도 있을 것이다. 그리고 그것을 구별함에 있어서 좋은 면 또는 그것을 구별하는 것이 좋을 경우가 의식 표면에 크게 떠오른 사람들은 '아니다'라고 대답했을 것이며, 반대로 그것을 구별함에 있어서 좋지 못한 면 또는 그것을 구별하지 아니함이 좋을 경우가 의식 위에 강하게 떠오른 사람들은 '그렇다'라고 대답했을 것이다. 이에, '그렇다'의 비율과 '아니다'의 비율이 비슷하다는 사실로부터 추리할 수 있는 또 하나의 결론은, 네것과 내것의 한계를 엄밀하게 따지는 것의 좋은 면과 나쁜 면, 그리고 그것을 구별함이 좋을 경우와 나쁠 경우가 서로 비슷할 정도로 많이 있다는 그것이다. 따라서 여기에 생기는 실천적 과제의 하나는, 이해관계를 세밀하게 밝히는 것의

좋은 면과 나쁜 면, 그리고 그렇게 하는 것이 좋을 경우와 나쁠 경우를 되도록 분명히 가려내는 동시에, 좋은 점은 살리고 나쁜 점은 버리는 종합을 이룩하는 일일 것이다.

다음에 남녀별 통계를 보면, '아니다'가 남자의 경우는 47.5%이고, 여자의 경우는 46.3%로써 남자의 수치가 약간 높다. 그리고 문과·이과별 통계에 있어서는, '아니다'가 문과는 47.2%이고 이과는 46.6%로써 문과의 경우가 조금 높은 수치를 나타내고 있음을 본다. 그러나 어떤 경우에 있어서도 그 차이는 극히 근소한 것이어서, 특히 이렇다 할 정도의 것은 못 된다.

가정의 수입 등급별 통계를 보면, 여기에도 구분지에 따르는 차이는 매우 근소한 것으로 나타나고 있다. 다만, 하급에 있어서 '그렇다'가 49.3%이고 '아니다'가 46.4%로써 약간 보수적 경향이 높다는 것이 눈에 뜨인다. 끝으로 성장지별의 통계에 있어서는 비교적 뚜렷한 경향이 나타나고 있다. 즉 '그렇다'는 서울이 43.2%, 지방도시가 46.7%, 그리고 농어촌이 52.2%로써, 대도시에서 중소도시, 그리고 시골로 갈수록 수치가 높아지는 반면에, '아니다'는 그와 반대로 서울이 50.2%, 지방도시가 48.2%, 그리고 농어촌이 43.1%로써, 대도시로 갈수록 그 수치가 높아지고 있음을 발견한다. 대도시는 좋게 말하면 근대적 합리주의의 정신이 가장 우세한 곳이고, 나쁘게 말하면 인심이 야박한 곳이다.

7의 4 : 우리의 제36문항은 학생들의 다방 또는 주점 출입에 관한 것으로, 그 명제는 다음과 같다.

36. 학생의 신분으로 다방이나 주점에 출입함은 되도록 삼가는 것이 바람직하다.

유교의 교육 방침은 철저한 엄숙주의(rigorism)로 일관한다. 앉음앉이나 옷차림 같은 사소한 일에서부터 내면적 대인관계나 마음가짐에 이르는 일거일동(一擧一動)이 방정(方正)하기를 요구한다. 따라서, 공부 중에 있는 신분으로 다방 특히 주점 같은 곳에 출입하는 것을 부당하다고 여기는 것은 물론이다. 예컨대, 『소학』에서 송나라의 재상 신국정헌공(申國正獻公)의 맏아들 여형공(呂滎公)의 소년 시절을 그려 찬양한 말 가운데 다음과 같은 것이 있다.

　길을 가고 이곳저곳 출입함에 있어서 차점(茶店)이나 주점에 들어갈 수가 없었다. … 옳지 않은 서적이나 예(禮)에서 벗어난 용색(容色)에는 아직 한번도 눈을 돌리지 않았다.(行步出入, 無得入茶肆酒肆. … 不正之書, 非禮之色, 未嘗一接於目.)[63]

유교적 엄숙주의는 우리나라에도 그대로 받아들여져서 교육 방침의 전통을 이루었고, 일제시대에도 그 전통은 대체로 계승되었다. 다만, 대학생들만은 일제시대에 있어서도 상당한 행동의 자유를 즐겨 왔는데, 이것은 엄숙주의적인 교육 사상 그 자체의 전통이 무너졌기 때문이라기보다는, 그 당시의 대학생의 사회적 지위가 일반 사회인들의 그것을 능가하여, 거의 특권층에 가까웠다는 사실에 기인한 것이었다. 8·15를 계기로 한국에도 서구적 자유주의가 크게 밀려들어 왔다. 따라서 젊은이들의 행동반경도 그만큼 넓어졌다. 그러나 대학생의 경우에 있어서는, 그 사회적 지위가 상대적으로 저하된 것과 빈곤한 한국 경제가 되도록 검소한 생활을 요구하고 있다는 사실 등으로 인하여, 다방이나 주점에 출입하는 것은 되도록 삼가는 것이 옳다는 의견도 있다. 이러한 상황에 있어서 우리나라의 대학생들 자신은 유흥적인 쾌락

---

63 『小學』外篇, 善行 第六, 實立敎篇, 第一章.

에 대하여 어떠한 의견을 가지고 있는 것일까? 우리의 제36문항은 이러한 관심에서 마련된 것이다.

우리의 제36문항은 대학생들의 다방이나 주점 출입이 허용될 수 있는 것이냐 또는 절대로 허용될 수 없는 것이냐를 물은 것이 아니다. 대학생에게 그 정도의 자유도 허용해서는 안 된다고 생각하는 사람은 요즈음 젊은이들 가운데는 별로 없을 것이다. 우리의 문항은 대학생들에게 그만한 자유는 주어져 있다는 전제 아래서, 그러나 그것을 되도록 삼가는 것이 바람직하냐 안 하냐를 물은 것이다. 그런데 이 문항에 대한 대학생들의 응답은 다음의 [표 36]에 나타난 바와 같다.

[표 36]   No.1

	남녀별				문과 · 이과별				전 체	
	남 자		여 자		문 과		이 과		총 원	
	명	%	명	%	명	%	명	%	명	%
그렇다	599	63.8	553	73.4	582	67.4	570	68.8	1,152	68.1
아니다	269	28.7	166	22.0	233	27.0	202	24.4	435	25.7
모르겠다	70	7.5	35	4.6	49	5.6	56	6.8	105	6.2
계	938	100	754	100	864	100	828	100	1,692	100

[표 36]   No.2

	가정의 수입 등급별						성장지의 도시 · 농촌별					
	상 급		중 급		하 급		서 울		지방도시		농어촌	
	명	%	명	%	명	%	명	%	명	%	명	%
그렇다	397	70.3	561	67.5	147	71.0	340	65.7	346	70.9	419	70.1
아니다	135	23.9	215	25.8	49	23.7	140	27.0	120	24.6	139	23.2
모르겠다	33	5.8	56	6.7	11	5.3	38	7.3	22	4.5	40	6.7
계	565	100	832	100	207	100	518	100	488	100	598	100

첫째 표에 나타난 전체의 백분율을 보면, '그렇다'가 68.1%로써 절대다수

를 차지하고, '아니다'와 '모르겠다'는 각각 25.7% 및 6.2%이다. 이것은 오늘날 대학생들의 생각이 비교적 건실한 면을 가지고 있다는 증거로 볼 수 있을 것이다. 일부에서는 한국의 대학생들이 경박한 풍조에 휩쓸려 일시적인 놀이로 소일한다고 비판하는 사람도 있으나, 그것은 오직 소수의 대학생들의 경우에만 해당되는 관찰이라 하겠다.

남녀별의 백분율을 보면, '그렇다'가 남자에 63.8%이고 여자는 73.4%로써, 여자의 경우가 거의 10%나 더 높다. 이것은 다방이나 주점이 여자에게 흥미가 적은 존재라는 사실과 관계가 있음직하다.

문과·이과별의 백분율에 있어서는 남녀별의 경우와 같은 큰 차이는 보이지 않는다. 다만, '아니다'에 있어서 문과의 경우가 27%로써 이과의 24.4%보다 2.6% 더 높다는 점을 발견할 뿐이다. 이러한 차이는 역시 문과생과 이과생의 일반적 기질의 차이와 직접 관련이 있을 것이다.

다음에 둘째 표를 통하여 가정의 수입 등급별 통계를 보면, '그렇다'가 가장 많은 것이 하급이고, 가장 적은 것이 중급이다. 끝으로 성장지별에 따르는 통계에 있어서는, '그렇다'가 서울에 가장 적고, 지방도시와 농어촌은 거의 비슷한 수치를 나타내고 있다. '아니다'를 가지고 보면 서울, 지방도시, 농어촌의 순서로 수치가 조금씩 줄어들고 있다. 대도시로 갈수록 보수적 기풍이 점점 약해지는 것은 일반적으로 흔히 있는 현상이다.

7의 5 : 다음은 제37문항을 다루기에 앞서서 제48문항을 이 자리에 소개하고자 한다. 본래 질문서를 작성했을 때에는 제48문항은 하나의 독립된 항목으로서 생각했던 것이나, 이제 이것을 '그 밖의 개인적 처세에 관한 문항' 가운데 넣는 것이 편리할 것으로 생각되므로, 여기서 순서를 바꾸어서 소개하기로 하는 것이다.

우리의 제48문항은 '말조심'에 관한 것으로서 다음과 같은 명제를 문제로 삼는다.

48. 말과 행동이 일치하기는 사실상 매우 어렵다. 따라서, 스스로 실천하지 못할 말은 입 밖에 내지 말라는 것은 적절한 교훈이 아니다.

언행일치(言行一致)를 강조하고, 말을 함부로 입 밖에 내지 말 것을 거듭 강조했음은 유가의 지도자들에 있어서 거의 일반적인 경향이었다. 공자 자신도 말을 너무 앞세워서는 안 된다는 것을 거듭 훈계하고 있다. 다음은 그 한두 예에 불과하다.

> 사마우(司馬牛)가 인(仁)을 물었다. 공자가 말씀하기를, "인(仁)한 사람은 말하기를 어렵게 여겨 여간해서 말을 입 밖에 내지 않는다." 사마우가 다시 물었다. "말하기를 어렵게 여기면 곧 그를 인자(仁者)라 할 수 있습니까?" 공자가 다시 말씀하기를, "실행하기가 힘들거늘, 어찌 말하기를 어렵게 여기지 않겠느냐."(司馬牛問仁. 子曰, 仁者其言也訒, 曰, 其言也訒. 斯謂之仁矣乎. 子曰, 爲之難, 言之得無訒乎.)[64]

> 공자가 말씀하기를 "군자는 그 말이 그 실행보다 지나친 것을 부끄럽게 여긴다."(子曰, 君子恥其言而過其行.)[65]

한편, 현대는 말이 실천을 능가힘이 극히 현저한 시대다. 언행의 일치를 이상으로 삼는 관념은 물론 현대에도 강하게 살아 있을 것으로 생각되나, 언행

---

64 『論語』卷之六, 顔淵, 第十二, 三章.
65 『論語』卷之七, 憲問, 第十四, 二十九章.

일치의 주장을 하나의 공론(空論)에 불과한 것이라고 생각하는 사람들도 없지 않은 것 같다. 대통령이나 국회의원의 선거가 있을 때에는 으레 많은 공약이 쏟아져 나오나, 선거가 끝나면 아무도 그러한 공약을 기억하지 않는다. 약 광고와 약의 실제 효력 사이에 아무런 일치점이 발견되지 않더라도, 사람들은 그저 그러려니 한다. 개인들 사이에 있어서도 많은 약속들이 맺어만 지고 흐지부지되는 수가 많지만, 사람들은 크게 노여워하지 않는다. 어쨌든 언행의 일치를 별로 기대하지 않는 것이 현대인의 한 특색이라는 인상을 주는 여러 가지 현상을 목격한다. 우리의 제48문항은 이러한 사실을 염두에 두고, 언행일치의 교훈에 대한 대학생들의 반응을 알아보고자 마련한 것이다. 제48문항에 대한 응답의 통계는 다음 [표 48]에 나타난 바와 같다.

[표 48] No.1

	남녀별				문과 · 이과별				전 체	
	남 자		여 자		문 과		이 과		총 원	
	명	%	명	%	명	%	명	%	명	%
그 렇 다	276	29.4	261	34.6	259	30.0	278	33.6	537	31.7
아 니 다	604	64.4	461	61.2	564	65.3	501	60.5	1,065	63.0
모르겠다	58	6.2	32	4.2	41	4.7	49	5.9	90	5.3
계	938	100	754	100	864	100	828	100	1,692	100

[표 48] No.2

	가정의 수입 등급별						성장지의 도시 · 농촌별					
	상 급		중 급		하 급		서 울		지방도시		농어촌	
	명	%	명	%	명	%	명	%	명	%	명	%
그 렇 다	194	34.3	246	29.6	76	36.7	159	30.7	157	32.2	200	33.4
아 니 다	342	60.6	548	65.8	125	60.4	341	65.8	307	62.9	367	61.4
모르겠다	29	5.1	38	4.6	6	2.9	18	3.5	24	4.9	31	5.2
계	565	100	832	100	207	100	518	100	488	100	598	100

첫째 표를 통하여 우선 전체의 통계를 보면, '그렇다'가 31.7%이고, '아니다'는 63%다. 언행일치를 강조하는 교훈의 중요성을 여전히 인정하는 사람들이 대다수를 차지하고 있으며, 3분의 1에 가까운 수효가 이에 반대하고 있는 것이다. 그리고 '그렇다'라고 대답한 이 31.7%의 생각은 크게 두 가지로 나누어질 것이다. 하나는 "언행일치라는 교훈은 별로 실천적 효과를 거두지 못하므로, 그것을 강조하는 것은 소용없는 짓이다."라는 정도의 생각이요, 또 하나는 한 걸음 더 나아가서 "언행의 일치를 굳이 희구할 필요조차 없다."는 생각이다. 그러나 비록 첫째 의미로 '그렇다'라고 대답했을 경우일지라도, 언행일치의 덕을 존중하는 마음이 사실상 희박하다는 심리학적 사실이 그 배후에 있음에는 다를 바가 없다.

다음에 남자와 여자를 비교해 보면, '그렇다'가 남자의 경우는 29.4%이고 여자의 경우는 34.6%로써, 여자의 비율이 5% 정도 높다. 그리고 문과생과 이과생과의 비교에 있어서는, '그렇다'가 문과생에 30%, 이과생에는 33.6%로써 이과생의 비율이 3.6% 더 높다. 여자와 이과생이 비슷한 경향을 보인 또 하나의 경우라 하겠거니와, 이것으로 여자와 이과생에게 언행일치를 존중하는 마음이 남자와 문과생에 비하여 적다는 결론을 곧 내릴 수 있을지는 의문이다. 첫째, 그 수치의 차이가 그리 크지 않다는 점을 고려해야 할 것이며, 또 제48문항에 설득적인 요소가 있다는 사실도 고려해야 할 것이다. 즉, "말과 행동이 일치하기는 극히 어렵다. 따라서, …"라는 구절이 가진 설득에 대하여 순응하기 쉬운 기질과 그렇지 않은 기질의 차이도 응답을 좌우함에 영향력을 가질 것이라는 점도 고려해야 할 것이다.

둘째 표에 보이는 가정의 수입 등급별 통계에 있어서는, '그렇다'가 중급에 가장 적고, 하급에 가장 많다. 끝으로 성장지별 통계를 보면, '그렇다'가 서울에 가장 적고, 지방도시가 다음이며, 농어촌이 가장 많다. 다만 숫자적 차이는 그리 큰 편이 아니다.

8. 허례·사치 및 낭비에 관한 의견

8의 1 : 제37문항에서 제40문항에 이르는 네 개의 문항은 허례와 사치 및 낭비에 관한 물음이다. 우리의 제37문항은 다음과 같은 명제를 제시한다.

37. 결혼식, 장례식, 제사 등은 인생의 중요한 예(禮)이므로, 동양의 전통적 미풍을 따라 되도록 성대하게 지내는 것이 옳다.

관혼상제의 의례를 존중하는 것은 유교에 있어서 전통적인 행습이다. 특히 장례식과 제사는, '효(孝)'의 관념과의 연결을 통하여 크게 중요시되었다. 다음의 인용은 그 중요성의 정도를 짐작함에 도움이 될 것이다.

> 증자(曾子)의 말씀에 의하면, "부모가 생존 시에는 예(禮)로써 섬기고, 돌아가시면 예로써 장사지내고, 제사도 예를 다해 지내야, 가위 효도라 할 수 있다." … 일찍이 듣건대, 삼년상을 지내고 제쇠(齊衰)의 상복을 입으며, 천죽(飦粥)을 먹는 법은 천자로부터 서민에 이르기까지 하(夏)·은(殷)·주(周) 삼대에 공통된 예법이었다.(曾子曰, 生事之以禮, 死葬之以禮, 祭之以禮, 可謂孝也. … 吾嘗聞之矣, 三年之喪, 齊疏之服, 飦粥之食, 自天子達於庶人, 三代共之.)[66]

이것은 연우(然友)라는 사람이 상례(喪禮)에 대해 문의해 왔을 때, 맹자가 대답한 말의 일부다. 이때 맹자는 "친상(親喪)에 있어서는 자기의 능력이 허락하는 대로 정성을 다해야 한다."고 전제한 다음, 이와 같은 설명을 했던 것

---

66 『孟子』滕文公章句 上, 滕定公薨章 第二.

이다.

이 밖에도 관혼상제의 중요성을 강조한 유가의 언어는 한두 구절이 아니거니와, 특히 송대의 정이천(程伊川) 같은 학자는 "관혼상제는 예 가운데도 큰 것"이라고 전제하고, "돌아가신 뒤에 섬기는 장사(葬事)의 예는 살아 계실 때의 봉양의 예보다도 더 후하게 해야 한다."고까지 주장하고 있다.[67]

관혼상제를 성대히 하라는 유교의 가르침은 한국에 있어서도 그대로 전통을 이루고, 지금도 그 유풍(遺風)이 아직 현저하다. 그러나 한편 그러한 유풍이 현대 생활, 특히 현대의 경제 사정에 맞지 아니함을 지적하고, 제반 의례의 철저한 간소화를 주장하는 소리가 차차 높아지고 있다. 이러한 실정을 염두에 두면서, 우리는 제37문항에 있어서 유가의 전통을 그대로 긍정하는 보수적 명제를 제시하고, 대학생들의 찬반을 물어본 것이다. 이 물음이 얻은 대답의 통계는 다음 [표 37]이 가리키는 바와 같다.

[표 37] No.1

	남녀별				문과 · 이과별				전 체	
	남 자		여 자		문 과		이 과		총 원	
	명	%	명	%	명	%	명	%	명	%
그 렇 다	106	11.3	116	15.4	106	12.3	116	14.0	222	13.1
아 니 다	768	81.9	602	79.8	703	81.3	667	80.6	1,370	81.0
모르겠다	64	6.8	36	4.8	55	6.4	45	5.4	100	5.9
계	938	100	754	100	864	100	828	100	1,692	100

67 『小學』外篇, 嘉言 第五, 廣明倫篇, 第七章.

[표 37] No.2

	가정의 수입 등급별						성장지의 도시·농촌별					
	상 급		중 급		하 급		서 울		지방도시		농어촌	
	명	%	명	%	명	%	명	%	명	%	명	%
그 렇 다	92	16.3	105	12.6	25	12.1	78	15.1	56	11.5	88	14.6
아 니 다	448	79.3	680	81.7	175	84.5	419	80.9	405	83.0	479	80.2
모르겠다	25	4.4	47	5.7	7	3.4	21	4.0	27	5.5	31	5.2
계	565	100	832	100	207	100	518	100	488	100	598	100

첫째 표를 보면, 전체에 있어서 '아니다'가 81%, '그렇다'가 13.1%, 그리고 '모르겠다'가 5.9%로써, 관혼상제의 간소화를 주장하는 의견이 압도적으로 우세함을 알 수 있다. 이것은 젊은 지성인들의 여론으로서는 당연한 것이라 하겠다.

남녀별 통계에 있어서는 '그렇다'가 남자에 11.3%, 여자에 15.4%로써, 여자가 이 문제에 관해서는 약간 더 보수적인 것으로 나타나고 있다. 문과·이과별의 경우는 '그렇다'가 문과생에 12.3%, 이과생에 14%로써, 이과생이 좀 더 보수적인 것으로 나타났다.

다음에 둘째 표를 보면, 우선 가정의 수입 등급별 통계에 있어서 '그렇다'는 하급에서 상급으로 갈수록 늘어 가고 있으며, '아니다'는 상급에서 하급으로 갈수록 비율이 높아 가고 있다. 즉, 살기가 넉넉한 가정의 대학생들일수록 의식을 성대히 하는 것을 좋다고 생각하며, 경제 사정이 어려울수록 의식의 간소화에 찬성하고 있는 것이다.

끝으로 성장지별 통계를 보면, '그렇다'가 지방도시에 가장 적고, 서울과 농어촌은 비슷하나, 서울의 경우가 약간 더 많은 긍정의 응답을 기록하고 있다. 서울 사람들에게 보수적인 면이 의외로 강하다는 것은 흔히 관찰되는 사실이다.

8의 2 : 우리의 제38문항은 청첩장과 축하금에 관한 것으로서 다음과 같은 명제에 대한 의견을 묻는다.

38. 결혼식이나 환갑 잔치 등에 있어서 초청장을 널리 내고, 초청장을 받은 사람은 축하금을 내는 풍습은, 우리나라의 미풍이므로 오래 존속시켜야 한다.

이것은 제37문항에서 다룬 문제와 깊은 관련성을 가졌다. 관혼상제를 성대히 치르자면 자연히 많은 경비가 들고, 많은 경비를 지출하자니 남의 부조까지도 받을 필요가 생긴다.

결혼, 환갑, 장례 등에 있어서 상호부조하는 풍습은 우리나라에서도 오랜 전통을 가졌다. 그것은 시초에 있어서는 자연 발생적인 풍습이었을 것이다. 일가친척이 같은 부락에 모여 살던 대가족제도 아래서, 큰일이 생기면 자연히 서로 돕기 마련이니, 그것은 자연 발생적인 동시에 부조를 베푸는 쪽의 자발적 행동으로서 시작되었을 것이다. 따라서 청첩장이나 초대장으로 부조를 종용하는 일은 없었을 것이며, 부조를 주고받는 범위도 비교적 좁았을 것이다.

그러나 오늘날에 와서는 상호부조의 양상도 많이 달라진 것으로 보인다. 첫째, 부조를 필요로 하는 측에서 '청첩' 또는 '초대'의 형식으로 능동적 태도를 취하며, 또 부조를 주고받는 범위가 극히 넓어졌다는 점이 옛날과 다르다. 따라서 별로 친밀하지도 않은 사이에 마음에 없는 부조를 보내는 경우가 없지 않으며, 부조의 내용도 의류나 음식 같은 현물을 보내던 때와는 달리 간편한 현금이 차지하게 되었다.

현대 한국의 이러한 풍습을 고대의 유가가 어떻게 평가했을지는 단정하기 곤란하다. 그러나 상호부조 그 자체를 유가가 반대하리라는 것은 생각하기 어려우며, 한편 받는 처지에 놓인 사람이 부조를 반은 요구하다시피 하는 태도를 유가의 견지에서 찬성한다는 것도 상상하기 어려운 일이다. 아마, 공자나 맹자는 상호부조를 찬성하되, 그것이 자발적인 행위일 경우에만 진정한 미풍이 될 수 있다고 판단했을 것이다.

오늘날 한국에 있어서도, 자발적 부조는 일반적으로 찬양을 받는 가운데 '청첩' 또는 '초대'의 범위를 너무 넓히는 경향에 대하여는 비판적인 의견이 강한 것으로 관측된다. 그러나 어느 정도의 비율로 찬성과 반대가 나누어지는지는 확실히 알려져 있지 않다. 이에 우선 대학생들에 관하여 그 숫자를 확인해 두고자 함에 이 제38문항의 취지가 있다. 이 문항을 통하여 우리가 얻은 숫자적 결과는 다음 [표 38]에 나타난 바와 같다.

[표 38]　No.1

	남녀별				문과·이과별				전 체	
	남 자		여 자		문 과		이 과		총 원	
	명	%	명	%	명	%	명	%	명	%
그 렇 다	197	21.0	120	15.9	171	19.8	146	17.6	317	18.7
아 니 다	664	70.8	551	73.1	616	71.3	599	72.4	1,215	71.8
모르겠다	77	8.2	83	11.0	77	8.9	83	10.0	160	9.5
계	938	100	754	100	864	100	828	100	1,692	100

[표 38]　No.2

	가정의 수입 등급별						성장지의 도시·농촌별					
	상 급		중 급		하 급		서 울		지방도시		농어촌	
	명	%	명	%	명	%	명	%	명	%	명	%
그 렇 다	114	20.2	129	15.5	35	16.9	95	18.3	69	14.1	114	19.1
아 니 다	407	72.0	606	72.9	153	73.9	367	70.9	353	72.4	446	74.5
모르겠다	44	7.8	97	11.6	19	9.2	56	10.8	66	13.5	38	6.4
계	565	100	832	100	207	100	518	100	488	100	598	100

위의 통계를 보면, 전체에 있어서 '그렇다'가 18.7%에 '아니다'가 71.8%로써, 청첩장을 광범위하게 내고, 또 그것에 축하금으로 응하는 행습을 미풍이라기보다는 폐풍으로 여기는 의견이 압도적이다. 이것은 관혼상제를 성대한

의례로써 치르는 풍습을 좋지 못한 것으로 평가한 제37문항의 응답과 일치하는 경향이라 하겠다. 다만, 제37문항에 있어서는 '아니다'가 81%에 달했음을 상기한다면, 비록 허례와 낭비는 부당하다 할지라도 상호부조만은 미풍으로서 권장받을 만한 것이라고 생각하는 사람도 상당히 있다는 것을 알 수 있다.

남녀별 통계에 있어서는 '그렇다'가 남자에게 21%, 여자에게 15.9%이며, '아니다'가 남자에게 70.8%, 여자에게 73.1%로써, 남자들에게 상호부조의 전통을 아끼는 경향이 좀 더 강한 것으로 나타나고 있다. 문과·이과별 통계에 있어서는 '그렇다'가 문과에 19.8%, 이과에 17.6%로써 문과의 경우가 상호부조의 전통을 선의로 해석하는 경향이 강하다.

다음에 둘째 표를 보면, 가정의 수입 등급별 통계에 있어서, '아니다'에는 그리 차이가 없는데, '그렇다'에는 상급과 중급 사이에 5% 가까운 차이가 있음이 나타나고 있다. 즉, '아니다'의 경우는 상급이 72%, 중급이 72.9%, 하급이 73.9%로써 거의 비슷한 수치임에 비하여, '그렇다'의 경우는 상급 20.2%, 중급 15.5%, 하급 16.9%로써 상급의 긍정이 비교적 높은 비율을 보이고 있다. 끝으로 성장지별 통계를 살펴보면, '그렇다'에 있어서는 서울이 18.3%, 지방도시가 14.1%, 농어촌이 19.1%로써 지방도시의 비율이 가장 낮으나, '아니다'에 있어서는 서울, 지방도시, 농어촌의 순서로 수치가 높아지고 있다. 이것은 서울과 지방도시에는 '모르겠다'가 많은데, 농어촌에는 그것이 적었음에 기인한 것이다.

8의 3 : 우리의 제39문항은 낭비에 관한 것으로서 같은 명제를 제시한다.

39. 서양 사람은 별다르게 차린 것도 없이 손님을 초대하는 경우가 많다. 이것에 비하면, 다소 경제적 무리가 가더라도 푸짐하게 차려서 손님을 대접하는 우리나라의 풍속이 훨씬 더 예의적이요 자랑스럽다.

우리나라에 옛날부터 내려오는 말에 '봉제사(奉祭祀), 접빈객(接賓客)'이라는 것이 있다. 제사를 잘 지내는 일과 손님 대접을 잘하는 일이 가정생활에 있어서 가장 중요하다고 보는 생각에서 나온 말이다. 손님 대접을 잘한다 함이 반드시 물질적으로 호화로운 향응만을 가리키는 것은 아니겠으나, 한국에 있어서 언제부터인지 매우 낭비적인 접대의 풍조가 일어났다. 가정 살림의 실정에 비하여 상당한 무리를 감행하는 것이 보통이다. 거기에는 인정의 두터움의 반영도 있을 것이요, 살림의 군색을 나타내는 것을 꺼리는 동양적인 체면과 허영의 심리도 관여했을 것이다. 이에 비하여 집에서 평상시에 먹는 것과 별로 다를 바 없는 식탁으로 곧잘 손님을 청하는 서양인들의 풍습은 대조적이다.

성의를 다하여 손님을 대접하는 것은 유교의 정신에도 부합할 것이다. 그러나 유가들은 정신적인 후의(厚意)는 강조했으나, 지나친 물질의 낭비로써 손님을 대접하는 것은 도리어 부당하다고 생각한 것으로 보인다. 다음에 인용하는 구절은 이에 관한 한 가지 예증이 될 것이다.

사마온공(司馬溫公)은 다음과 같이 말하였다. "선친이 군목판관(郡牧判官)의 벼슬자리에 있었을 때, 손이 오면 반드시 술을 대접하였다. 그러나 그 대접의 내용은 간소하여서, 보통 삼순배(三巡盃) 또는 오순배 정도로 그치고, 많아도 칠순배를 넘지 않았다. 술은 시중에서 파는 보통 것을 사용했고, 과일도 배, 밤, 대추, 감 정도의 일반적인 것에 그쳤으며, … 그릇도 사기 그릇과 칠기 같은 것을 사용하였다. 당시의 사대부들이 모두 그렇게 한 것이며, 서로 대접의 소홀함을 비난하는 일이 없었다. … 물질에 있어서는 간소했으나, 정의(情意)에 있어서는 매우 두터웠다."(溫公曰, 先公爲郡牧判官, 客至未嘗不置酒. 或三行, 或五行, 不過七行. 酒沽於市, 果止梨栗棗柿 … 器用甆漆. 當時士大未皆然, 人不相非也. … 物薄而情厚.)[68]

향응(饗應)을 받은 사람은 그에 대한 답례의 의리를 느끼기 쉬운 우리나라
의 경우에 있어서, 하나의 낭비는 새로운 낭비를 유발하기 마련이므로, 그것
은 결국 우리의 소비생활에 적지 않은 부담을 가져오게 된다. 따라서 빈곤과
싸우는 형편에 있는 우리나라로서는 빨리 고쳐야 할 풍속으로 생각되거니
와, 이 점에 관한 대학생들의 여론을 숫자적으로 확인해 두자는 것이 제39문
항의 취지다. 이 문항이 얻은 통계 숫자는 다음 [표 39]에 나타난 바와 같다.

[표 39] No.1

	남녀별				문과 · 이과별				전 체	
	남 자		여 자		문 과		이 과		총 원	
	명	%	명	%	명	%	명	%	명	%
그 렇 다	98	10.4	51	6.8	80	9.2	69	8.3	149	8.8
아 니 다	807	86.1	679	90.1	761	88.1	725	87.6	1,486	87.8
모르겠다	33	3.5	24	3.1	23	2.7	34	4.1	57	3.4
계	938	100	754	100	864	100	828	100	1,692	100

[표 39] No.2

	가정의 수입 등급별						성장지의 도시 · 농촌별					
	상 급		중 급		하 급		서 울		지방도시		농어촌	
	명	%	명	%	명	%	명	%	명	%	명	%
그 렇 다	42	7.4	67	8.1	20	9.7	35	6.8	34	7.0	61	10.3
아 니 다	500	88.5	739	88.8	181	87.4	460	88.8	441	90.4	518	86.6
모르겠다	23	4.1	26	3.1	6	2.9	23	4.4	13	2.6	19	3.1
계	565	100	832	100	207	100	518	100	488	100	598	100

우선 전체의 통계를 보면, '아니다'가 87.8%로써 절대다수이고, '그렇다'
는 8.8%에 지나지 않는다. 생활의 간소화를 바라는 마음이 간절함을 알리는

---

68 『小學』外篇, 善行 第六, 實敬身篇, 第二十六章.

것으로 해석된다.

남자와 여자를 비교한 숫자를 보면, 남자는 '아니다'가 86.1%에 '그렇다'가 10.4%이고, 여자는 '아니다'가 90.1%에 '그렇다'가 6.8%로 되어 있다. 별로 큰 차이는 아니나, 이 제39문항에 관해서는 남자에게 보수적 경향이 약간 강한 셈이다.

문과생과 이과생의 차이는 남자와 여자의 그것보다도 더욱 작다. 문과생에게 '그렇다'는 대답이 0.9% 정도 많은 것으로 나타나고 있으나, 그 정도의 차이를 가지고 어떠한 단정을 내리기는 곤란할 것이다.

가정의 수입 등급별에 따른 차이도 별로 없다. '그렇다'가 상급에 7.4%, 중급에 8.1%, 하급에 9.7%로써, 어떤 경향이 있음을 말할 수 있을 것 같기도 하나, 수치의 차이가 그것을 뒷받침하기에 충분하지는 못하다. 다만, 하급에 보수적 경향이 좀 강하다는 것을 말할 수는 있음직하다.

성장지별에 따르는 차이도 역시 매우 작다. 여기서 굳이 지적한다면, '그렇다'에 10.3%의 숫자를 기록한 농어촌에 보수적 성격이 약간 강한 듯하다는 사실을 언급할 수 있을 것이다.

8의 4 : 제40문항은 의복의 사치에 관한 것이다. 여기서의 명제는 다음과 같다.

40. 서울의 거리에는 화려하고 값비싼 옷을 입은 신사·숙녀가 많이 눈에 뜨인다. 이것은 여러모로 보아 대견스럽고 좋은 현상이라고 해야 할 것이다.

도시에 사는 한국인 가운데 의복을 사치스럽게 입는 사람들이 많다는 것은 일반이 아는 사실이다. 의복의 사치는 허영심에 직결되는 것이며, 허영심은 안으로 충실한 생활을 실제로 갖지 못하는 사람들에게 생기기 쉬운 심리의 하나다. 한국에 있어서의 사치스러운 옷차림의 풍조는 내면적인 충실을 얻지 못하고, 불안한 상태에 놓인 한국의 사회 실정과 깊은 연관성을 가진 것으로 믿는다.

유가들이 생활 전반에 걸쳐서 사치를 부당하게 생각했음은 익히 알려진 사실이다. 맹자는 "높이 솟은 집을 짓고, … 기름진 음식을 큰 상에 차리며, 많은 여자를 거느리는 따위의 짓은, 내 비록 때를 만나 내 뜻대로 할 수 있는 처지에 놓이더라도 하지 않을 것이다(堂高數仞, … 食前方丈, 侍妾數百人, 我得志不爲)."라고 말하였다.[69] 특히, 의복의 사치를 삼가도록 권고한 것으로서는 다음과 같은 말이 있다.

> 문중자의 의복은 검소하고 깨끗할 뿐, 사치스러운 장식은 전혀 없었다. 화려한 비단 따위는 방에도 들여놓지 않았다. 문중자는 말하기를, "군자는 황색 또는 백색 같은 소박한 색채의 옷이 아니면 입지 않으며, 부녀자라 할지라도 하늘색과 옥색 정도의 조졸한 빛만을 사용한다."(文中子之服, 儉而絜無長物焉. 綺羅錦繡, 不入于室. 曰, 君子非黃白不御, 婦人則有靑碧.)[70]

한국인의 사치, 특히 유산계급에 속하는 여자들의 의복의 사치에 대해서는 높은 비난의 소리가 있다. 이 문제에 관하여 우리나라 대학생들의 여론이 어떠리라는 것도 능히 짐작할 수 있다. 그러나 여론의 비난에도 불구하고 사치의 풍조는 없어지지 않음에 이 문제의 어려움이 있음을 고려하고, 또 막연히 짐작된 여론을 구체적인 숫자로 확인해 두는 것도 무의미하지 않으리라는 판단에서, 이 문항을 만든 것이다. 이 문항이 얻은 응답의 통계는 다음 [표 40]에 나타난 바와 같다.

---

69 『孟子』盡心章句 下, 說大人則 藐之章 第三十四.
70 『小學』外篇, 善行 第六, 實敬身篇, 第二十二章.

[표 40] No.1

	남녀별				문과 · 이과별				전 체	
	남 자		여 자		문 과		이 과		총 원	
	명	%	명	%	명	%	명	%	명	%
그렇다	64	6.8	32	4.3	57	6.6	39	4.7	96	5.7
아니다	832	88.7	684	90.7	766	88.7	750	90.6	1,516	89.6
모르겠다	42	4.5	38	5.0	41	4.7	39	4.7	80	4.7
계	938	100	754	100	864	100	828	100	1,692	100

[표 40] No.2

	가정의 수입 등급별						성장지의 도시 · 농촌별					
	상 급		중 급		하 급		서 울		지방도시		농어촌	
	명	%	명	%	명	%	명	%	명	%	명	%
그렇다	26	4.6	34	4.1	12	5.8	20	3.9	18	3.7	34	5.7
아니다	510	90.3	767	92.2	186	89.9	465	89.7	450	92.2	548	91.6
모르겠다	29	5.1	31	3.7	9	4.3	33	6.4	20	4.1	16	2.7
계	565	100	832	100	207	100	518	100	488	100	598	100

우선 첫째 표에 나타난 전체의 통계를 보면, '아니다'가 89.6%의 절대다수를 차지하고 있으며, '그렇다'는 겨우 5.7%를 차지했을 뿐이다. 이것은 제 37, 38, 39문항에 있어서의 '아니다'보다도 더 많은 비율에 해당되는 것이며, 관혼상제나 초대에 관한 낭비보다도 의복의 사치에 관한 낭비의 부당성을 믿는 사람이 많다는 것을 의미한다.

남자와 여자를 비교해 보면, '아니다'가 여자에게 약간 더 많은 것으로 나타났다. 여자들 가운데, 자기는 사치에 반대하지만, 남들이 좋은 옷을 입으니 자기도 울며 겨자 먹기로 그 풍조를 따를 수밖에 없다고 술회한 사람들이 있음을 상기케 한다.

문과생과 이과생의 비교에 있어서는 '아니다'가 이과생에게 약간 많다. 그러나 그 수치는 남녀별의 경우에 그랬듯이 2% 정도에 지나지 않는 조그만 차이에 그친다.

다음에 가정의 수입 등급별에 따르는 차이를 보면, 중급의 '아니다'가 가장 많고 하급의 그것이 가장 적으나, 그 차이는 얼마 되지 않는다. 다만, 하급에 '그렇다'가 가장 많은 것은 좀 의외인 듯도 하나, 사람들은 자기가 해보지 못한 일을 동경의 눈으로 바라보는 경우도 있다는 사실을 생각하면, 반드시 이상할 것도 없다고 하겠다.

끝으로 성장지에 따르는 차이를 보면, 찬성이 가장 적고 반대가 가장 많은 것은 지방도시다. 서울과 농어촌의 비교에 있어서는 농어촌이 찬성에 있어서도 반대에 있어서도 더 높은 수치를 보이고 있다. 그 대신 '모르겠다'는 농어촌에 가장 적다. 그러나 성장지가 어디든 간에 '아니다'가 90% 전후의 압도적 숫자임에는 다름이 없으며, 이에 비하면 구분지에 따르는 차이는 거의 무시해도 좋을 정도의 작은 것이다.

9. 우정 · 연애 및 결혼에 관한 의견

9의 1 : 우리의 제41문항부터 제47문항에 이르는 일곱 문항은 우정과 연애 및 결혼에 관한 것들이다. 먼저 제41문항은 다음과 같은 명제에 대한 의견을 묻는다.

41. 아름다운 이성(異性)의 육체를 갖는 것보다도 믿음직한 친구의 우정을 갖는 것이 더욱 바람직하다.

유교에서는 정신의 가치를 존중하는 반면에 육체적인 것은 천시하고, 특히 성(性)을 죄악으로 보는 경향이 있다. 『논어』에는 호색(好色)을 경계하는 공자의 같은 말씀이 두 번이나 거듭 실려 있다. 그 같은 말씀이란, 자한편(子罕篇) 및 위령공편(衛靈公篇)에 보이는 다음과 같은 구절이다.

나는 아직 덕을 좋아함이 색을 좋아함과 같은 사람을 본 일이 없다.(吾未見 好德如好色者也.)

이 말이 단순한 사실을 지적함에 그치는 것이 아니라, 비난과 개탄의 뜻을 가진 것임은, 위령공편에 나타난 이 말 바로 앞에 "한심하도다(已矣乎)."라는 감탄사가 붙어 있는 것으로도 명백하다.

그러나 현대에 있어서는 육체를 천시하거나 성을 죄악시하는 사람이 별로 없을 뿐 아니라, 도리어 육체를 전부로 생각하고 성을 찬미하는 소리도 일부 에서 들려오고 있다. 이에 우리는 이 제41문항에 있어서, 성 그 자체의 죄악 성 여부를 묻지 않고, 육체의 가치로서의 성과 정신의 가치로서의 우정을 비 교할 때 어느 편이 더 값지냐는 것을 묻기로 하였다. 이 물음이 얻은 응답의 통계는 다음의 [표 41]에 나타난 바와 같다.

[표 41] No.1

	남녀별				문과 · 이과별				전 체	
	남 자		여 자		문 과		이 과		총 원	
	명	%	명	%	명	%	명	%	명	%
그 렇 다	776	82.7	684	90.8	742	85.9	718	86.7	1,460	86.3
아 니 다	90	9.6	38	5.0	70	8.1	58	7.0	128	7.6
모르겠다	72	7.7	32	4.2	52	6.0	52	6.3	104	6.1
계	938	100	754	100	864	100	828	100	1,692	100

[표 41] No.2

	가정의 수입 등급별						성장지의 도시 · 농촌별					
	상 급		중 급		하 급		서 울		지방도시		농어촌	
	명	%	명	%	명	%	명	%	명	%	명	%
그 렇 다	493	87.3	727	87.4	172	83.1	442	85.4	434	89.0	516	86.3
아 니 다	35	6.2	51	6.1	23	11.1	38	7.3	29	5.9	42	7.0
모르겠다	37	6.5	54	6.5	12	5.8	38	7.3	25	5.1	40	6.7
계	565	100	832	100	207	100	518	100	488	100	598	100

첫째 표에 나타난 전체의 통계를 보면, '그렇다'가 86.3%로 압도적인 다수를 차지하고 있으며, '아니다'가 7.6%이고, '모르겠다'는 6.1%를 차지하고 있다. 요즈음 관능적 쾌락에 지나친 가치를 인정하고 정신의 가치를 망각하는 젊은이가 많다고 걱정하는 노인들도 있으나, 이 표에 나타난 것으로 본다면, 그것이 그리 정확한 관찰이 못 된다는 판단을 내릴 수 있을 듯하다. 육체적인 쾌락을 추구하는 사람으로서도 정신의 가치에 대하여는 더 높은 자리를 따로 인정할 수가 있을 것이며, 육체의 가치만을 알고 정신의 가치는 모르는 사람이 있다 하더라도 그 수효는 극히 적다는 것을 우리의 표는 말해 준다.

남자와 여자의 비교에 있어서는, '그렇다'가 남자에 82.7%, 여자에 90.8%로써 여자의 경우가 8.1% 많은 비율을 보이고 있다. 순결을 비롯한 정신의 미덕을 숭상하는 동양적 여성의 전통을 반영한 것이라 하겠다.

문과생과 이과생의 비교에 있어서는 그 차이가 거의 없다. '아니다'가 문과생에게 1.1% 더 많기는 하나, 그 정도의 차이를 가지고는 어떤 단정을 내리기 힘들 것으로 보인다.

다음에 둘째 표를 통하여 가정의 수입 등급별에 따르는 차이를 보면, 상급과 중급 사이에는 거의 차이가 없고, 다만 하급에 있어서만은 '아니다'가 다른 급에 비하여 5% 정도 많은 것으로 나타나고 있다.

끝으로 성장지별에 의한 통계를 살피면, 서울과 농어촌 사이에는 별로 차이가 없으며, 지방도시의 경우에 있어서만은 '아니다'가 약간 적고, '그렇다'가 조금 많음을 발견한다. 정치 문제에 관해서는 지방도시에 진보적 경향이 여러 번 발견되었음에 비하여, 성문제에 관한 이 제41문항에 있어서는 도리어 보수적 경향이 나타난 것은 흥미 있는 일이다.

9의 2 : 우리의 제42문항은 우정에 관한 것으로서, 여기서 문제가 되는 명제는 다음과 같다.

42. 친구가 좋은 것은 내가 곤란을 당했을 때 그들의 도움을 받을 수 있기 때문이다. 이용 가치가 많은 친구일수록 가까이 사귀어야 하며, 이용 가치가 없는 친구와는 거리를 두는 것이 좋다.

유가가 숭상하는 오륜(五倫) 가운데 '붕우유신(朋友有信)'의 조항이 있음은 누구나 아는 사실이다. 자하(子夏)의 말 가운데 "벗과 더불어 사귈 때에 말의 신의를 지킴(與朋友交, 言而有信)"이 중요함을 강조한 것이 있고,[71] 공자의 말씀에도 다음과 같은 것이 있는 것으로 기록되고 있다.

아랫자리에 있으면서 윗사람의 신임을 얻지 못하면 백성을 다스릴 수가 없다. 윗사람의 신임을 얻는 데는 길이 있다. 벗에게 신용을 얻지 못하면 윗사람의 신임을 얻지 못한다.(在下位 不獲乎上, 民不可得而治矣. 獲乎上有道. 不信乎朋友, 不獲乎上矣.)[72]

여기서 말하는 '신(信)'의 개념은 단순히 정직함이나 신용이 있음을 가리킬 뿐만 아니라, 신의가 두터움을 가리키는 것으로 해석된다. 따라서 유교의 '붕우유신'의 정신으로 볼 때, 우리의 제42문항의 명제를 시인하기는 극히 어려울 것이다. 이해관계란 부단히 변동하는 것이며, 부단히 변동하는 이해관계를 고려하여 친구를 사귄다면 거기 참된 신의가 지켜질 수 없을 것이기 때문이다.

한편, 우리나라 속담에 "정승의 말이 죽으면 조객이 많으나, 정승이 죽으면 조객이 적다."라는 것이 있다. 이해를 타산하여 사교하는 사람들의 심리

---

71 『論語』卷之一, 學而, 第一, 七章.
72 「中庸」, 第二十章.

를 폭로한 속담이거니와, 요즈음 인심이 각박한 경향과 아울러 사교에 있어서 이해득실을 타산하는 경향도 점차로 심한 듯하다. 대학생들이 친구를 사귐에 있어서도 상대편의 이용 가치를 크게 고려하는 경향이 있는지 없는지는 소상히 알지 못하거니와, 우리의 제42문항은 성인 사회에 있어서 흔히 볼 수 있는 그러한 경향의 시비를 대학생들에게 물은 것이다. 이 물음이 얻은 응답의 통계는 다음 [표 42]와 같다.

[표 42] No.1

	남녀별				문과 · 이과별				전 체	
	남 자		여 자		문 과		이 과		총 원	
	명	%	명	%	명	%	명	%	명	%
그렇다	111	11.8	55	7.3	89	10.3	77	9.3	166	9.8
아니다	773	82.4	679	90.1	733	84.8	719	86.8	1,452	85.8
모르겠다	55	5.8	20	2.6	42	4.9	32	3.9	74	4.4
계	938	100	754	100	864	100	828	100	1,692	100

[표 42] No.2

	가정의 수입 등급별						성장지의 도시 · 농촌별					
	상 급		중 급		하 급		서 울		지방도시		농어촌	
	명	%	명	%	명	%	명	%	명	%	명	%
그렇다	63	11.2	63	7.6	26	12.6	35	6.8	50	10.3	67	11.2
아니다	481	85.1	727	87.4	177	85.5	465	89.7	419	85.9	501	83.8
모르겠다	21	3.7	42	5.0	4	1.9	18	3.5	19	2.8	30	5.0
계	565	100	832	100	207	100	518	100	488	100	598	100

첫째 표에 나타난 전체의 통계를 보면, '그렇다'는 9.8%에 지나지 않고 '아니다'가 85.8%의 절대다수를 차지하고 있다. 우정을 어떤 이득을 위한 수단으로 생각할 것이 아니라, 우정 그 자체를 본래적 가치로서 존중해야 한다는 생각이 압도적인 것이다. 이 점에 관한 한 전통적인 가치는 여전히 높은 평가

를 받고 있는 것이며, 친구를 이용의 대상으로 생각하는 관념은 오직 소수의 지지를 받고 있을 뿐이다. 그러나 친구를 선택함에 있어서 그 이용가치를 첫째로 고려함이 당연하다고 믿는 사람이 10% 정도라도 있다는 것은 역시 현대의 어떤 풍조를 반영한 것이 아닐까 생각된다.

남자와 여자의 비교를 보면, '아니다'가 남자에 있어서 82.4%이고, 여자에 있어서는 90.1%로써, 여자의 경우가 순진한 교우를 존중하는 비율이 많다는 것을 알 수 있다.

문과와 이과의 비교에 있어서는 그 차이가 별로 크지 않다. '아니다'에 있어서 이과가 문과보다 2% 높은 비율을 나타내고 있을 뿐이다. 그러나 여기에 있어서도 문과생이 남자에 가깝고 이과생이 여자에 가깝다는 것은 지금까지 여러 번 거듭된 경향과 일치하는 것으로서 주목되며, 일반적으로 여자와 이과생에 순진한 사람이 많다는 상식적 관찰을 뒷받침하는 것으로도 볼 수 있다.

다음에 둘째 표를 통하여 가정의 수입 등급별 통계를 보면, '아니다'의 비율이 가장 많은 것이 중급(87.4%)이고, 상급과 하급은 각각 85.1% 및 85.5%로써 거의 비슷하다. 끝으로 성장지별에 따르는 통계를 보면, '아니다'의 비율이 서울 89.7%, 지방도시 85.9%, 농어촌 83.8%로 되어 있다. 친구를 이용의 대상으로 보는 생각을 시인하는 사람의 비율이 서울이 가장 적고 농어촌에 가장 많다는 것을 의미한다. 이것으로 보면, 친구를 이해타산에 의하여 선택하는 경향이 반드시 더 현대적인 정신의 발로라고 보기는 힘들 것 같다. 서구에 근원을 둔 현대적인 풍조가 가장 빨리 들어오는 것은 대도시이기 때문이다.

9의 3 : 우리의 제43문항도 역시 교우에 관한 것이나, 약간 사소한 문제를 다룬 것으로, 다음과 같은 명제를 제시한다.

43. 대학의 동급생끼리 사귐에 있어서는 친하다고 함부로 무례한 말을 쓰지 않고, 항상 공손한 말과 존경하는 태도로 대하는 것이 좋다.

『소학』에 정이천(程伊川)의 다음과 같은 말이 실려 있다.

　　요즈음 세상 인심이 천박해서, 너니 나니 하고 서로 마구 대하는 것을 가지고 사이가 매우 가까운 증거라고 생각하며, 예의도 절도도 없이 대하는 것을 가지고 서로 좋아하고 사랑하는 것으로 삼는다. 이렇게 해서야 어찌 우의(友誼)가 오래 계속될 수 있겠는가? 만약 오래 계속된 우정을 요망한다면, 모름지기 서로 예절을 지켜 존경해야 할 것이다.(近世淺薄, 以相歡狎爲相與, 以無圭角爲相歡愛. 如此者安能久. 若要久須是恭敬.)[73]

위에 인용된 구절의 요지는 서로 친밀한 사이에 있어서도 언어와 태도가 예절을 벗어나지 않도록 하라는 것이다. 그리고 친밀한 사이에도 예절을 지켜야 하는 가장 중요한 이유는, 그렇게 해야 친밀한 사이가 오래 계속될 수 있다는 점에 있다.

오늘날 우리 사회에 있어서의 교우의 실태를 관찰하면, 거기에도 역시 크게 두 가지 유형이 있음을 본다. 즉, '이 자식', '저 자식' 하는 식으로 말을 마구 함으로써 막역의 친구임을 나타내는 사람들과, 공손하고 정중한 언행을 통하여 깊은 우의를 나타내는 사람들이 있다. 두 가지 교우의 태도 가운데서 어느 편이 옳으냐는 문제는, 개별적 경우에 따라 생각할 문제이며, 또 어떤 중용(中庸)의 길이 가장 바람직할 경우도 있을 것이다. 우리의 제43문항은

---

[73] 『小學』外篇, 嘉言 第五, 廣明倫篇, 第三十七章.

이러한 점을 고려에 넣으면서, 대학의 동급생끼리 사귐에 있어서 일반적으로 어떤 편이 더 좋겠느냐는 것을 물은 것이다. 사소한 문제임에는 틀림이 없으나, 일상생활에서 누구나 당하는 문제이기에, 이에 관한 대학생들의 의견을 참고삼아 물어보기로 한 것이다. 이 문항이 얻은 응답은 다음 [표 43]에 나타난 바와 같은 경향을 보여주었다.

[표 43] No.1

	남녀별				문과 · 이과별				전 체	
	남 자		여 자		문 과		이 과		총 원	
	명	%	명	%	명	%	명	%	명	%
그렇다	695	74.1	650	86.2	688	79.6	657	79.4	1,345	79.5
아니다	205	21.9	87	11.5	150	17.4	142	17.2	292	17.3
모르겠다	38	4.0	17	2.3	26	3.0	29	3.5	55	3.2
계	938	100	754	100	864	100	828	100	1,692	100

[표 43] No.2

	가정의 수입 등급별						성장지의 도시 · 농촌별					
	상 급		중 급		하 급		서 울		지방도시		농어촌	
	명	%	명	%	명	%	명	%	명	%	명	%
그렇다	459	81.3	650	78.1	166	80.2	385	74.4	404	82.7	486	81.3
아니다	86	15.2	153	18.4	35	16.9	108	20.8	74	15.2	92	15.4
모르겠다	20	3.5	29	3.5	6	2.9	25	4.8	10	2.1	20	3.3
계	565	100	832	100	207	100	518	100	488	100	598	100

첫째 표에 나타난 전체의 통계를 보면, '그렇다'가 79.5%로 절대다수이고, '아니다'는 17.3%의 적은 비율을 보이고 있다. 요컨대, 경박한 것보다는 차라리 정중한 편이 낫다는 의견을 가진 사람이 많으며, 그렇게 하는 것이 지속성 있는 우정을 기르는 좋은 길이라고 생각하는 사람들이 대다수인 것이다.

남녀별로 본 통계에 있어서는, '그렇다'가 남자에 74.1%, 여자에 86.2%로써, 여자의 긍정이 더 높은 비율을 나타내고 있다. 여자들이 본래 거칠고 험한 말을 쓰는 일이 적다는 관습적인 사실을 반영한 것이라 하겠다. 다음에 문과와 이과를 비교한 통계에 있어서는 구분지에 따르는 차이가 거의 없다.

둘째 표에 나타난 가정의 수입 등급별에 의한 통계를 보면, '그렇다'가 가장 많은 것이 상급(81.3%)이고, 가장 적은 것이 중급(78.1%)이다. 그러나 그 수치의 차이는 그리 큰 편이 아니며, 어떤 인과율적 가설을 세워서 설명하기 곤란함을 느낀다.

끝으로 성장지별에 따른 통계를 살펴보면, 지방도시와 농어촌의 차이는 극히 사소함에 비하여, 서울과 지방도시의 차이는 좀 큰 숫자를 나타내고 있다. 즉, 지방도시에 있어서는 '그렇다'가 82.7%이고 '아니다'는 15.2%인데, 서울의 경우는 '그렇다'가 74.4%이고 '아니다'는 20.8%다. 서울 사람들의 언어생활과 지방 사람들의 그것과를 비교하는 어떤 조사가 선행하지 않고서는 설명하기 어려울 것이나, 흥미 있는 차이라 하겠다.

9의 4 : 우리의 제44문항은 근친간의 결혼의 가부에 관한 것으로서, 다음과 같은 명제를 문제로 삼는다.

44. 현재 우리나라에 있어서 사촌간의 결혼은 허용되지 않지만, 앞으로는 이러한 제한은 없애는 것이 좋겠다.

유가들은 엄격한 성도덕을 고취하였다. 일반적으로 남녀간의 접촉이 억제되는 가운데도 특히 같은 집안에 속하는 남녀 사이의 접촉은 더욱 엄격하게 금지되었다. 『맹자』에 나오는 다음 구절은 이러한 사정을 잘 말해 준다.

순우곤이 묻되, "남녀가 직접 물건을 주고받지 않는 것이 예입니까?" 하니, 맹자가 이에 대답하기를, "그렇소이다."라고 하였다. 이에 순우곤은 다시 물었다. "계수가 물에 빠졌을 때, 손목을 잡아 건져 주는 것이 옳습니까?" 맹자가 다시 대답하여 말씀하되, "계수가 빠져도 건지지 않는 것은 짐승과 같은 짓이오. 남녀가 서로 주고받지 않는 것은 예이며, 계수가 빠졌을 때 손목을 잡아 건지는 것은 권도(權道)이오."(淳于髡曰, 男女授受不親, 禮與. 孟子曰, 禮也. 曰, 嫂溺則援之以手乎. 曰, 嫂溺不援, 是豺狼也. 男女授受不親, 禮也. 嫂溺援之以手者, 權也.)[74]

물에 빠진 계수의 손목을 잡아서 건져도 좋으냐는 것을 물었다는 것 자체가 가족 내부에 있어서의 남녀의 접근이 엄격하게 제한된 유가의 성도덕을 배경으로 삼고 나온 것이며, 옛날의 가족이 대가족제도의 것이었음을 상기할 때, 근친간의 결혼이 허용될 수 없었다는 것도 위의 인용으로써 넉넉히 알 수가 있다.

고대의 사회에 있어서 근친결혼이 금지된 이유 가운데 우생학적 지혜가 관여했는지는 알 수 없거니와, 그 가장 큰 이유는 그 당시의 대가족제도 안에서 사회적 질서를 유지하는 데 그 금지가 매우 필요했다는 사정에 있을 것이다. 우리 한국에 있어서도 대가족제도가 오랜 전통을 유지했고, 그러한 전통 속에서 일어난 성도덕의 일부로서 근친간의 결혼이 금지되어 왔다. 그러나 우리나라에 있어서의 가족제도의 규모도 상당히 달라졌고, 근친간의 결혼이 허용되는 외국의 풍습에 대한 지식도 널리 퍼진 오늘날, 전통적인 제한을 그대로 묵수할 필요가 없다는 의견도 있을 수 있는 일이다.

우리의 제44문항은 위에 말한 바와 같은 고찰에 근거를 둔 것이나, 그것은 반드시 사촌간의 결혼의 가부라는 국한된 문제에 대한 대학생들의 의견을 묻자는 데 그치는 것이 아니라, 일반적으로 친척 사이의 연애 감정 내지 결혼

---

74 『孟子』離婁章句 上, 嫂溺援之以手章 第十七.

에 대하여 어떠한 생각을 가지고 있는가를 이 한 물음으로 미루어 알아보려는 생각도 곁들여 있다. 우리의 제44문항이 얻은 응답의 통계는 다음 [표 44]가 보여주는 바와 같다.

[표 44] No.1

	남녀별				문과 · 이과별				전 체	
	남 자		여 자		문 과		이 과		총 원	
	명	%	명	%	명	%	명	%	명	%
그 렇 다	244	26.0	147	19.5	201	23.3	190	22.9	391	23.1
아 니 다	574	61.2	524	69.5	564	65.2	534	64.5	1,098	64.9
모르겠다	120	12.8	83	11.0	99	11.5	104	12.6	203	12.0
계	938	100	754	100	864	100	828	100	1,692	100

[표 44] No.2

	가정의 수입 등급별						성장지의 도시 · 농촌별					
	상 급		중 급		하 급		서 울		지방도시		농어촌	
	명	%	명	%	명	%	명	%	명	%	명	%
그 렇 다	131	23.2	182	21.9	52	25.1	115	22.2	111	22.7	139	23.2
아 니 다	374	66.2	540	64.9	133	64.3	339	65.4	311	63.8	397	66.4
모르겠다	60	10.6	110	13.2	22	10.6	64	12.4	66	13.5	62	10.4
계	565	100	832	100	207	100	518	100	488	100	598	100

첫째 표에 나타난 전체의 통계를 보면, '그렇다'가 23.1%이고, '아니다'는 64.9%이며, '모르겠다'가 12%다. 종전대로 근친간의 결혼은 금하는 것이 옳다는 의견이 65%에 가까운 다수이기는 하나, 그러한 제한은 없애야 한다는 의견이 23%가 넘는다는 것도 충분히 주목할 만한 사실이라 하겠다. 그리고 '모르겠다'가 12%나 되는 것도 다른 문항의 경우에 비하여 큰 숫자이며, 이 문항에서 다루어진 도덕이 어떤 과도기에 처해 있음을 잘 나타내고 있다.

남자와 여자의 비교에 있어서는, 여자에게 보수적 경향이 강한 것으로 나타나고 있다. 즉, '그렇다'에 있어서는 남자가 6.5% 많고, '아니다'에 있어서는 여자가 8.3% 많다. 성도덕에 관하여 여자에게 보수적 경향이 강한 것은 우리나라의 경우에 있어서 일반적 현상이 아닌가 생각된다. 문과생과 이과생의 비교에 있어서는 그 차이가 거의 없다.

둘째 표로 시선을 돌리고 우선 가정의 수입 등급별에 따른 통계를 살피면, 구습에 대한 반발이 하급에 약간 활발하다는 것이 나타나 있기는 하나, 전체로서는 대동소이한 경향을 나타내고 있다. 끝으로 성장지별에 따르는 통계에 있어서도 이렇다 할 만한 수치의 차이는 보이지 않는다.

9의 5 : 우리의 제45문항은 결혼의 상대자를 선택함에 있어서 물질적 혜택을 고려할 것이냐 아니냐에 관한 것이다. 여기서 다루어지는 명제는 다음과 같은 표현으로 주어졌다.

45. 결혼의 상대를 선택함에 있어서는 당사자의 인물도 중요하겠지만, 물질적인 혜택의 유무도 깊이 고려해야 한다.

혼인을 정할 때 상대편의 가문을 고려하고 혼수나 그 밖의 물질의 왕래에 많은 관심을 기울이는 것은, 우리나라에 있어서도 오래된 현상이라 할 것이다. 그러나 이것은 결코 유가가 장려하거나 긍정한 풍습은 아니다. 유가의 지도자들은 도리어 그것을 철저하게 꾸짖었다. 다음의 인용은 이 점을 밝히기에 충분할 것이다.

문중자는 다음과 같이 말하였다. "혼인을 함에 있어서 재물을 논함은 오랑캐의 하는 짓이다. 군자는 그러한 자들과는 자리도 같이하지 않는다. 옛날의 결혼에 있어서는 양가는 덕을 고르되 재물로써 예를 삼는 일은 없었다."(文中子曰, 婚娶而論財夷虜之道也. 君子不入其鄕. 古者 男女之族, 各擇德焉. 不

以財爲禮.)[75]

사마온공이 말하기를, "무릇 혼담에 있어서는 우선 신랑될 사람과 신부될 사람의 덕성과 품행을 살피고, 나아가서는 그 가법(家法)이 어떤가를 고려할 것이다. 결코 그 부귀를 사모해서는 안 된다."(司馬溫公日, 凡議婚姻當先察其壻與婦之性行, 及家法如何. 勿苟慕其富貴.)[76]

유가들의 꾸짖음에도 불구하고 사람들은 물질에 대한 탐욕을 버리지 못한 것이 옛날부터의 사실이기는 하나, 그러나 사람들은 대개 그것을 수치로 여기고, 결혼을 논함에 있어서 물질적 혜택을 고려함을 공공연하게 내세우지는 못한 것으로 안다. 그런데 근래에 와서는 그것을 숨김 없이 내세우며 오히려 당연하다고 생각하는 사람들도 있는 것같이 보인다. 우리의 제45문항은 실제로 그러한 생각을 가진 사람들이 어느 정도로 많은가를 조사해 보자는 의도에서 만들어 본 것이다. 이 문항에 대한 응답의 통계는 다음 [표 45]가 보여주는 바와 같다.

[표 45] No.1

	남녀별				문과 · 이과별				전 체	
	남 자		여 자		문 과		이 과		총 원	
	명	%	명	%	명	%	명	%	명	%
그렇다	263	28.0	542	71.8	384	44.4	421	50.8	805	47.6
아니다	609	64.9	164	21.8	414	47.9	359	43.4	773	45.7
모르겠다	66	7.1	48	6.4	66	7.7	48	5.8	114	6.7
계	938	100	754	100	864	100	828	100	1,692	100

---

75 『小學』外篇, 嘉言 第五, 廣明倫篇, 第二十六章.
76 『小學』外篇, 嘉言 第五, 廣明倫篇, 第二十八章.

[표 45] No.2

	가정의수입등급별						성장지의 도시·농촌별					
	상 급		중 급		하 급		서 울		지방도시		농어촌	
	명	%	명	%	명	%	명	%	명	%	명	%
그렇다	290	51.3	409	49.1	79	38.1	282	54.4	252	51.6	244	40.8
아니다	235	41.6	369	44.4	115	55.6	199	38.5	203	41.6	317	53.0
모르겠다	40	7.1	54	6.5	13	6.3	37	7.1	33	6.8	37	6.2
계	565	100	832	100	207	100	518	100	488	100	598	100

첫째 표에 나타난 전체의 통계에 의하면, '그렇다'가 47.6%이고 '아니다'는 45.7%다. 대략 반반이라 하겠으나, '그렇다'의 비율이 상당히 크다는 사실이 새삼 주목을 끈다. 그런데 여기서 한 가지 의심되는 것은, 문항의 명제 가운데 "물질적인 혜택의 유무도 깊이 고려해야 한다."고 한 그 '혜택'의 두 글자가 피조사자들에게 충분히 이해되었느냐 하는 점이다. 다시 말하면, 우리는 결혼할 상대의 물질적 생활 능력을 고려할 것이냐 아니냐를 물은 것이 아니라, 물질적 혜택의 유무를 고려할 것이냐 아니냐를 물은 것인데, 이 점이 충분히 이해되었는지 좀 의심스럽다는 것이다. 문항의 뜻을 잘 이해한 것으로 친다면, '그렇다'가 47.6%나 되는 것은 상당히 많은 비율이라 할 것이기 때문이다. 그러나 결혼의 상대를 선택함에 있어서, 당사자 한 사람의 인물뿐만이 아니라 그의 물질적 배경도 크게 고려해야 한다는 의견이 상당히 우세하다는 것은 위의 통계로도 충분히 밝혀졌으며, 여기에도 현대인의 현실주의적 기질의 일면을 볼 수가 있다.

남자와 여자의 생각에 상당한 차이가 있다는 사실이 이 문항에 관해서 나타나고 있다. 즉, '그렇다'가 남자에게는 28%인데, 여자에게는 71.8%로써, 그 차이가 43.8%나 된다. 이것은 우리 사회에 있어서 여자가 남자에게 경제적으로 의존해야 할 경우가 대단히 많다는 사실과 깊은 연관성을 가졌으리라고 생각된다.

문과생과 이과생의 비교에 있어서도 약간의 차이가 나타나고 있다. 즉, 문과생의 경우는 '그렇다'가 44.4%이고 '아니다'는 47.9%임에 비하여, 이과생의 경우는 '그렇다'가 50.8%이고 '아니다'는 43.4%다. 현실주의적 경향이 이과생에게 더 강함을 나타내는 것으로 해석할 수 있을 것이다.

둘째 표를 통하여 가정의 수입 등급별에 따라 낸 통계를 살피면, '아니다'가 상급에 41.6%, 중급에 44.4%, 그리고 하급에는 55.6%로써 가세가 어려울수록 그 비율이 늘어 가고 있음을 본다. 특히 하급은 상급에 비하여 14%나 많은 것인데, 이는 어렵게 큰 사람들의 강한 자활력(自活力) 및 어려운 가정의 보수적인 경향과 직접 관계가 있을 것으로 짐작된다.

끝으로 성장지별 통계를 보면, '아니다'가 서울에 38.5%, 지방도시에 41.6%, 그리고 농어촌에 53%로써, 시골로 갈수록 비율이 높아지고 있다. 이것은 서울 출신의 표본들 가운데 여자의 수가 비교적 많았음에 관계가 있을 것이고, 또 농어촌 사람들이 가진 좋은 의미의 보수성과도 깊은 관계가 있을 것으로 보인다.

돌이켜 살피건대, 남자와 가세(家勢)가 어려운 사람들, 그리고 농어촌 출신에 있어서 '아니다'가 과반수를 차지하고 있기는 하나, 전체로 볼 때 대학생의 47.6%가 '물질적인 혜택'을 고려하지 않을 수 없다고 생각한 것이 사실이니, 이 사실은 우리가 처한 현실의 착잡한 일면을 여실히 반영한 것이라고 생각된다. 다시 말하면, 그러한 숫자를 통하여 우리는 현대인의 생활감정 내지 가치관 속에서 물질적 생활이 갖는 비중의 증대를 다시 확인하는 동시에, 대학을 나와도 맨주먹만 가지고는 생계를 세우기 힘드는 우리나라 경제 사정의 어두운 일면을 새삼 느끼는 것이다.

9의 6 : 우리의 제46문항은 연애와 결혼의 관계에 관한 것으로서 다음과 같은 명제를 문제 삼는다.

46. 결혼을 전제로 하지 않는 연애는 건전한 관계라고 볼 수 없다.

유가의 도의(道義) 교과서라고 볼 수 있는 『소학』에 "七歲, 男女不同席"이라는 말이 있음은 널리 알려진 사실이다. 소년과 소녀의 동석을 막을 정도의 유교의 도덕관념 안에서, 오늘날 말하는 연애라는 것 자체가 불미스러운 것으로 평가되었음은 의심의 여지도 없거니와, 더욱이 결혼할 생각도 없이 하는 연애가 용납될 수 없음은 더욱 명백하다. 따라서 우리의 제46문항에 대해서는 전적으로 '아니다'라고 대답하는 것이 유가의 견해라 하겠다.

그러나 요즈음 젊은 세대의 생각은 이 문제에 관한 한 유가들의 그것과는 상당히 다른 것으로 관찰된다. 아마 유교 도덕 가운데서 성에 관한 그것이 가장 많은 반발을 당하고 있는 것이 아닐까 생각된다. 오늘날 '칠세부동석(七歲不同席)'은 고사하고 연애를 죄악시하는 젊은이는 극히 적을 것이며, 한 걸음 나아가 '연애는 연애, 결혼은 결혼'이라는 생각으로 이성을 가까이 하는 사람들도 있다. 그러나 그러한 생각을 가진 젊은이가 우리나라의 경우 어느 정도 많은 것인지는 알려지지 않았으니, 이 기회에 그것을 조사해 보는 것도 참고가 되리라는 생각에서 이 문항을 마련한 것이다. 이 제46문항이 얻은 응답은 다음의 [표 46]과 같은 통계로 나타났다.

[표 46] No.1

	남녀별				문과·이과별				전 체	
	남 자		여 자		문 과		이 과		총 원	
	명	%	명	%	명	%	명	%	명	%
그렇다	345	36.8	311	41.2	342	39.6	314	37.9	656	38.8
아니다	526	56.1	385	51.1	461	53.3	450	54.4	911	53.8
모르겠다	67	7.1	58	7.7	61	7.1	64	7.7	125	7.4
계	938	100	754	100	864	100	828	100	1,692	100

[표 46] No.2

	가정의 수입 등급별						성장지의 도시·농촌별					
	상 급		중 급		하 급		서 울		지방도시		농어촌	
	명	%	명	%	명	%	명	%	명	%	명	%
그 렇 다	222	39.3	324	38.9	77	37.2	194	37.5	191	39.1	238	39.8
아 니 다	303	53.6	446	53.6	108	52.2	286	55.2	261	53.5	310	51.8
모르겠다	40	7.1	62	7.5	22	10.6	38	7.3	36	7.4	50	8.4
계	565	100	832	100	207	100	518	100	488	100	598	100

우선 전체의 통계를 보면, '그렇다'가 38.8%이고, '아니다'는 53.8%다. 연애와 결혼을 연결시킬 필요가 없다는 생각을 가진 사람들이 다수를 차지하고 있는 것이다. 20년 전만 하더라도 아마 '그렇다'가 훨씬 많은 비율을 차지했을 것이다. 해방 후에 들어온 새로운 풍조의 영향이 이 방면에 현저함을 보는 동시에, 외국의 풍물을 받아들임에 있어서 대략 어떠한 방향이 빠른 속도로 침투하기 쉬운가를 다시금 깊이 생각할 필요가 있음을 느낀다.

남자와 여자의 비교에 있어서는 여자 쪽의 보수성이 더 강한 것으로 나타나고 있다. 즉, '그렇다'가 남자에게는 36.8%인데, 여자의 경우는 41.2%로써 5% 가까운 차이를 보이고 있다. 아마 이것은 순결을 숭상하는 우리나라의 부덕(婦德) 관념의 전통이 아직도 깊은 영향력을 가지고 있다는 증거로 볼 수 있을 것이다.

문과생과 이과생의 비교에 있어서는, 문과생들에게 보수적 경향이 약간 많은 것으로 나타나 있으나, 그 차이는 2% 미만에 지나지 않는다.

다음에 둘째 표를 통하여 가정의 수입 등급별 통계를 살펴보면, 하급에서 상급 쪽으로 갈수록 보수적 경향이 약간 많은 것으로 나타나고 있으나, 그 숫자의 차이는 극히 적다.

끝으로 성장지별로 본 통계에 있어서는 '아니다'가 서울에 가장 많고 농어촌에 가장 적어서, 해외의 새로운 풍조가 대도시에 먼저 밀려들어 옴을 암시하는 것이라고 볼 수 있음직하나, 숫자의 차이가 작아서 어떤 단정을 허락하지는 않는 듯하다.

9의 7 : 우리의 제47문항은 성도덕의 문제를 좀 더 단적으로 다루어 보았다. 여기서 제시된 명제는 다음과 같다.

47. 결혼 전의 성생활은 되도록 삼가는 것이 좋으나, 절대로 나쁠 것은 없다 .

이것은 앞의 제46문항의 연장이라고도 볼 수 있는 성질의 것이다. 남녀칠세부동석을 주장하는 유가의 견지에서 볼 때, 결혼 전의 성생활이 용서할 수 없는 죄악임은 말할 나위도 없다. 유교의 지도자로서는 그것은 언급할 필요조차 없는 '자명한 진리'였다 .

그러나 성도덕에 관한 관념이 크게 달라졌다는 것은 백일하의 사실이며, 결혼 전의 성생활에 대해서도 50년 전의 유학도가 들으면 통곡을 하고 놀랄 생각을 가진 사람들이 있는 것으로 보인다. 말하자면 성의 해방을 주장하는 사람들이 있는 것이다. 그러나 그러한 주장을 하는 사람들이 우리나라의 경우 어느 정도의 숫자에 달하는지는 밝혀지지 않았다. 우리의 제47문항은 이러한 사태를 머리에 두고 만들게 된 것이다.

요즈음 결혼 전의 성행위에 관하여 사람들이 내리는 평가는 크게 세 가지로 나눌 수 있을 것이다. 첫째는 그것을 절대로 나쁘다고 보는 생각이고, 둘째는 그것이 권장할 만한 일이라고 믿는 생각이며, 셋째는 그것이 좋은 일은 못 되나 절대로 나쁠 것은 없다는 정도의 생각이다. 따라서 이 문제에 관한 사람들의 의견을 정확하게 조사하기 위해서는, 위에 말한 세 가지 범주를 따라 세 개의 문항을 만들었어야 할 것이다. 그러나 이 문제에 대하여 그토록 많은 비중을 제공할 이유도 없을 것 같거니와, 또 결혼 전 성행위를 권장할 만한 좋은 일이라고 생각하는 대학생은 있다 하더라도 그리 많은 수는 아닐 것이라는 예상도 있고 하여, 우리의 제47문항과 같은 한 개의 문항으로써 이 문제를 처리하기로 작정한 것이다. 이 문항에 대한 대학생들의 응답은 다음의 [표 47]과 같다.

[표 47]   No.1

	남녀별				문과 · 이과별				전 체	
	남 자		여 자		문 과		이 과		총 원	
	명	%	명	%	명	%	명	%	명	%
그 렇 다	649	69.2	194	25.7	465	53.8	378	45.7	843	49.8
아 니 다	230	24.5	507	67.3	342	39.6	395	47.7	737	43.6
모르겠다	59	6.3	53	7.0	57	6.6	55	6.6	112	6.6
계	938	100	754	100	864	100	828	100	1,692	100

[표 47]   No.2

	가정의 수입 등급별						성장지의 도시 · 농촌별					
	상 급		중 급		하 급		서 울		지방도시		농어촌	
	명	%	명	%	명	%	명	%	명	%	명	%
그 렇 다	272	48.2	417	50.1	112	54.1	232	44.8	239	49.0	330	55.2
아 니 다	255	45.1	363	43.6	83	40.1	252	48.6	217	44.5	232	38.8
모르겠다	38	6.7	52	6.3	12	5.8	34	6.6	32	6.5	36	6.0
계	565	100	832	100	207	100	518	100	488	100	598	100

첫째 표를 통하여 우선 전체의 응답을 보면, '그렇다'가 49.8%로써 거의 반수를 차지하고 있으며, '아니다'는 그보다 약간 적은 43.6%를 차지하고 있다. 이 49.8%가 결혼 전의 성행위를 찬양할 일이라고 생각하는 것은 아니다. 그것이 좋은 일이 아니라는 것을 인정하면서 다만 절대로 나쁘다고 해야 할 정도의 치명적인 비행은 아니라는 데 그친다. 그리고, '아니다'라고 대답한 43.6% 가운데는, "결혼 전의 성생활은 되도록 삼가는 것이 좋으나"라고 한 부분을 부정한 사람도 간혹 있을지 모르나, 대부분은 "절대로 나쁠 것은 없

다."라는 부분을 부정한 것이라고 생각된다.

남자와 여자를 비교해 본다면, 성의 해방을 찬성하는 방향으로 기울어지는 경향이 남자에게 훨씬 강하다는 사실을 발견한다. 즉, '그렇다'가 여자에게는 25.7%밖에 안 되는데, 남자의 경우는 69.2%로써 44% 가까운 차이를 보이고 있는 것이다. 이것은 여자들 쪽에 순결을 숭상하는 기풍이 더욱 강했던 전통적 경향의 존속을 의미하는 것으로 볼 수 있을 것이다.

문과생과 이과생 사이에도 상당한 차이가 있다. 즉, '그렇다'가 문과생에게는 53.8%, 이과생에게는 45.7%로써, 보수의 경향이 이과생에게 8% 정도 높다는 것을 알 수 있다. 이것도 여자와 이과생이 같은 경향을 보인 또 하나의 예라고 하겠다.

둘째 표에 나타난 가정의 수입 등급별 통계를 보면, '그렇다'가 상급에 48.2%, 중급에 50.1%, 하급에 54.1%로써 하급으로 갈수록 '성의 해방' 쪽으로 기울어지는 경향을 약간 보이고 있다. 그러나 그 차이의 정도는 큰 편이 아니다.

끝으로 성장지별에 따르는 통계를 보면, '그렇다'가 서울에 44.8%, 지방도시에 49%, 그리고 농어촌에 55.2%로써 대도시에 오히려 보수적 경향이 많은 것으로 나타났다. 그러나 이것은 도시와 지방의 관념적 차이에서 온 것이라기보다도, 이 조사에서 뽑은 표본들 가운데 대도시 출신에는 여자의 비율이 많았다는 사실과 깊은 관계가 있을 것이다. 즉, 여자에게 성문제에 관한 보수적 경향이 강한 까닭에, 여자의 비율 여하가 통계에 상당한 영향을 미쳤을 것이라고 생각된다.

10. 사제 · 장유(長幼) 및 예의 일반에 관한 의견

10의 1 : 제49문항에서 제55문항에 이르는 일곱 문항은 사제 및 장유의 예를 비롯한 여러 가지 예절에 관한 것들이다. 그 중 제49문항은 사제관계에 관한 것으로서 다음과 같은 명제를 문제 삼는다.

49. 학생이 선생에게 질문을 할 때, 스승의 실력을 테스트하자는 생각이 있다면, 그것은 잘못이다.

『맹자』에 다음과 같은 구절이 있다.

> 공도자가 묻기를, "등(滕)나라 임금의 동생인 등경(滕更)이 선생님 문하에 와 있음에 대하여는 상당한 예로써 대접해야 할 것 같사온대, 그에게 대답해 주지 않으심은 무슨 까닭이십니까?" 하였을 때, 맹자는 다음과 같이 대답하였다. "자기의 높은 지위를 믿고 묻거나, 자기의 현재(賢才)를 믿고 묻거나, 자기가 나이 많음을 믿고 묻거나, 자기가 나라에 공로가 있다는 것을 믿고 묻거나, 안면이 두터움을 믿고 묻는다면 [그것은 스승을 존경하는 성의가 없는 것이니] 대답해 주지 않는다. 그런데 등경에게는 위에 말한 것 가운데 두 가지를 가지고 있었다."(公都子曰, 滕更之在門也, 若在所禮而不答, 何也. 孟子曰, 挾貴而問, 挾賢而問, 挾長而問, 挾有勳勞而問, 挾故而問, 皆所不答也. 滕更, 有二焉.)[77]

위에 인용한 맹자의 말씀은, 제자가 물을 때에는 반드시 스승에 대한 존경의 태도를 잃어서는 안 된다는 것을 밝히고 있다. 제자가 물을 때 취해서는 안 될 태도로서 맹자가 열거한 것 가운데, 스승을 테스트하는 태도는 말하지 않았으나 그것은 분명히 스승을 존경하는 태도가 아니니, 시인할 수 없는 태도임에 의

---

77 『孟子』盡心章句 上, 滕更左門章 第四十三.

심의 여지가 없다.

오늘날 학교교육에 있어서의 교사와 학생의 관계는 옛날 서당에 있어서의 사제관계와는 상당한 차이가 있다. 학생의 수가 많아서 선생과의 깊은 접촉이 어려우며, 사상 내지 인격 전반에 걸친 사제의 관계라기보다도 어떤 전문적 지식에 관한 사제관계인 까닭에, 현대의 교사와 학생 사이에는 옛날 같은 깊은 존경이나 애정이 생기기 어려운 사정이 있다. 더욱이 현대는 시대의 움직임이 빠른 까닭에 신구 세대 사이에 가치관의 불일치가 생기기 쉬우며, 따라서 제자가 스승에 대하여 존경심을 갖지 못할 경우가 적지 않다.

위에 말한 바와 같은 사제관계의 새로운 국면을 염두에 두고 제49문항을 만든 것이거니와, 선생을 테스트하려는 의도로 질문을 할 때 그것은 선생에 대한 존경심의 결여를 의미하는 것이라는 전제가 이 문항의 또 하나의 배경을 이루고 있다.

교사에게 질문을 던질 때, 무엇을 배우기 위해서가 아니라, 그 교사를 꺾어보려는 의도가 더 강할 경우가 적지 않으며, 우리의 제49문항은 그러한 질문의 태도가 옳으냐 그르냐를 물은 것이다. 이 문항이 얻은 응답의 숫자는 다음 [표 49]에 나타난 바와 같다.

[표 49] No.1

	남녀별				문과·이과별				전 체	
	남 자		여 자		문 과		이 과		총 원	
	명	%	명	%	명	%	명	%	명	%
그렇다	633	67.5	470	62.3	553	64.0	550	66.4	1,103	65.2
아니다	254	27.1	249	33.0	265	30.7	238	28.8	503	29.7
모르겠다	51	5.4	35	4.7	46	5.3	40	4.8	86	5.1
계	938	100	754	100	864	100	828	100	1,692	100

[표 49] No.2

	가정의 수입 등급별						성장지의 도시 · 농촌별					
	상 급		중 급		하 급		서 울		지방도시		농어촌	
	명	%	명	%	명	%	명	%	명	%	명	%
그렇다	374	66.2	543	65.3	138	66.7	335	64.7	322	66.0	399	66.7
아니다	161	28.5	244	29.3	60	29.0	155	29.9	144	29.5	171	28.6
모르겠다	30	5.3	45	5.4	9	4.3	28	5.4	22	4.5	28	4.7
계	565	100	832	100	207	100	518	100	488	100	598	100

위의 표 가운데 첫째 것을 보면, 전체의 통계에 있어서 '그렇다'가 65.2%
이고, '아니다'는 29.7%다. 여기에 '그렇다'라고 대답한 65.2%가 모두 '스승
은 존경해야 한다'는 신념에서 그렇게 대답한 것인지는 의문이다. 남을 테스
트한다는 것 자체가 잘못이라는 생각에서 그렇게 대답한 사람도 있을지 모
른다. 배움을 가장하고 남을 테스트한다는 것은 인격을 대하는 성실한 태도
가 아니기 때문이다. 그러나 30초 정도의 짧은 시간에 대답해야 하는 이 응
답에 있어서 거기까지 생각할 여유를 가진 사람은 사실상 많지 않을 것이며,
대개는 '스승에 대한 도리'라는 관념이 앞섰을 것이다. 그렇다면, 오늘날도
대학생의 대다수는 스승에 대한 존경심을 잊어서는 안 된다는 생각을 가졌
다고 보아야 할 것이다. 그렇지만, '존경해야 한다'는 당위의 관념이 바로 존
경심을 배출하는 것은 아니다. 스승 쪽에서 존경을 받을 수 있도록 처신할 필
요가 있는 것이며, 또 스승으로 하여금 존경을 받을 수 있게 하는 객관적 조
건도 마련되어야 할 것이다.

다음에 남녀별 통계를 보면, '아니다'가 남자에 있어서 27.1%이고 여자에
있어서는 33%로써, 여자의 경우가 6% 정도 높다. 그러나 이것으로 여자에
게는 스승을 존경해야 한다는 생각이 덜하다고 속단할 수는 없을 것 같다. 여
학생들 가운데는 아무런 악의도 없는 호기심에서 선생을 테스트해 보는 장

난꾼들이 많기 때문이다.

문과생과 이과생과의 비교에 있어서는, '그렇다'가 이과생에게 2.4% 높다. 그 수치의 차이는 얼마 안 되나, 선생을 비판적인 각도에서 보는 경향은 문과생에게 더 강하다는 것을 암시하는 것일지도 모르겠다.

둘째 표에 나타난 가정의 수입 등급별 통계에 있어서는 구분지에 따르는 차이가 거의 없다. 끝으로 성장지별의 통계에 있어서도 수치의 차이가 별로 나타나지 않고 있기는 하나, 대도시로 갈수록 '그렇다'의 비율이 약간 낮아지고 있다.

10의 2 : 우리의 제50문항도 스승에 대한 예의에 관한 것이다. 다만, 제시된 명제의 내용은 제49문항의 경우보다 약간 봉건적이다.

50. 스승 앞에서는 담배를 피우지 않는 것이 좋으며, 앉음앉음의 몸가짐까지도 조심해야 한다.

담배가 동양에 들어온 것은 비교적 가까운 과거의 일이니, 유가의 고전 가운데 흡연에 관한 말은 나오지 않을 것으로 아나, 우리나라에서 어른 앞에 담배를 피우지 않는 풍습이 유교적 관념에서 온 것임은 세상에 알려진 사실이다. 유가들은 어른 앞에서의 몸가짐을 매우 단정하게 요구했으며, 어른들 가운데도 부모와 스승 앞에서의 행동은 특히 조심해야 할 것으로 믿었다. 그리고 어른 앞에서 장죽을 빼무는 것은 버릇없는 짓이라고 여겼던 것이다. 어른 앞에서는 단정한 몸가짐을 해야 한다는 문헌적 기록의 예로서는 다음과 같은 것을 들 수 있을 것이다.

비로소 나이 열 살이 되었을 때, 매우 춥거나 덥거나 비가 많이 내리더라도, 종일토록 어른 곁에 모시고 서서, 앉으라는 명령이 내리기 전에는 앉지 않았다. … 평상시 집에 있을 때에도 부모와 장자(長者) 앞에서는 아무리 덥더라도 두건, 버선 … 을 벗는 일이 없었다.(甫十歲, 祁寒暑雨侍立終日, 不命之坐不敢坐也. … 平居雖甚熱, 在父母長者之側, 不得去巾襪 …)[78]

    필자가 어리던 시절만 하더라도, 마루 끝에 걸터앉거나 뒷짐을 지었다는 이유로 어른들의 걱정을 들은 일이 여러 번 있었다. 그러나 요즈음은 어른 앞에서의 행동이 훨씬 자유로워진 것으로 보인다. 옛날 같은 구속은 어른들도 요구하지 않거니와, 젊은이들도 어느 정도는 자유롭게 행동하는 것을 당연하다고 생각한다. 그러나 외국의 경우와 비교한다면, 아직도 우리나라 젊은이들의 행동은 비교적 조심성이 많은 편이다. 가령, 미국에서는 수업 시간에 학생들이 담배를 피우기도 하고, 발을 책상 위로 올려놓기도 하는 데 비하여, 한국의 대학생들은 사석에서도 교수 앞에서는 담배 피우기를 삼가는 사람이 많다. (물론, 모든 면에 있어서 한국 학생들이 더 조심성이 많은 것은 아니다. 예컨대, 한국의 대학생들은, 마치 극장에 출입할 때 하듯이, 수업 도중에 교실에 들어오기도 하고 교실 밖으로 나가기도 하지만, 이러한 광경은 외국에서는 별로 보지 못했다.)

    한국의 대학생들의 거동이 조심성 있는 것이 사실이라면, 그것은 대학생들 자신의 자율적 도덕관념에 의한 것일까, 또는 어른들의 요구가 그럴 것이라는 짐작에서 마지못해 자제하는 것일까? 이러한 의문의 배경을 가지고 제50문항은 만들어진 것이다. 이 문항이 얻은 응답은 다음 [표 50]과 같이 정리되었다.

---

78 「小學」外篇, 善行 第六, 實立敎篇, 第一章.

[표 50] No.1

	남녀별				문과·이과별				전 체	
	남 자		여 자		문 과		이 과		총 원	
	명	%	명	%	명	%	명	%	명	%
그렇다	673	71.8	674	89.4	708	81.9	639	77.2	1,347	79.6
아니다	232	24.7	67	8.9	140	16.2	159	19.2	299	17.7
모르겠다	33	3.5	13	1.7	16	1.9	30	3.6	46	2.7
계	938	100	754	100	864	100	828	100	1,692	100

[표 50] No.2

	가정의 수입 등급별						성장지의 도시·농촌별					
	상 급		중 급		하 급		서 울		지방도시		농어촌	
	명	%	명	%	명	%	명	%	명	%	명	%
그렇다	472	83.5	677	81.4	161	77.8	437	84.4	400	82.0	473	79.1
아니다	88	15.6	126	15.1	39	18.8	70	13.5	73	15.0	110	18.4
모르겠다	5	0.9	29	3.5	7	3.4	11	2.1	15	3.0	15	2.5
계	565	100	832	100	207	100	518	100	488	100	598	100

위의 표에서 우선 전체의 응답을 보면, '그렇다'가 79.6%에 달하는 절대다수이고, '아니다'는 17.7%에 불과하다. 스승 앞에서 함부로 버릇없는 몸가짐을 해서는 안 된다는 생각을 가지고 있는 대학생들이 의외로 많다는 사실이 밝혀진 셈이다. 여기서 '의외로'라고 말한 이유는, 요즈음 대학생들이 교수들을 대하는 태도가 실제에 있어서 그리 정중한 편이 아니라고 말하는 사람들이 많으며, 또 그러한 말을 뒷받침하는 듯한 행동을 가끔 목격하기 때문이다.

만약 스승 앞에서는 담배를 삼가고 몸가짐을 단정히 함으로써 경의(敬意)를 나타내야 한다고 생각하면서도 실제에 있어서는 교수 앞에서 경의를 나타내지 않는 대학생이 많이 있다면, 그것은 무엇을 의미하는 것일까? 마음속에서 옳다고 생각하는 바와 실제 행동 사이에는 대체로 차질이 생기기 쉽다는 일반론으로써 이 경우를 설명하기는 어려울 것이다. 왜냐하면, 어른 앞에서 담배를 잠시 참는다거나 앉음앉음을 똑바로 한다거나 또는 어른에게 경례를 하는 따위의 행동은, 그것이 해야 할 의무라고 생각하면서도 실천하기는 어려울 정도로 힘이 드는 행동은 아니기 때문이다. 따라서 그것은 대학생들이 가지고 있는 '스승'이라는 관념과 '자기가 배운 교수'라는 관념 사이에 거리가 있음에서 온 것이라고 보아야 할 것이다. 다시 말하면, 대학생들은 자기가 강의를 들은 교수라고 해서 그를 반드시 '스승'이라고는 생각하지 않는 까닭에, '스승은 존경해야 한다'고 믿으면서도 자기가 배운 교수에 대하여 결례를 하는 수가 있는 것이라고 해석되는 것이다.

어떤 교수의 강의를 듣는다는 것은 단순히 우연한 인연으로도 생길 수 있는 일이다. 내가 그의 강의를 들으리라는 자유의사의 발동이 없이도 수동적으로 어떤 교수의 강의에 참석하는 수가 있다. 그런 경우에 단순히 강의에 참석했다는 그 이유만으로 그 교수를 반드시 은사(恩師)로 받들어야 한다는 것은 불합리한 일이라고 생각하는 학생들도 있을 것이다. 그들은 자기가 강의와 지도를 받는 가운데 존경을 느끼고, 일생의 스승으로서 모시겠다는 결의가 생겼을 때, 비로소 사제의 도리와 의무가 생기는 것이라고 믿을지도 모른다. 여기서 우리는, 참된 스승이 되기 위하여 교사가 해야 할 일이 있고, 참된 스승을 발견하기 위하여 학생이 할 일이 있지 않을까 하는 생각을 갖게 된다.

다음에 남자와 여자의 응답을 비교하면, '그렇다'가 남자에게 71.8%이고 여자에게는 89.4%여서, 여자의 경우가 17.6%나 높은 비율을 나타내고 있음을 발견한다. 한국의 경우 여학생들은 대개 담배에 대한 욕구가 적으며, 일반적으로 선생을 대하는 태도가 남학생보다 공손하다는 사실을 연상하게 된다.

문과생과 이과생의 비교를 보면, 문과생의 '그렇다'가 이과생의 그것보다 4.7% 높다. 이 경우에는 도리어 이과생이 남자와 가까운 경향을 보여준 셈이다. 자연과학적 사고에 익숙한 이과생이 볼 때, 어른 앞에서 담배를 금하는 관습이 불합리한 것으로 느껴졌음에서 온 차이일지도 모른다.

다음에 둘째 표로 시선을 돌려서 가정의 수입 등급별에 따르는 통계를 보면, '그렇다'가 상급에서 중급 및 하급으로 갈수록 조금씩 줄어 가고 있다. 가세가 어려운 가정에서 대체로 더 자유로운 훈육을 하고 있는 것이 아닐까 추측되기도 하나, 결론을 내리기 전에 좀 더 새로운 각도의 조사가 필요할 것이다.

끝으로 성장지별을 따라 낸 통계를 보면, '그렇다'가 서울 출신에 가장 많고, 지방도시는 그보다 2.4% 적으며, 농어촌은 다시 지방도시보다 2.9% 낮은 비율을 나타내고 있다. 대도시 가정의 자녀일수록 자유로운 훈육을 받고 관습적 제약에 구애됨이 적지 않을까 한 추측을 뒤집고 나타난 숫자다. 신뢰할 수 있는 설명을 위해서는 가정교육의 실태에 관한 광범한 조사가 필요할 것이다.

10의 3 : 우리의 제51문항이 제시하는 명제는 다음과 같다.

51. 반항은 젊은이의 생명이다. 현대의 젊은이는 웃어른들을 대할 때 우선 반항하는 자세로 시작하여 차차 시비를 가릴 정도로 패기가 있어야 한다.

유교는 봉건사회를 배경으로 삼고 일어난 사상이며, 봉건사회의 질서를 위하여 가장 요구되는 것은 순종의 덕이다. 유가에게도 혁명을 시인하는 천명설(天命設)이 있기는 하나, 그것은 극히 특수한 경우에만 적용될 수 있는 이론이고, 원칙적으로는 하극상을 용납하지 않는 것이 유교의 가르침이다. 상위에 대한 반항을 배격한 구절로서는 『중용』에 보이는 다음과 같은 것을 인용할 수 있을 것이다.

윗자리에 있으면서는 아랫사람을 능욕하지 않고, 아랫자리에 있으면서는 윗사람에게 기어오르지 않는다. 자기를 바르게 하고 남에게 요구하지 않으면, 원망을 듣지 않는다.(在上位, 不陵下. 在下位, 不援上. 正己而不求於人, 則無怨.)[79]

그러므로 윗자리에 있어서는 교만하지 않고, 아랫사람이 되어서는 배반하지 않는다. 나라에 정도(正道)가 있으면 그가 하는 말이 윗사람을 일깨우기에 넉넉하고, 나라에 정도가 행하여지지 않으면 그가 잠자코 있음이 받아들여지기에 넉넉하다.(是故居上不驕, 爲下不倍. 國有道, 其言足以興, 國無道, 其默足以容.)[80]

한편, 서구 사조가 흘러들어 온 오늘날, 우리나라에 있어서도 반항을 일종의 미덕 — 용기라는 미덕의 으뜸가는 것 — 으로 보는 견해가 있는 것같이 보인다. 특히, 젊은 세대에 그러한 경향이 강한 듯한 인상을 받는다. 젊은 세대의 언어와 행동 가운데 기성세대에 대한 반발을 엿볼 수 있는 경우가 종종 있다. 그러면 오늘날 젊은이들이 보여주는 반항의 경향은 반항 그 자체에 의의를 인정하는 감정적 성질의 것일까, 또는 냉철한 이성의 사고로 뒷받침된 따위의 것일까? 도대체 반항의 정신을 귀중히 여기는 젊은이의 비율은 어느 정도나 되는 것일까? 이러한 관심을 배경으로 삼고 만들어진 것이 우리의 제51문항이다. 이 문항이 얻은 응답의 경향을 다음 [표 51]에 의하여 살펴보기로 하자.

---

79 『中庸』, 第十四章.
80 『中庸』, 第二十七章.

[표 51] No.1

	남녀별				문과·이과별				전 체	
	남 자		여 자		문 과		이 과		총 원	
	명	%	명	%	명	%	명	%	명	%
그 렇 다	155	16.5	84	11.1	133	15.4	106	12.8	239	14.1
아 니 다	736	78.5	634	84.1	686	79.4	684	82.6	1,370	81.0
모르겠다	47	5.0	36	4.8	45	5.2	38	4.6	83	4.9
계	938	100	754	100	864	100	828	100	1,692	100

[표 51] No.2

	가정의 수입 등급별						성장지의 도시·농촌별					
	상 급		중 급		하 급		서 울		지방도시		농어촌	
	명	%	명	%	명	%	명	%	명	%	명	%
그 렇 다	77	13.6	110	13.2	35	16.9	65	12.5	68	13.9	89	14.9
아 니 다	464	82.1	679	81.6	160	77.3	434	83.8	395	81.0	474	79.3
모르겠다	24	4.3	43	5.2	12	5.8	19	3.7	25	5.1	35	5.8
계	565	100	832	100	207	100	518	100	488	100	598	100

우선 첫째 표에 나타난 전체의 통계를 보면, '그렇다'는 14.1%밖에 되지 않고, '아니다'가 81%라는 높은 비율에 달하고 있다. 이는 오늘날 한국의 대학생들에게 반항적인 기풍이 있다 하더라도 그것은 반드시 지성을 잃은 맹목적인 반항이 아님을 말해 주는 것이라 하겠다. 다만, '그렇다'라고 대답한 14.1%의 경우는 상당히 과격한 요소를 지니고 있는 것으로 해석해야 할 것이다. 그러나 여기서 한 가지 참작할 필요가 있는 것은, 제51문항의 명제가 약간 유도적인 구절을 포함하고 있다는 사실이다. "반항은 젊은이의 생명"이라든지 "패기가 있어야 한다." 따위의 표현은 짧은 시간에 대답해야 할 질문서에 있어서 어떤 설득력을 발휘할 수도 있음직하다. 그것을 예측하고도 그러한 표현을 사용한 것은, 어떤 선동에 의하여 반항의 대열로 뛰어들 소질이 많은 사람들까지도 '그렇다' 쪽으로 유도하고, 확고한 신념을 가지고 부정

하는 사람들만을 '아니다'의 편으로 넣기 위해서였다.

다음에 남자와 여자를 비교해 보면, '아니다'가 남자에게 있어서는 78.5% 이고, 여자에게 있어서는 84.1%로써, 여자의 경우가 5.6% 높다. 이것은 우리나라 여성의 온순한 성격을 반영한 것이라고 볼 수 있을 것이다. 문과생과 이과생의 비교에 있어서는, '아니다'가 문과생에 79.4%, 이과생에 82.6%로 써, 이과생에게 온건한 경향이 약간 높음을 보이고 있다. 이것은 자연과학도의 냉철한 기질과 관계가 있을 것이다.

둘째 표에 나타난 가정의 수입 등급별 통계를 보면, '아니다'의 비율이 상급에서 하급으로 갈수록 줄어들고 있음을 보거니와, 상급과 중급은 거의 같고, 하급과 중급 사이에 4.3%의 차이가 벌어졌다.

끝으로 성장지별 통계에 있어서는, '아니다'가 서울에 가장 많고, 지방도시가 다음이며, 농어촌이 가장 적은 숫자를 보인다. 즉, 서울은 83.8%, 지방도시는 81%, 농어촌은 79.3%라는 숫자를 얻고 있다.

10의 4 : 우리의 제52문항은 좀 더 일반적인 문제를 다루고 있다. 그 명제는 다음과 같다.

52. 새 시대에는 새 시대에 적합한 풍습과 도덕이 있다고도 하지만, 우리는 역시 옛 풍습과 도덕 속에서 우리의 길을 찾아야 한다.

위의 명제는 그 표현이 추상적이기도 하거니와 내용에 있어서도 어려운 문제를 포함하고 있다. 이 명제가 주장하는 바의 핵심은, 참된 도덕은 아무리 시대가 바뀌어도 여전히 타당하다는 것, 즉 도덕원리가 보편적 타당성을 갖는다는 점에 있다. 그리고 또 한 가지 중요한 것은 우리들의 전통 속에서 그 보편타당성을 가진 도덕원리를 발견할 수 있다는 것을 이 명제가 암시하고 있다는 점이다.

오늘날 우리나라에 있어서 '새 모럴(moral)'이 요구되고 있다는 주장을 종종 듣는다. 그러나 그 '새 모럴'이 어떠한 윤곽을 가져야 한다는 것인지는 분명치 않다. 전통적 도덕의 원리를 그대로 놓아 두고 다만 지엽적인 응용의 면만을 고친 것도 '새 모럴'의 이름으로 부를 수 있을 것이요, 가치 체계의 근본적인 개조를 포함한 새로운 방향의 도덕도 '새 모럴'이라고 부를 수 있을 것인데, 그 어느 쪽을 일컫는 것인지조차도 확실치 않다. 우리의 제52문항은 전통적 도덕의 체계를 근본적으로 뜯어고쳐야 한다고 믿는 사람이 대학생들 가운데 어느 정도나 있는가를 살피기에 도움이 되기를 기대하고 만든 것이다.

새 시대와 전통적 도덕과의 관계를 고대의 유가들이 어떻게 보았는지에 관해서도 간단히 단정하기 어려운 바가 있다. 『논어』 술이편(述而篇) 첫머리에 나오는 다음의 구절은, 공자가 옛것과 전통을 매우 존중했다는 것을 입증하기에 충분할 것으로 보인다.

> 공자가 말씀하기를, "옛것을 전해 펴고, 새것을 만들어 내지 않으며, 옛것을 믿고 좋아한다. …"(子曰, 述而不作, 信而好古. …)[81]

여기서 공자가 '옛것'이라고 말한 것은 그의 이른바 '선왕지도(先王之道)'를 가리키는 것으로 해석되거니와, 공자는 거듭 선왕지도의 부흥을 역설했던 것이다. 그러나 『중용』의 다음 구절에 있어서는 '새 시대에는 새 시대의 길을 따라야 함'이 강조되고 있음을 본다.

> 공자가 말씀하기를, "어리석으면서 앞에 나서서 제가 하기를 좋아하고, 비천한 자리에 있으면서 권력을 휘둘러 제멋대로 하기를 좋아하며, 지금 세상에 살면서 옛 시대의 도(道)로 돌아가는 그러한 사람은 재앙이 그의 몸에 닥

쳐 올 것이다."(子曰, 愚而好自用, 賤而好自專, 生乎今之世, 反古之道. 如此 者, 烖及其身者也.)[82]

여기 "지금 세상에 살면서 옛 시대의 도(道)로 돌아가는 …" 이하에 있어 서, 공자는 분명히 시세(時勢)에 순응할 것을 주장하고 있다. 따라서 공자에 게 있어서 '선왕지도'를 부흥해야 한다는 주장과 "지금 세상에서는 지금 시 대의 도를 따라야 한다."는 주장을 어떻게 조화시키느냐는 문제가 여기에 일 어난다.

우리는 이 자리에서 위에 말한 문제를 충분히 고찰할 처지에 있지 않다. 다 만, 다음 두 가지 점만을 지적함으로써 그치고자 한다. 첫째는 공자가 자기 의 독창적 사상까지도 선왕에게 의탁한 것이며, 사실에 있어서는 글자 그대 로의 복고주의를 주장한 것은 아니라는 점이다. 둘째는 공자도 도(道)에 있 어서 불변하는 원리의 측면과 변동하는 응용의 측면을 나누어서 생각했을 것이라는 점이다. 즉, 불변의 원리를 '선왕지도'의 이름으로 지키면서, 새로 운 시대의 조류를 따라 그것을 임기응변으로 적용할 때, 그것은 옛 도(道)인 동시에 새로운 도라고도 부를 수 있다는 평범한 사실을 언급해 두고자 하는 것이다.

좌우간 우리는 제52문항에 대한 유가의 대답이 어떠할 것이냐는 물음에 대하여 간단 명료한 대답이 어려움을 인정하고, 우선 이 문항에 대한 대학생 들의 응답을 다음 [표 52]를 통하여 검토하기로 하자.

---

81 『論語』 卷之四, 述而, 第七, 一章.
82 『中庸』, 第二十八章.

[표 52] No.1

	남녀별				문과 · 이과별				전 체	
	남 자		여 자		문 과		이 과		총 원	
	명	%	명	%	명	%	명	%	명	%
그렇다	471	50.2	441	58.5	477	55.2	435	52.5	912	53.9
아니다	410	43.7	272	36.1	337	39.0	345	41.7	682	40.3
모르겠다	57	6.1	41	5.4	50	5.8	48	5.8	98	5.8
계	938	100	754	100	864	100	828	100	1,692	100

[표 52] No.2

	가정의 수입 등급별						성장지의 도시 · 농촌별					
	상 급		중 급		하 급		서 울		지방도시		농어촌	
	명	%	명	%	명	%	명	%	명	%	명	%
그렇다	316	55.9	474	57.0	121	58.5	338	65.2	268	54.9	305	51.0
아니다	213	37.7	313	37.6	75	36.2	153	29.6	185	37.9	263	44.0
모르겠다	36	6.4	45	5.4	11	5.3	27	5.2	35	7.2	30	5.0
계	565	100	832	100	207	100	518	100	488	100	598	100

첫 번째 표를 통하여 전체의 통계를 보면, '그렇다'가 53.9%로써 과반수를 차지하고 있으며, '아니다'는 40.3%에 달하고 있다. 여기서 대학생들이 우리의 전통에 대한 충분한 지식과 윤리학적 신념을 가지고 '그렇다' 또는 '아니다'라고 대답했으리라고는 생각되지 않는다. 다만, 막연한 인상과 직감적인 판단에 의하여 대답한 사람들이 대부분일 것이다.

그러므로 이 응답의 비율을 통하여 우리가 알 수 있는 것은, 대학생들의 윤리학적 신념이라기보다는 전통적 도덕에 대한 그들의 인상적인 반응이다. 우리는 위의 수치를 통하여 대학생들 가운데 아직도 전통적 가치를 존중하는 보수주의의 경향이 상당히 강하다는 것을 알 수 있다. 그리고 한편 '낡은 도덕'을 근본적으로 뜯어고쳐야 한다고 믿는 대학생도 상당히 많다는 것을 알 수 있다. 그러나 전통 속에서 길을 찾아야 한다고 믿는 사람들도 옛것을 그대로 묵수하자는 것은 아닐 것이며, 근본적으로 새로운 길을 모색해야 한다고 믿는 사람들도 전통 속에 간직할 만한 가치가 전혀 없다는 생각은 아닐 것이다. 요컨대, 결국은 정도의 문제이며, 찬성과 반대가 거의 반반으로 나누어진 숫자를 통하여, 우리는 전통적 도덕과 새 시대의 요구를 조화시키는 문제가 중요한 실천적 과제로서 육박하고 있음을 느낀다.

남자와 여자를 비교해 보면, '그렇다'가 남자에게는 50.2%이고 여자에게는 58.5%로써, 후자의 경우가 높은 비율을 나타내고 있다. 도덕의 문제에 관하여 일반적으로 여자에게 보수적 경향이 강하다는 것은 앞에서도 여러 번 밝혀진 사실이다.

문과생과 이과생의 비교에 있어서는 문과생의 '그렇다'가 약간 높은 비율을 보이고 있으나, 그 차이는 2.7%에 지나지 않는다.

두 번째 표를 통하여 가정의 수입 등급별 통계를 보면, 상급에서 하급으로 갈수록 '그렇다'의 비율이 조금씩 높아져 가고 있기는 하나, 그 수치의 차이는 극히 작다.

끝으로 성장지별에 따르는 통계를 보면, '그렇다'가 서울 출신에 65.2%, 지방도시 출신에 54.9%, 농어촌 출신에 51%로써, 어떤 경향이 지배하고 있는 것 같은 인상을 준다. 대도시일수록 외래의 문물이 많이 들어오는 까닭에 옛것을 물리치고 새것을 좇는 기풍이 심할 것 같기도 한데, 사실은 그와 반대라는 점이 주목을 끈다.

10의 5 : 우리의 제53문항은 복장에 관한 것을 다루었다. 이 문항의 명제는 다음과 같다.

53. 대학교수는 몸가짐이나 복장이 언제나 엄연해야 하는 까닭에, 강의 시간에는 아무리 덥더라도 넥타이에 양복 저고리를 입어야 하며, 아무리 춥더라도 외투를 벗어야 한다.

'예(禮)'의 존중은 유교의 한 특색이며, 그것으로부터 여러 가지 외형적 규범이 파생하였다. 그러한 외형적 규범의 하나로서 의관속대(衣冠束帶)에 관한 제약이 심했거니와, 다음의 인용은 우리의 제53문항과 직접 관련시켜서 생각할 수 있는 구절의 하나다.

> 안정선생호원(安定先生胡瑗)은 … 소주(蘇州)와 호주(胡州)의 학교 교수가 되었을 때, 교조와 규약에 엄중하여, 솔선수범으로 그것을 지켰다. 아무리 더위가 심하더라도 의관속대로 정장하여 종일토록 지냈으며, 그러한 자세로써 여러 제자를 대하였다.(安定先生胡瑗 … 及爲蘇湖二州敎授, 嚴條約以身先之. 雖大暑必公服終日, 以見諸生.)[83]

오늘날 한국에서 여름에는 간소한 복장이 일반적으로 사용되고 있으며, 겨울에는 난방장치가 제대로 되지 않은 관계로 실내에서도 외투를 입는 일이 많다. 그러한 가운데서도 대학교수들 중에는 여름에도 웃저고리를 벗지 않고, 엄동에도 교실에서는 외투를 입지 않는 사람이 간혹 있다. 혹은 웃저고리를 벗으면서 실례한다고 말하기도 하고, 또는 외투를 입은 채로 강의하겠다고 양해를 구하는 사람도 있다. 한마디로 말하면, 교실에서는 저고리를 벗지 않고 외투를 입지 않는 것이 바람직하다는 생각을 머리 한구석에 가지고 있는 사람들이 있다. 사소한 문제이기는 하나, 이러한 사태를 염두에 두고 만든 것이 우리의 제53문항이다. 이 문항에 대한 응답은 다음 [표 53]에 나타난 바와 같은 경향을 보이고 있다.

---

83 『小學』外篇, 善行 第六, 實立敎篇, 第四章.

[표 53]   No.1

	남녀별				문과 · 이과별				전 체	
	남 자		여 자		문 과		이 과		총 원	
	명	%	명	%	명	%	명	%	명	%
그 렇 다	139	14.8	135	17.9	144	16.7	130	15.7	274	16.2
아 니 다	786	83.8	607	80.5	713	82.5	680	82.1	1,393	82.3
모르겠다	13	1.4	12	1.6	7	0.8	18	2.2	25	1.5
계	938	100	754	100	864	100	828	100	1,692	100

[표 53]   No.2

	가정의 수입 등급별						성장지의 도시 · 농촌별					
	상 급		중 급		하 급		서 울		지방도시		농어촌	
	명	%	명	%	명	%	명	%	명	%	명	%
그 렇 다	111	19.6	110	13.2	39	18.8	70	13.5	87	17.8	103	17.2
아 니 다	442	78.3	710	85.3	168	81.2	436	84.2	394	80.8	490	82.0
모르겠다	12	2.1	12	1.5	0	0	12	2.3	7	1.4	5	0.8
계	565	100	832	100	207	100	518	100	488	100	598	100

　표의 첫째 것을 보면, 전체의 82.3%가 '아니다'로 대답하고 있으며, '그렇다'는 16.2%에 지나지 않는다. 복장 같은 것은 편리할 대로 하는 것이 좋으며, 지나치게 까다롭게 생각할 필요가 없다는 사람들이 대부분인 것이다. 이것으로 보더라도, 제52문항에 대한 응답에 나타난 "옛 풍습과 도덕 속에서 우리의 길을 찾아야 한다."는 다수의 의견도 옛것을 지엽에 이르기까지 그대로 지키자는 것이 아님을 알 수가 있다.

　다음에 남자와 여자를 비교해 보면, '그렇다'가 여자에게 3% 정도 많다는 것을 발견한다. 복장의 격식에 관해서 여자가 남자보다 까다롭다는 것은 이미 상식적인 사실이다. 다음에 문과생과 이과생의 비교에 있어서는 거의 차이가 없다.

　가정의 수입 등급별 통계에 있어서는 상급과 하급은 서로 거의 같고, 중급만이 비교적 '그렇다'가 적고 '아니다'가 많다. 중급에 자유주의의 경향이 많다는 것이 일반적인 관찰이거니와, 복장에 구애되지 않는 것이 옳다는 생각도 자유주의의 정신과 상통하는 바가 있는 것인지도 모르겠다.

끝으로 성장지별의 통계에 있어서는 '아니다'가 서울에 가장 많고, 지방도시에 가장 적다. 그러나 그 수치의 차이는 그리 큰 편이 아니다.

10의 6 : 우리의 제54문항은 약간 특수한 문제를 다루고 있다. 그 명제는 다음과 같다.

54. 아무리 일과가 바쁜 명사(名士)라 하더라도, 그가 받은 모든 편지에 대해서는 답장을 내는 것을 원칙으로 삼아야 한다.

도연명의 증조부요 진(晉)나라의 명신(名臣)인 도간(陶侃)은 광주(廣州) 및 형주(荊州)의 장관을 지냈다. 그 도간의 행적을 칭찬한 글 가운데 다음과 같은 구절이 있다.

> 간(侃)은 천성이 총민하여 관리의 직책을 부지런히 수행하고, … 원근(遠近)에서 온 편지에 대하여 자기 손으로 회답하지 않는 일이 없었다. … 친분이 두텁지 않은 사람들까지도 맞아들여 면회한 까닭에 문 밖에 기다리고 있는 손이 없었다.(侃性聰敏, 勤於吏職, … 遠近書疏, 莫不手答. … 引接疏遠, 門無停客.)[84]

---

84 『小學』 外篇, 善行 第六, 實敬身篇, 第六章.

이 인용으로 보면, 고관의 자리에 있으면서 받은 편지에 일일이 회답을 내고, 찾아온 사람들을 모두 접견하는 것을, 『소학』의 저자는 찬양할 만한 선행으로서 기록하고 있다는 것을 알 수 있다. 그리고 이것은 유가들이 일반적으로 동의하는 평가라고 보아서 틀리지 않을 것이다.

오늘날도 소위 명사라고 불리는 사람들은 많은 방문객과 편지와 전화를 받는다. 일과가 바쁜 사람으로서는 그들에게 모두 응답한다는 것은 상당한 괴로움이 될 수도 있을 것이다. 그래서 면회를 사절하고 전화를 받지 않는 것을 예사로 생각하는 사람들도 있다. 더욱이 편지에 답장을 낸다는 것은 크게 번거로운 일이어서 대개 그만두는 사람들이 많다. 우리는 이러한 '명사'들의 행동을 어떻게 평가할 것인가? 이러한 물음을 스스로 제기하면서 만들어 본 것이 제54문항이다.

편지에 답장을 낸다는 것은 면회에 응하거나 전화를 받는 일보다도 힘든 일이다. 우리 문항에서는 편지의 회답에 관한 것만을 물었으나, 면회나 전화에 관한 의견이 어떠하리라는 것은 편지의 회답에 관한 의견만 조사해도 대강 짐작이 가리라는 생각이 있었다.

편지에 대하여 회답을 내야 하느냐 안 내도 좋으냐는 문제는 받은 편지의 내용과 그것을 받았을 때의 사정 등에 따라 다를 것이며, 일률적으로 대답하기는 어려울 것이다. 그래서 우리의 문항에 있어서는 "답장을 내는 것을 원칙으로 삼아야 한다."는 표현을 씀으로써, 특수한 경우를 문제 삼는 것이 아니라, 일반적인 경우를 묻고 있음을 암시하였다.

이 제54문항이 얻은 응답은 다음 [표 54]에 나타난 바와 같은 경향을 보이고 있다.

[표 54] No.1

	남녀별				문과 · 이과별				전 체	
	남 자		여 자		문 과		이 과		총 원	
	명	%	명	%	명	%	명	%	명	%
그렇다	720	76.7	589	78.1	667	77.2	642	77.6	1,309	77.3
아니다	179	19.1	137	18.2	170	19.7	146	17.6	316	18.7
모르겠다	39	4.2	28	3.7	27	3.1	40	4.8	67	4.0
계	938	100	754	100	864	100	828	100	1,692	100

[표 54] No.2

	가정의 수입 등급별						성장지의 도시 · 농촌별					
	상 급		중 급		하 급		서 울		지방도시		농어촌	
	명	%	명	%	명	%	명	%	명	%	명	%
그렇다	450	79.7	641	77.1	157	75.8	415	80.1	382	78.3	451	75.4
아니다	94	16.6	155	18.6	45	21.8	82	15.8	85	17.4	127	21.2
모르겠다	21	3.7	36	4.3	5	2.4	21	4.1	21	4.3	20	3.4
계	565	100	832	100	207	100	518	100	488	100	598	100

　　첫째 표를 통하여 전체의 통계를 보면, '그렇다'가 77.3%의 절대다수를 차지하고 있으며, '아니다'는 18.7%밖에 되지 않는다. 이것은 아직 대학생이라는 신분을 가진 사람들의 응답이며, 따라서 명사라고 불리는 사람들의 처지를 충분히 고려하지 못하고 내린 판단일지도 모른다. 오늘날의 대학생들이 성장하여 자기 자신이 바쁜 일과에 쫓기면서 많은 편지에 회답해야 하는 위치에 서게 될 때에는 의견이 달라지리라는 것도 생각할 수 있는 일이다. 그러나 원칙의 문제로서 생각할 때 지위 여하에 따라 회답을 내야 할 사람과 안내도 좋을 사람의 구별이 있으리라고는 생각되지 않는 까닭에, 이것을 서신과 그 회답의 의무에 관한 대학생들의 객관적 여론이라고 보아도 좋을 것이다.

　　남녀별 및 문과 · 이과별 따르는 차이는 극히 작은 편이다. 회답을 내지 않아도 좋다는 의견이 여자보다는 남자에게, 그리고 이과생보다는 문과생에게 약간 많기는 하나, 그 숫자의 차이는 극히 작다.

다음에 둘째 표를 통하여 가정의 수입 등급별에 따르는 통계를 보기로 하자. '그렇다'가 하급에서 상급 쪽으로 갈수록 조금씩 늘어 가고 있음을 우리는 발견한다. 즉, 하급에 있어서는 75.8%, 중급에 있어서는 77.1%, 그리고 상급에 있어서는 79.7%의 비율을 보이고 있다.

끝으로 성장지별에 의한 통계를 보면, '그렇다'가 서울에 있어서 80.1%의 가장 높은 비율을 보이고 있으며, 다음은 지방도시의 78.3%, 그리고 농어촌에 있어서는 75.4%의 가장 낮은 비율을 나타내고 있다.

여자와 이과생에게 '그렇다'가 좀 많고 '아니다'가 약간 적은 것은 그들에게 흔히 볼 수 있는 차근차근한 성격과 관련시켜서 생각해 볼 수도 있음직하나, 상급 가정이나 대도시 출신에게 '그렇다'의 비율이 높은 것은 갑자기 이유를 생각하기 어려운 일이다. 다만, 한 가지 생각나는 것은 상급의 가정이나 대도시에 서구적인 생활양식과 합리적 사고방식이 더 많이 들어왔으리라는 점이다. 받은 편지에는 답장을 내야 한다는 생각은, 약속한 시간은 지켜야 한다는 생각이 그렇듯이, 서구 사회에 있어서 더 강한 것으로 관찰되기 때문이다.

10의 7 : 우리의 제55문항이 다루는 명제는 다음과 같은 것이다.

55. 삼복 더위에, 고등학교 상급반에 다니는 딸이나 같은 또래의 식모를 꺼려서, 집안에서도 웃통을 벗지 못하는 아버지는 낡은 도덕의 노예에 지나지 않는다.

의복의 예절에 관한 유가들의 생각은 매우 근엄한 것이었다. 몸을 편하게 하기 위하여 의관을 풀어 흐트리는 것은 용납될 수 없는 짓이었다. 이 점은 우리나라 과거의 양반계급이 가정에 있어서까지도 옷차림에 엄격했다는 사실만으로도 넉넉히 짐작할 수 있거니와, 문헌상의 언급으로서는 다음과 같은 구절을 인용할 수 있을 것이다.

> 왕응(王凝)은 평상시 집에 있을 때에도 매우 근엄하였다. 자손을 접견함에 있어서도 반드시 예복으로 대할 정도였다. 안방에 있어서까지도 예의 바름이 조정과 같았다.(王凝常居慄如也. 子孫, 非公服不見. 閨門之內, 若朝廷焉.)[85]

그런데 오늘날 한국인이 가지고 있는 의복의 예절에 관한 관념에는 유교의 그것과는 이질적인 요소가 섞여 있는 듯하다. 즉, 일본인들의 의복 생활의 영향이 상당히 뚜렷한 것으로 보인다. 일본은 동양의 한 국가이고 유교의 영향도 많이 받은 나라이지만, 그 서민들의 옷 입는 풍습은 매우 개방적이고 자유롭다. 예컨대, 남자는 계수나 며느리 앞에서 '훈도시'라는 수건 한 폭으로 몸 일부만 가리고 여름의 더위를 피한다. 여자의 경우도 한국에 비하면 매우 개방적이다. 일본인의 고유한 의상의 구조 자체가 개방적 성질을 가지고 있다.

한일합방을 계기로 일본 문화의 영향을 여러모로 받아 온 한국은 의복에 관한 습성에도 일본의 것이 많이 들어온 가운데 해방을 맞이했다. 짧은 바지에 러닝셔츠만 입고 한길에 나설 수 있는 자유가 남자에게 주어진 것은 그 한 예증이라 하겠다. 그러나 해방 뒤에는 미국적 풍습이 많이 흘러들어 왔다. 의복에 관하여 미국과 일본은 한 가지 대조적인 면을 가졌다. 일본은 남자의 옷차림에 관대함에 비하여 미국은 여자의 옷차림에 대하여 관대하다는 사실

---

85 「小學」外篇, 善行 第六, 實明倫篇, 第四十章.

이다. 미국에서는 남자의 노출은 그리 환영을 받지 못한다. 이상에 말한 바와 같이 여러 가지 이질적인 관습의 영향을 받은 한국인의 옷차림에 관한 관념은, 개인이 가진 사회적 배경을 따라 상당한 차이가 있지 않을까 생각되거니와, 그러한 예상을 염두에 두고, 우리의 제55문항은 남자가 가정 안에서 취하는 옷차림에 관하여 물어본 것이다. 이 문항이 얻은 응답의 경향은 다음 [표 55]와 같다.

[표 55] No.1

	남녀별				문과 · 이과별				전 체	
	남 자		여 자		문 과		이 과		총 원	
	명	%	명	%	명	%	명	%	명	%
그 렇 다	456	48.6	284	37.7	364	42.1	376	45.4	740	43.7
아 니 다	438	46.7	432	57.3	458	53.0	412	49.8	870	51.4
모르겠다	44	4.7	38	5.0	42	4.9	40	4.8	82	4.9
계	938	100	754	100	864	100	828	100	1,692	100

[표 55] No.2

	가정의 수입 등급별						성장지의 도시 · 농촌별					
	상 급		중 급		하 급		서 울		지방도시		농어촌	
	명	%	명	%	명	%	명	%	명	%	명	%
그 렇 다	240	42.5	355	42.7	95	45.9	214	41.3	211	42.2	265	44.3
아 니 다	307	53.3	426	51.2	103	49.8	280	54.1	246	50.4	310	51.8
모르겠다	18	3.2	51	6.1	9	4.3	24	4.6	31	6.4	23	2.9
계	565	100	832	100	207	100	518	100	488	100	598	100

표의 첫째 것을 살펴보면, 전체에 있어서 '그렇다'가 43.7%이고 '아니다'는 51.4%다. 찬반이 거의 반반으로 나누어진 데 비하면, '모르겠다'의 4.9%는 비율이 낮은 편이다. 즉, 이 제55문항은 사람들의 의견을 세력이 비슷한 두 진영으로 나누기는 하나, 사람들을 딜레마에 빠지게 하는 그러한 성질의

것은 아님을 알 수 있다. 위의 수치로써 우리가 짐작할 수 있는 것은, 남자가 가정에 있어서 갖추어야 할 옷차림에 관하여 한국은 오늘날 충분히 통일된 관습을 갖고 있지 않으며, 개인의 기질과 생활사를 따라, 혹은 엄격한 것을 택하고, 혹은 개방적인 것을 택한다는 사실이다.

이 문항에 관해서는 남자와 여자의 의견에 상당한 차이가 보인다. 즉, 남자는 '그렇다'가 48.6%이고 '아니다'는 46.7%인 데 비하여, 여자는 '그렇다'가 37.7%이고 '아니다'는 57.3%다. 이것은 '그렇다'에 있어서나 '아니다'에 있어서나 11% 정도의 차이가 있음을 말하는 것이니, 엄격한 옷차림을 요구함이 여자 대학생에게 현저히 강하다는 것을 의미한다.

남자의 '무례한' 옷차림에 대하여 여자가 더 민감한 것은 자연스러운 일일 뿐 아니라, 서구적인 남자의 에티켓을 환영함에 있어서 일반적으로 여자가 더 열광적임은 널리 알려진 사실이다.

문과와 이과의 비교에 있어서는, '그렇다'가 문과생에 42.1%, 이과생에 45.4%로써, 그 차이는 얼마 되지 않으나, 문과생의 의견이 좀 더 보수적인 편이다.

두 번째 표 가운데 나타난 가정의 수입 등급별에 의한 통계에 있어서는 구분지에 따르는 차이가 별로 없다. 다만, 상급과 하급을 비교할 때, 후자의 의견에 개방적 경향이 약간 강하다는 것을 인정할 수 있다.

구분지에 따르는 차이가 근소하기는 성장지별에 의한 통계에 있어서도 마찬가지다. 다만 여기에도 약간의 차이는 발견되니, 서울 출신과 농어촌 출신을 비교할 때, 후자에게 개방적 경향이 조금 더 강하다는 점이다.

11. 효도에 관한 의견

11의 1 : 제56문항에서 제62문항에 이르는 일곱 문항은 유교에서 가장 숭상하는 효도에 관한 것들이다. 그 첫째인 제56문항의 명제는 다음과 같다.

56. 젊은 사람은 대소사(大小事)를 막론하고 부모와 의논해서 할 것이며, 결코 자기 마음대로 해서는 안 된다.

부모의 명령에 복종함은 효도가 요구하는 근본적 규범의 하나다. 부모의 생존 시는 물론이요, 사후에도 3년 동안은 부모의 뜻을 어기지 않아야 비로소 효자라 할 수 있다고까지 주장한다. 부모의 뜻을 어기지 않기 위해서는 미리 부모의 뜻을 여쭈어 보아야 할 것이며, 그러기 위해서는 대소사를 막론하고 부모와 미리 상의해야 할 것이다. 우리는 『소학』 가운데 다음과 같은 구절을 발견한다.

> 사마온공이 말씀하기를, "무릇 모든 젊은이들은, 일의 대소를 막론하고, 제 마음대로 해서는 안 된다. 반드시 가장(家長)에게 의논하여, 그 지시를 받아야 한다."(司馬溫公曰, 凡諸卑幼, 事無大小, 毋得專行. 必咨稟於家長.)[86]

여기에 '젊은이들(卑幼)'은 부모의 명을 받들어야 한다고 말하고 있지만, 사마온공이 말한 '비유(卑幼)'는 반드시 철모르는 어린이를 말한 것이 아니다. 그것이 분별을 가진 성인까지도 가리키고 있음은 위에 인용한 구절 다음에 계속되는 말로도 명백하다. 즉, 온공은 이어서, 부모의 명령이 도리에 어긋났을 경우에는, 부드러운 안색과 음성으로 사리를 밝혀 말씀드리고, 그래도 부모가 듣지 않으면, 그 일이 크게 해롭지 않은 한 굽혀서 순종해야 한다고 가르치고 있는 것이다.

---

86 『小學』外篇, 嘉言 第五, 廣明倫篇, 第一章.

오늘날, 우리 사회에 있어서 부모와 자식 사이에 착잡한 감정의 교차가 생기는 것은 흔히 있는 일이다. 서로 사랑하는 자연의 정(情)이 있는 한편, 세대의 차이에서 오는 의견의 충돌도 있다. 부모는 자기의 이상에 어울리는 자식을 만들고자 원하며, 자식은 부모의 간섭을 벗어나서 독립하기를 소망한다. 따라서 부모에게 상의함이 없이 자기의 일은 자기 혼자 마음대로 처리하고 싶은 생각도 종종 일어남직한 일이다. 이런 경우에 끝내 부모에게 의논할 것 없이 제 마음대로 행동해도 그만이라고 생각하는 사람도 있을 것이며, 자식된 도리로서 역시 부모의 뜻을 물어야 한다고 생각하는 사람도 있을 것이다. 우리의 제56문항은 바로 이러한 가정 아래서 학생들의 의견을 물어보기로 한 것이다. 우리가 얻은 응답의 수치는 다음 [표 56]에 나타난 바와 같다.

[표 56] No.1

	남녀별				문과 · 이과별				전 체	
	남 자		여 자		문 과		이 과		총 원	
	명	%	명	%	명	%	명	%	명	%
그렇다	392	41.8	332	44.0	384	44.4	340	41.1	724	42.8
아니다	476	50.7	377	50.0	414	47.9	439	53.0	853	50.4
모르겠다	70	7.5	45	6.0	66	7.7	49	5.9	115	6.8
계	938	100	754	100	864	100	828	100	1,692	100

[표 56] No.2

	가정의 수입 등급별						성장지의 도시 · 농촌별					
	상 급		중 급		하 급		서 울		지방도시		농어촌	
	명	%	명	%	명	%	명	%	명	%	명	%
그렇다	254	45.0	339	40.7	91	44.0	191	36.9	210	43.0	283	47.3
아니다	282	49.9	425	51.1	105	50.7	294	56.7	238	48.8	280	46.8
모르겠다	29	5.1	68	8.2	11	5.3	33	6.4	40	8.2	35	5.9
계	565	100	832	100	207	100	518	100	488	100	598	100

첫째 표를 보면, 전체의 42.8%가 '그렇다'고 대답하였으며, 50.4%가 '아니다'라고 대답하고 있다. 찬반이 거의 반반으로 나누어지는 가운데 반대 쪽이 약간 우세함을 보이고 있는 셈이다. 일반적으로 부정이 긍정보다도 더 뚜렷한 신념의 표현이라는 점을 고려한다면, 부모의 뜻을 따라야 한다는 전통적인 관념에 대하여 반발하는 의견이 상당히 강한 세력을 이루고 있는 것으로 해석된다. 다만, 제56문항의 명제 가운데는 '대소사를 막론하고'와 '결코'라는 강한 표현이 사용되고 있으므로, 여기서 '아니다'라고 대답한 사람들이 반드시 부모의 뜻을 존중할 필요가 없다는 주장을 가진 사람들이라고는 생각되지 않는다. 그들 가운데는 "부모에게 상의할 일이 있고, 상의하지 않아도 좋을 일이 있다."고 보는 사람들이 많을 것이다. 그러나 부모의 의견에는 극히 특수한 경우를 빼고는 언제나 복종해야 한다는 유가들의 가르침을 그대로 받아들이기를 거부하는 사람이 많다는 것은 부인할 수 없다.

이 문항에 있어서 남자와 여자의 견해의 차이는 그리 크지 않은 편이다. '그렇다'에 있어서는 여자의 비율이 약간 높은 수치를 보이고 있으나, '아니다'에 있어서는 겨우 0.7%의 차이밖에 나지 않고 있다. 우리나라 여성의 기질과 그들의 일반적인 도덕관념으로 미루어 볼 때, 좀 더 많은 '그렇다'가 나올 것 같기도 한데 그렇지 않은 것은, 가정에서 여자들이 받는 제약이 남자의 경우보다 사실상 많다는 실정과 관계가 있을지도 모른다.

이과생과 문과생의 차이는 남녀의 그것보다 크다. '그렇다'로 보면 문과생의 비율이 3.3% 높고, '아니다'로 보면 이과생의 비율이 5.1% 높다. 경우에 따라서는 부모의 의견을 들을 필요 없이 마음대로 해도 좋다는 의견이 이과생들에게 강한 것이다.

둘째 표에 보이는 가정의 수입 등급별 통계에 있어서는, 구분지에 따르는 차이가 거의 없다. 다만 중급에 '그렇다'의 비율이 낮은 것이 눈에 뜨일 뿐, 그 밖에는 모두 비슷하다.

끝으로, 성장지별에 따르는 차이는 약간 큰 편이다. 즉, '그렇다'가 서울에는 36.9%, 지방도시에는 43%, 그리고 농어촌에는 47.3%로써, 서울과 농어촌의 차이가 10.4%에 달하고 있는 것이다. '그렇다'의 비율이 특히 서울에 있어서 낮은 이유는 분명히 알 수 없으나, 그것은 서울의 부모들에게 자녀에게 간섭하는 경향이 심하거나, 그렇지 않으면 서울의 자녀들에게 서구적인 자유주의가 더 많이 침투했기 때문일 것이다.

11의 2 : 제56문항이 효도를 강조하는 것이었던 것과는 반대로, 제57문항은 효도를 부정하는 성질의 것이다. 제57문항의 명제는 다음과 같다.

57. 부모는 자식을 위해서 자식을 낳지 않았으며, 부모가 자식을 사랑하는 것은 사람이 개나 고양이를 사랑하는 심리와 비슷하다. 따라서, 자식이 부모에게 특히 효도할 이유는 없다.

공자는 "부모에 대한 효성과 형제간의 우애는 인(仁)을 실천하는 근본이다 (孝悌也者 其爲仁之本與)."라고까지 말씀하였다.[87] 효도의 중요성을 강조한 구절은 그 밖에도 많이 있지만, 부모에게 효성을 다해야 할 이유에 관해서는 그리 자주 말하고 있지 않다.

효도가 인격 양성과 사회질서를 위한 근본임을 강조하여 그 효과를 크게 논하고 있기도 하다. 그러나 그러한 효과를 위한 단순한 수단으로서 효도가 숭상된 것이 아니라, 효도 그 자체를 본래적인 가치로 보는 것이 유가의 신념이겠거니와, 부모에게 효성을 다해야 하는 그 이유에 대해서는 비교적 언급이 적다. 언급이 적은 이유는 언급할 필요조차 없이 자명하다는 데 있을 것이

---

87 『論語』卷之一, 學而, 第一, 二章.

며, 그것이 자명한 이유는 효도가 '인간의 도리'라고 보았기 때문일 것이다. 그러나 구태여 효도의 이유를 묻는다면, 아마 부모의 은혜를 말할 것이다. 부모가 나를 낳아 주고 길러 준 은공은 모든 효도를 역설하는 사람들을 위한 상식적인 이유가 아닐 수 없다.

효도의 중요성을 강조한 점은 맹자도 공자와 다를 바가 없다. 다음의 인용은 맹자가 효도를 강조한 구절의 하나다.

섬기는 일 가운데 무엇이 가장 큰가 하면 어버이를 섬기는 일이 가장 크고, 지키는 일 가운데 무엇이 가장 큰가 하면 자기 자신을 지키는 일이 가장 크다.(事孰爲大, 事親爲大. 守孰爲大, 守身爲大.)[88]

맹자도 여기서 자식이 효도의 의무를 갖는 이유를 설명하지는 않았으나 만약 그 이유를 밝히도록 요구한다면, 역시 낳고 기른 어버이의 은공을 큰 이유로서 언급하지 않을 수 없을 것이다. 왜냐하면, 효도는 노력을 요하는 의무이며, 단순한 자연지정(自然之情)을 기초로 삼는 것이 아니기 때문이다.

그러나 요즈음, 자식을 낳아서 기르는 부모의 행동이 부모들 자신을 위한 이기심의 결과이며, 자식으로서 특히 고맙게 여길 이유가 없다는 말을 하는 사람이 일부에 있다. 이것은 효도의 근거를 근본적으로 부정하는 주장이거니와, 그러나 그러한 주장에 찬동하는 사람이 어느 정도나 있는지는 밝혀지지 않았다. 여기에 시험 삼아 이것을 학생들에게 물어보기로 한 것이다. 제 57문항에 대한 응답의 경향은 다음 [표 57]이 보여주는 바와 같다.

---

88 『孟子』離婁章句 上, 曾子養曾晳章 第十九.

[표 57] No.1

	남녀별				문과·이과별				전 체	
	남 자		여 자		문 과		이 과		총 원	
	명	%	명	%	명	%	명	%	명	%
그 렇 다	54	5.8	45	6.0	42	4.9	57	6.9	99	5.9
아 니 다	850	90.6	682	90.4	790	91.4	742	89.6	1,532	90.5
모르겠다	34	3.6	27	3.6	32	3.7	29	3.5	61	3.6
계	938	100	754	100	864	100	828	100	1,692	100

[표 57] No.2

	가정의 수입 등급별						성장지의 도시·농촌별					
	상 급		중 급		하 급		서 울		지방도시		농어촌	
	명	%	명	%	명	%	명	%	명	%	명	%
그 렇 다	32	5.7	55	6.6	12	5.8	25	4.8	39	8.0	35	5.9
아 니 다	515	91.1	745	89.6	187	90.3	464	89.6	437	89.5	546	91.3
모르겠다	18	3.2	32	3.8	8	3.9	29	5.6	12	2.5	17	2.8
계	565	100	832	100	207	100	518	100	488	100	598	100

우선 전체 통계를 보았을 때, '그렇다'는 5.9%밖에 안 되고, '아니다'가 90.5%의 절대다수다. 부모가 자식을 낳은 것도 키우느라고 애쓰는 것도 모두 부모들 자신을 위한 것이며, 따라서 자식으로서는 특히 부모의 은혜를 느낄 이유가 없다는 극단적인 생각을 가진 대학생은 다행히도 별로 없다는 것을 알게 된 셈이다. 여기서도 어떤 괴팍스러운 사상에 경솔히 딸려 가지 않고, 냉철히 사리를 판단하는 대학생들의 지성의 일면을 본다.

남녀별에 따르는 차이는 거의 없고, 문과·이과별에 따르는 차이도 그리 크지 않다. 다만, 효도의 이유를 부정하는 경향이 이과생에게 2% 많음을 볼 뿐이다.

가정의 수입 등급별에 따르는 차이도 거의 없다. 끝으로 성장지별에 따르는 통계에 있어서는 '그렇다'의 비율이 지방도시에 약간 높은 것이 눈에 뜨이나, '아니다'의 비율에는 거의 차이가 없다.

11의 3 : 우리의 제58문항은 자기보다 한 세대 위에 있는 부모와 한 세대 아래 있는 자녀를 비교할 때, 자기로서는 어느 쪽을 더 소중히 여겨야 하느냐는 문제다. 이 문항의 명제는 다음과 같다.

58. 부모와 자식이 모두 소중하지만, 그 가운데 어느 쪽을 더 위해야 하느냐는 문제에 부딪칠 때에는 자식을 우선적으로 위하는 것이 옳다.

『맹자』에 다음과 같은 말이 있다.

> 세상에서 말하는 불효에 다섯 가지가 있다. … 재물을 좋아하고 처자와의 애정에 빠져서 부모의 봉양을 돌보지 않는 것은 불효의 셋째 것이다.(世俗所謂不孝者五. … 好貨財, 私妻子, 不顧父母之養, 三不孝也.)[89]

이것은 맹자가 불효라는 비평을 받고 있는 광장(匡章)과 상종하는 것을 이상하게 생각하고 그 이유를 물은 공도자(公都子)에게 대답한 말 가운데 나오는 한 구절이다.

이 말에 이어서 맹자는, 광장이 그 부친에 대한 죄를 씻기 위하여 아내를 내쫓고 자식을 버려서 종신토록 처자의 재미를 단념했다는 사실을 지적함으로써, 광장을 위한 변명으로 삼고 있다. 이것으로 보면, 부모를 위해서는 처자를 희생해도 좋다는 생각이 유교에 있음을 알 수 있다. 사실 우리나라에 있어서도 어머니가 싫어한다는 단순한 이유만으로 아내를 친정으로 돌려보낸

---

89 『孟子』離婁章句 下, 匡章章 第三十.

사람들이 있었다. 따라서 우리의 제58문항에 대해서는 '아니다'라고 대답하는 것이 유교 본래의 견지가 아닐 수 없다.

유교의 가르침을 따라 자식보다도 부모를 더 위해야 한다고 생각하면서도, 실제에 있어서는 자식을 더 소중히 여긴 사람들이 옛날에도 있었을 것이다. 그러나 그들도 관념상으로는 부모를 더 위해야 한다고 믿었을 것이며, 자기가 한 일에 대하여 잘못을 뉘우치는 순간도 있었을 것이다. 그런데 요즈음은 자식을 더 소중히 여기는 것이 오히려 당연하다고 믿는 사람들도 있는 것 같다. 발전하는 사회에 있어서는 자라나는 새 세대를 키우는 데 더 많은 힘을 기울여야 한다는 이론적 근거까지 제시하는 사람도 있다. 이러한 생각의 출발은 아마 서구에 있었을 것이며, 서구 사조의 전반적인 유입을 계기로 그것이 우리나라에도 들어왔을 것이다. 여하간 지금 우리나라에 있어서 부모의 절대적 중요성에 대한 생각이 차차 흔들려 가고 있음에는 의심의 여지가 없다.

우리의 제58문항은 위에 말한 바와 같은 실정을 염두에 두고 만든 것이며, 이에 관한 대학생들의 생각을 알아보기 위한 것이다. 이 문항이 얻은 응답은 다음 [표 58]에 나타난 바와 같은 경향을 보였다.

[표 58] No.1

	남녀별				문과 · 이과별				전 체	
	남 자		여 자		문 과		이 과		총 원	
	명	%	명	%	명	%	명	%	명	%
그 렇 다	209	22.3	204	27.1	212	24.5	201	24.3	413	24.4
아 니 다	472	50.3	335	44.4	416	48.2	391	47.2	807	47.7
모르겠다	257	27.4	215	28.5	236	27.3	236	28.5	472	27.9
계	938	100	754	100	864	100	828	100	1,692	100

[표 58] No.2

	가정의 수입 등급별						성장지의 도시·농촌별					
	상 급		중 급		하 급		서 울		지방도시		농어촌	
	명	%	명	%	명	%	명	%	명	%	명	%
그 렇 다	156	27.6	180	21.6	51	24.65	126	24.3	119	24.4	142	23.7
아 니 다	246	43.6	422	50.7	105	50.7	216	41.7	238	48.8	319	53.4
모르겠다	163	28.9	230	27.7	51	24.65	176	34.0	131	26.8	137	22.9
계	565	100	832	100	207	100	518	100	488	100	598	100

이 표의 내용을 살펴보면, 우선 전체에 있어서 '그렇다'가 24.4%이고 '아니다'는 47.7%이며, '모르겠다'는 사람들이 27.9%나 된다. 전통적인 도덕관념을 따라서, 자녀보다도 부모를 더 위해야 한다는 사람이 반수보다 좀 적으며, 나머지 52.3% 가운데서 그 반수 가량이 자녀를 더 위해야 한다고 믿었으며, 나머지 반수는 미처 결단을 내리지 못한 것이다. 이러한 숫자는 우리의 제58문항이 한국의 젊은이를 딜레마에 빠뜨리는 성질을 가지고 있음을 나타내는 것이며, 여기도 전통적인 가치와 새 시대의 요구 사이의 조화의 문제가 있음을 암시하는 것이라 하겠다.

다음에 남자와 여자를 비교해 보면, '그렇다'가 남자에게 22.3%, 여자에게 27.1%로써, 여자의 긍정이 5% 정도 높은 비율을 나타내고 있다. 여성의 강한 모성애가 반영된 결과가 아닌가 한다. 문과생과 이과생의 차이는 거의 없다.

가정의 수입 등급별에 의한 통계를 보면, 상급은 '그렇다'와 '모르겠다'의 비율이 다른 등급에 비해 높다. 그리고 '아니다'의 비율이 43.5%로써 다른 두 등급보다 7% 가량 낮다. 중급은 '그렇다'에 있어서 다른 등급에 비하여 가장 낮은 수치를 나타내고 있다. 하급은 '그렇다'에 있어서는 상급과 중급의 중간에 위치하며, '아니다'에 있어서는 중급과 같다. 요컨대, 중급과 하급은 비슷한 경향이며, 다만 상급에 있어서 '그렇다'가 좀 많고 '아니다'가 적은 특색을 보이고 있다. "가난한 집안에 효자가 난다."는 속담을 연상하게 된다.

성장지별에 있어서는, 우선 서울에 '아니다'가 적고, '모르겠다'가 유례없이 많은 것이 눈에 뜨인다. 그리고 농어촌에 '아니다'가 단연 많은 것도 주목된다. '아니다'로 서울과 농어촌을 비교하면, 후자가 12% 정도나 더 높은 비율을 보이고 있다. 가정생활에 있어서 농어촌 사람들의 도덕이 보수적 경향을 가졌다고 보는 일반 상식과 일치하는 셈이다.

11의 4 : 우리의 제58문항이 부모와 자녀의 중간에서 난처한 입장에 놓인 경우를 주제로 한 것이었음에 비하여, 제59문항은 어머니와 아내의 불화 가운데 놓인 남자의 처지를 주제로 삼은 것이다. 이 문항의 명제는 다음과 같다.

59. 어머니와 아내의 사이가 나쁠 때, 설령 정(情)은 아내에게 쏠리더라도, 이를 누르고 어머니 편에 서기를 노력할 의무가 있다.

위의 명제가 유가의 견지에서 볼 때 당연한 것임은 앞서 제58문항을 고찰할 때 인용한 광장에 관한 맹자의 말씀으로도 명백하다. 맹자는 또 다른 곳에서, 인간의 자연스러운 애정이 어릴 때는 부모에게로 향하다가 처자가 생기면 그리로 옮겨 간다는 심리적 사실을 지적하고, 그러한 자연스러운 경향을 넘어서서 종신토록 부모를 사모하는 것이 자식의 도리임을 암시하고 있다.

> 사람들은 어렸을 때는 부모를 사모하다가, 여자의 매력을 알게 되면 젊은 미인을 사모하고, 처자가 생기면 처자를 사랑하게 된다. … 그러나 큰 효자는 종신토록 부모를 사모하는 마음에 변함이 없다.(人少則慕父母, 知好色則慕少艾, 有妻子則慕妻子. … 大孝終身慕父母.)[90]

시어머니와 며느리의 갈등은 옛날부터 우리 사회에 흔히 있는 일이었다.

그리고 그러한 갈등이 있을 때면 자식은 어머니의 편에 서야 한다는 것이 종래의 관념이었고, 또 사실상 많은 며느리들이 불합리하게 희생된 일도 적지 않았다. 짧게 말해서, 시어머니와 맞선 며느리에게 승산은 거의 없는 것이 종래의 실정이었으며, 맞설 생각은 감히 하지도 못하고 오로지 복종만 했을 경우에도, 시어머니의 마음을 채우지 못하면 내쫓기는 신세가 되기 일쑤였다.

그러나 최근에 와서 사태는 많이 달라진 것 같다. 요즈음 젊은 며느리의 구박을 받는 시어머니의 이야기를 종종 듣는다. 이러한 변화의 배후에는 장가간 아들의 지지가 어머니로부터 아내에게로 옮겨 갔다는 사실이 있을 것이다. 장남은 으레 부모를 모셔야 하는 것이 우리나라 가족 도덕의 원칙이었지만, 이 원칙도 차차 무너져 가고 있는 것으로 보인다. 한마디로 말해서, 이젠 동정을 받아야 할 사람은 며느리가 아니라 늙은 부모라는 인상을 갖는다. 이러한 사태의 변동에는 외국의 풍조의 영향도 많을 것이거니와, 여기에도 또한 전통적인 것과 현대적인 것과의 갈등의 문제가 있음을 본다. 그리고 이러한 문제에 대한 관심이 우리의 제59문항을 위한 배경을 이루고 있다. 이 문항이 얻은 응답은 다음 [표 59]와 같이 정리되었다.

[표 59] No.1

	남녀별				문과 · 이과별				전 체	
	남 자		여 자		문 과		이 과		총 원	
	명	%	명	%	명	%	명	%	명	%
그렇다	575	61.3	423	56.1	527	61.0	471	56.9	998	59.0
아니다	203	21.6	222	29.4	205	23.7	220	26.6	425	25.1
모르겠다	160	17.1	109	14.5	132	15.3	137	16.5	269	15.9
계	938	100	754	100	864	100	828	100	1,692	100

---

90 『孟子』萬章章句 上, 大孝終身父母章 第一.

[표 59] No.2

	가정의 수입 등급별						성장지의 도시·농촌별					
	상 급		중 급		하 급		서 울		지방도시		농어촌	
	명	%	명	%	명	%	명	%	명	%	명	%
그 렇 다	335	59.3	492	59.2	116	56.1	291	56.2	301	61.7	351	58.7
아 니 다	140	24.8	205	24.6	58	28.0	138	26.6	121	24.8	144	24.1
모르겠다	90	15.9	135	16.2	33	15.9	89	17.2	66	13.5	103	17.2
계	565	100	832	100	207	100	518	100	488	100	598	100

우선 첫째 표를 보면, 전체의 59%가 '그렇다'라고 대답하였으며, '아니다'가 25.1%, 그리고 '모르겠다'도 15.9%라는 비교적 높은 비율이다. 가령, 미국인에게 같은 문항을 제시했다면, 모르긴 하나, '아니다'가 훨씬 높은 비율을 차지하지 않을까 상상되는 동시에, 우리나라 사람들의 도덕관념 가운데 효의 관념이 차지하는 비중을 새삼 느끼지 않을 수 없다. '모르겠다'가 많은 것은 역시 이 문제가 우리를 딜레마에 빠뜨리는 요인을 숨기고 있기 때문일 것이다.

남자와 여자를 비교할 때, '아니다'가 남자는 21.6%이고, 여자는 29.4%로써, 여자의 경우가 8% 가까이 높은 비율을 보이고 있다. 이것은 여대생들이 아직 젊은 나이인 까닭에, 자기 자신을 시어머니의 자리보다도 며느리의 자리에 놓고 생각하기가 쉽다는 심리적 사실과 관계가 있을 것이다. 그러나 여자도 역시 '그렇다'가 56.1%라는 압도적 숫자를 차지하고 있음을 볼 때, 효도의 사상이 깊이 뿌리박고 있음을 느낀다.

문과생과 이과생을 비교하면 '그렇다'가 문과생에게 약 4% 높게 나타나고 있다. 전통적인 것에 대한 애착이 이과생에게 일반적으로 약하다는 가설을 가져보고 싶기도 하나, 단정을 내리기에는 4%란 너무나 작은 수치다.

둘째 표에 나오는 가정의 수입 등급별 통계를 보면, 상급과 중급 사이에는 거의 차이가 없고, 하급에 '그렇다'의 비율이 좀 낮은 동시에 '아니다'의 비율이 약간 높다는 것을 발견할 뿐이다.

끝으로 성장지별에 의한 통계에 있어서도, 구분지에 따르는 차이는 그리 뚜렷하지 않다는 사실을 발견한다. '아니다'로 보면, 서울의 비율이 약간 높을 뿐, 전체로서는 거의 비슷한 숫자를 나타내고 있다. '그렇다'의 백분비율로 보면, 비율이 가장 낮은 서울과 가장 높은 지방도시 사이에는 5.5%의 차이가 있다. 그러나 그 차이의 원인을 말하기는 극히 어려울 것으로 보인다.

11의 5 : 우리의 제60문항의 명제는 다음과 같다.

60. 늙은 부모를 두고 멀리 유학을 떠나는 것은 자식의 도리가 아니다.

이것은 『논어』에 나오는 구절을 거의 그대로 옮긴 것이다. 『논어』의 널리 알려진 말에 다음과 같은 것이 있다.

> 공자가 말씀하기를, "부모가 살아 계시면, 집을 떠나 멀리 가지 않는다. 만 부득이하여 집을 떠날 경우에는, 반드시 일정한 자리에 있음으로써, 부모가 자기의 소재를 알 수 있도록 한다."(子曰, 父母在, 不遠遊. 遊必有方.)[91]

유교의 가르침에 의하면, 자식은 항상 부모를 가까이 모시고 그 봉양에 힘써야 하거니와, 특히 늙은 부모를 두고 멀리 집을 떠나서는 안 되는 것으로 되어 있다. 부모가 임종하는 순간에 그 자리에 있지 않으면 큰 불효라는 관념 때문에, 비록 여러 형제가 있어서 부모의 봉양을 할 사람이 넉넉하더라도, 집을 멀리 떠나서는 안 된다고 하는 모양이다. 그러나 오늘날 그러한 관념을

---

91 『論語』 卷之二, 里仁, 第四, 十九章.

묵수하는 사람은 아마 극히 적을 것이다. 부모가 걱정이 되어서 외국 유학을 포기한다는 이야기는 그리 흔하지 않다. 우리가 여기 이 문항을 삽입한 것은, 새로운 발견을 위해서라기보다는 이미 짐작되는 사실의 확인을 위한 것이다. 제60문항이 얻은 응답은 다음 [표 60]과 같은 수치를 보여주었다.

[표 60] No.1

	남녀별				문과·이과별				전 체	
	남 자		여 자		문 과		이 과		총 원	
	명	%	명	%	명	%	명	%	명	%
그 렇 다	93	9.9	60	8.0	87	10.1	66	8.0	153	9.0
아 니 다	780	83.2	649	86.0	722	83.5	707	85.4	1,429	84.5
모르겠다	65	6.9	45	6.0	55	6.4	55	6.6	110	6.5
계	938	100	754	100	864	100	828	100	1,692	100

[표 60] No.2

	가정의 수입 등급별						성장지의 도시·농촌별					
	상 급		중 급		하 급		서 울		지방도시		농어촌	
	명	%	명	%	명	%	명	%	명	%	명	%
그 렇 다	44	7.8	71	8.5	26	12.6	38	7.3	40	8.2	63	10.5
아 니 다	493	87.2	696	83.7	169	81.6	439	84.8	421	86.3	498	83.3
모르겠다	28	5.0	65	7.8	12	5.8	41	7.9	27	5.5	37	6.2
계	565	100	832	100	207	100	518	100	488	100	598	100

우선 전체에 있어서, '그렇다'는 9%밖에 되지 않으며, '아니다'가 84.5%라는 압도적 비율을 차지하고 있다. 효도에 대한 관념이 매우 강하게 남아 있기는 하지만, 옛날처럼 부모의 곁에 늘 붙어 있어야 한다고 생각하는 사람은 적은 것이다. 여기서도 유가 사상 가운데서 그 근본정신에는 찬성하면서도 그 구체적 규범에 대하여는 비판적 태도를 취하는 학생들의 분별을 볼 수 있다.

남자와 여자를 비교하면 '아니다'가 여자에게 더욱 많다. 우리나라에서는 부모의 노후를 봉양하는 책임이 아들에게 있다는 관습이 반영된 것으로 볼 수 있을 것이다.

문과생과 이과생과의 비교에 있어서는 문과생이 좀 더 보수적이다. 이것은 제59문항에서 "아내에 대한 정을 누르고 어머니의 편에 서야 한다."는 생각에 찬동한 사람이 문과생에 많았던 것과 일치하는 경향이라 하겠으며, 이런 문제에 관해서 이과생들이 일반적으로 더 냉정한 것이 아닌가 생각된다.

다음에 가정의 수입 등급별에 의한 통계를 살피면, 하급에서 상급으로 갈수록 '아니다'의 비율이 조금씩 높아지고 있음을 발견한다.

끝으로 성장지별에 의한 통계를 보면, 여기에도 구분지에 따르는 차이는 별로 없음을 알게 된다. 다만, 농어촌의 경우에 '그렇다'가 조금 많은 것이 눈에 뜨인다.

11의 6 : 우리의 제61문항의 명제는 다음과 같다.

61. 아들을 낳지 못하여 가계(家系)의 대(代)가 끊기게 하는 것은 조상에게 대하여 죄송스러운 일이다.

유가에서는 전통적으로 가계의 영속을 매우 중요시하며, 가계는 반드시 남자로 잇기 마련이었던 까닭에, 아들을 낳지 못하는 것을 불효 가운데서도 큰 것이라고 보았다. 이 점은 『맹자』의 다음 구절에도 명백히 드러나고 있다.

맹자가 말씀하기를, "불효에 세 가지가 있는데, 그 가운데서 가장 큰 불효는 뒤를 이을 아들이 없는 것이다. 순(舜)이 어버이에게 미리 말씀 드리지 않고 아내를 얻은 것은 뒤를 이을 아들이 없었기 때문이었다. 군자들은 (순의 동기가 후사를 얻기 위한 효성에 있었으므로) 미리 말씀드린 것이나 다름없다고 여긴다."(孟子曰, 不孝有三, 無後爲大. 舜不告而娶爲無後也. 君子以爲

猶告也.)[92]

가계의 계승을 중요시하고 아들 낳기를 열망하는 기풍은 우리 한국에 있어
서도 오랜 전통을 이루었다. 아내로서 아들을 낳지 못하는 것은 '칠거지악
(七去之惡)' 가운데 헤아려졌고, 정실(正室)이 아들을 못 낳으면 첩(妾)을 두
는 것이 당연하다고 인정한 것은 그리 멀지 않은 과거의 일이었다. 오늘날도,
비록 정도의 차이는 있으나, 아들을 중요시하는 관념은 상당히 강하며, 남존
여비의 사상과도 깊은 관련성을 가지고 우리의 일상생활에 적지 않은 영향을
미치고 있다. 그러나 아들 낳기를 원하는 경향은 유교적 전통의 고유한 특색
은 아니며, 유교에 있어서 고유한 것은 아들에 대한 소망이 효의 관념과 깊은
연결을 가지고 있다는 점에 있다.

우리의 제61문항의 요점도 아들에 대한 소망 그 자체를 물은 것이 아니라,
아들을 낳지 못함이 조상에게 대하여 죄스러운 일이라고 생각하는 유가의 관
념이 지금 대학생들에게 어느 정도 남아 있는가를 조사하고자 함에 있다. 우
리의 문항이 얻은 응답의 경향은 다음 [표 61]에 나타난 바와 같다.

[표 61]　No.1

	남녀별				문과 · 이과별				전 체	
	남 자		여 자		문 과		이 과		총 원	
	명	%	명	%	명	%	명	%	명	%
그렇다	233	24.8	156	20.7	208	24.1	181	21.8	389	23.0
아니다	620	66.1	540	71.6	579	67.0	581	70.2	1,160	68.6
모르겠다	85	9.1	58	7.7	77	8.9	66	8.0	143	8.4
계	938	100	754	100	864	100	828	100	1,692	100

---

92 『孟子』離婁章句上, 不孝有三章 第二十六.

제61수표   No.2

| | 가정의 수입 등급별 | | | | | | 성장지의 도시·농촌별 | | | | | |
| | 상 급 | | 중 급 | | 하 급 | | 서 울 | | 지방도시 | | 농어촌 | |
	명	%	명	%	명	%	명	%	명	%	명	%
그렇다	124	21.9	195	23.4	49	23.7	99	19.1	107	21.9	162	27.1
아니다	392	69.4	558	67.1	144	69.5	371	71.6	331	67.8	392	65.5
모르겠다	49	8.7	79	9.5	14	6.8	48	9.3	50	10.3	44	7.4
계	565	100	832	100	207	100	518	100	488	100	598	100

첫째 표를 따라 전체의 경향을 보면, '그렇다'는 23%이고 '아니다'가 68.6%의 다수를 차지하고 있다. 효도의 의무를 다하기 위해서도 아들은 필요하다고 생각하는 학생들이 4분의 1 가까이 있기는 하나, 대다수의 사람들은 그토록 보수적이 아니라는 것을 알 수가 있다.

남자와 여자를 비교하면, '아니다'가 남자에게는 66.1%이고 여자에게는 71.6%로써, 여자의 부정이 5.5% 더 많다. 남존여비의 관념에 대한 반발이 여자에게 더 강하다는 사실이 여기에도 반영된 것이라고 해석된다.

문과생과 이과생을 비교하면, '아니다'가 이과생에게 3.2% 높다. 이러한 문제에 관해서 자연과학도들에게 합리적 사고가 약간 강한 경향을 보이는 것은 이해하기 어렵지 않은 현상이다.

다음에 둘째 표를 살펴보면, 가정의 수입 등급별에 따르는 통계에는 이렇다 할 수치의 차이가 보이지 않는다. 그러나 성장지별에 의한 통계에는 그리 크지는 않으나 약간의 경향이 나타나고 있다. 즉, 아들을 중요시하는 보수적인 생각이 서울 출신에 가장 적고, 지방도시 및 농어촌으로 갈수록 많아진다는 것을 발견한다.

11의 7 : 우리의 제62문항은 결혼 문제에 대한 부모의 의사에 관한 것으로서 그 명제는 다음과 같다.

62. 부모가 정해 주는 혼처가 마음에 들지 않으면 일단 반대하는 것도 좋다. 그러나 부모가 끝까지 그 결혼을 고집한다면 역시 그 명령대로 하는 것이 옳다.

유교에서는 부모의 명령에는 원칙적으로 따라야 하는 것으로 되어 있다. 심지어는 부모의 뜻하는 바가 옳지 않을 경우일지라도 이에 함부로 반대해서는 안 된다. 『논어』의 다음 구절은 이 점을 분명히 밝혀 준다.

공자가 말씀하기를, "부모를 섬김에 있어서는 부드럽게 간(諫)해야 하며, 부모의 뜻이 자기의 간언(諫言)에 따르지 않음을 알았을 때는 다시 공경스러운 태도로 부모의 뜻을 어기지 않아야 한다."(子曰, 事父母幾諫, 見志不從, 又敬不違.)[93]

아버지가 돌아가신 뒤에 3년 동안 그분이 해오던 길을 바꾸지 않으면, 효자라 할 수 있다.(三年無改於父之道, 可謂孝矣.)[94]

위의 인용으로 알 수 있는 바와 같이, 만사에 있어서 부모의 뜻을 어겨서는 안 되는 것이라면, 결혼 문제에 있어서도 마땅히 부모의 명령대로 해야 하겠거니와, 『맹자』에는 특히 결혼 문제에 대한 언급이 있다. 즉, 주소(周霄)의 물음에 대답한 맹자의 말씀 가운데 다음과 같은 구절이 있다.

아들을 낳으면 장가를 보내고 싶으며, 딸을 낳으면 시집을 보내고 싶은 마

---

93 『論語』卷之二, 里仁, 第四, 十八章.
94 『論語』卷之二, 里仁, 第四, 二十章.

음은, 부모된 사람이 누구나 가지고 있는 심정이다. 그러나 부모의 명령을 기다리지 않고, 또 중매인의 소개도 없이, 저희들끼리 담구멍을 뚫고 서로 바라보며, 담을 뛰어 넘어 상종하는 것은, 부모나 나라 사람들이 모두 그것을 천하게 여긴다.(丈夫生而願爲之有室, 女子生而願爲之有家. 父母之心, 人皆有之. 不待父母之命, 媒妁之言, 鑽穴隙相窺, 踰墻相從, 則父母國人, 皆賤之.)[95]

오늘날, 공자나 맹자가 주장했듯이 부모의 명령에는 그 사리(事理) 여하를 막론하고 절대 복종해야 한다고 믿는 사람은 적으며, 특히 결혼 문제에 관해서는 누구보다도 당사자의 의견이 존중되어야 한다는 것은 젊은 세대의 일반적인 여론인 것으로 안다. 따라서 우리의 제62문항에 대한 응답이 대체로 어떻게 나오리라는 것은 상식적으로 예측할 수 있는 일이다. 다만, 이 문제에 관한 학생들의 견해의 분포를 정확한 숫자로써 기록해 두자는 취지에서 이 문항을 삽입한 것이다. 이 문항에 대한 응답의 통계적 결과는 다음 [표 62]에 나타난 바와 같다.

[표 62] No.1

	남녀별				문과·이과별				전 체	
	남 자		여 자		문 과		이 과		총 원	
	명	%	명	%	명	%	명	%	명	%
그렇다	90	9.6	86	11.4	94	10.9	82	9.9	176	10.4
아니다	800	85.3	598	79.3	720	83.3	678	81.9	1,398	82.6
모르겠다	48	5.1	70	9.3	50	5.8	68	8.2	118	7.0
계	938	100	754	100	864	100	828	100	1,692	100

95 『孟子』滕文公章句 下, 孔子三月無君章 第三.

[표 62] No.2

	가정의 수입 등급별						성장지의 도시·농촌별					
	상 급		중 급		하 급		서 울		지방도시		농어촌	
	명	%	명	%	명	%	명	%	명	%	명	%
그 렇 다	60	10.6	68	8.2	26	12.6	46	8.9	40	8.2	68	11.4
아 니 다	488	86.4	713	85.7	168	81.1	450	86.9	426	87.3	493	82.4
모르겠다	17	3.0	51	6.1	13	6.3	22	4.2	22	4.5	37	6.2
계	565	100	832	100	207	100	518	100	488	100	598	100

우선 첫째 표를 통하여 전체의 통계를 보면, '그렇다'는 10.4%밖에 되지 않고, '아니다'가 82.6%의 절대다수를 차지하고 있다. 자녀의 결혼 문제에 관하여 당사자의 의사는 무시하고 부모의 마음대로 결정하던 과거의 풍습을 정당하다고 보는 대학생의 수는 과연 얼마 되지 않음을 확인한 셈이다.

남자와 여자의 비교에 있어서는 여자가 약간 더 보수적이다. '그렇다'의 비율에 있어서는 2% 미만의 차이밖에 나타나지 않고 있으나, '아니다'의 비율에 있어서는 여자가 6.0% 정도 낮은 수치가 나타나고 있다.

문과생과 이과생의 비교에 있어서는 '그렇다'도 '아니다'도 문과생의 비율이 더 높은 수치를 나타내고 있는데, 이것은 '모르겠다'가 이과생에게 비교적 많음에서 온 것이며, 전체로 보면 결국 문과·이과별에 따르는 차이는 거의 없다는 해석이 성립될 것 같다.

다음에 둘째 표에 있어서도 특히 주목할 만한 수치의 비교는 발견되지 않는다. 가정의 수입 등급별에 의한 통계를 보면, 하급에 보수적 경향이 약간 강하다는 것밖에는 특기할 만한 것이 없으며, 성장지별에 의한 통계에 있어서도 농어촌 출신에게 보수성이 좀 강하다는 것밖에는 이렇다 할 만한 수치의 차이가 보이지 않는다.

12. 형제의 우애에 관한 의견

12의 1 : 우리의 제63문항은 형제의 우애에 관한 것이다. 여기서 제시된 명제는 다음과 같다.

63. 형제자매도 따지고 보면 남남끼리이며, 이해(利害)가 대립하는 경우가 많다. 형제자매간에도 서로 더 차지하려고 하는 것은 생존경쟁이 심한 오늘날 나무랄 수 없는 현상이다.

가족주의를 바탕으로 삼는 유교 사상에 있어서 형제나 자매의 관계를 극히 존중하는 것은 당연한 일이다. 때로는 형제의 사랑이 합리주의나 공정(公正)의 정신을 유린할 정도로까지 강조되기도 하였다. 예컨대, 『맹자』의 만장장구(萬章章句) 상(上)에 의하면, 순(舜)이 천자(天子)가 되었을 때, 그 이전에 악하게 굴던 사람들(共工, 三苗 등)을 모두 몰아냈으나, 그의 아우 상(象)만은 (형을 살해하고자 한 죄과에도 불구하고) 처벌하지 않고 도리어 유비(有痺)에 봉(封)하여 부귀하게 만든 것을, 맹자는 매우 잘한 일이라고 찬양하고 있다.[96] 또 『소학』에는 다음과 같은 이야기가 선행의 미담으로서 찬양되고 있다. 즉, 옛날 진(晉)나라의 등유(鄧攸)라는 사람은 전란을 당하여 피난을 가게 되었을 때, 자기의 아들과 동생의 아들을 데리고 떠났으나, 도중의 형편이 두 아이를 모두 데리고 갈 수는 도저히 없었다. 양자택일이 불가피함을 깨달은 등유는 마침내 자기의 아들은 버리고 동생의 아들만을 데리고 가기로 작정했다. 그 이유는, 동생은 이미 죽어서 그 후손을 볼 길이 끊겼으나, 자기는 앞으로도 다시 아들을 낳을 가능성이 있다는 데 있었다.[97]

---

96 『孟子』萬章章句 上, 封之有庫章 第三.
97 『小學』外篇, 善行 第六, 實明倫篇, 第二十七章.

아들과 조카를 차별하지 않을 정도로 형제의 우애가 깊어야 할 것으로 생각된 시대에 있어서, 형제가 재산상의 이해를 다툰다는 것은 물론 용납될 수 없는 일이었다. 대가족제도 아래서 형제들은 결혼 뒤에도 한지붕 밑에 사는 것이 보통이었으며, 만약 형과 아우의 아내들, 즉 동서들끼리 따로 살기를 주장하고 재산을 다투는 일이 있다면 집안의 큰 수치로 여겼다. 『소학』에는 다음과 같은 일화가 기록되어 있다.

> 무융은 어려서 아버지를 잃었다. 4형제가 있었는데 모두 재산가업을 공통으로 하였다. 4형제가 모두 장가를 들기에 이르러, 그 아내들이 각각 재산을 나누고 별거할 것을 주장했으며, 또 자주 언쟁하는 수가 있었다. 무융은 깊이 이것을 분개하고 탄식하며, 문을 닫고 들어앉아서 자기의 몸을 매질하면서 말하였다. "무융아, … 너는 어찌하여 네 집안 하나를 바로잡지 못하느냐?" 동생들과 계수들이 이것을 듣고 머리를 땅에 조아리고 사죄했으며, 마침내 태도를 고쳐서 화목하게 지냈다.(繆肜少孤. 兄弟四人 皆同財業. 及各取妻, 諸婦遂求分異, 又數有鬪爭之言. 肜深懷忿嘆, 乃掩戶自撾曰, 繆肜, … 奈何不能正其家乎. 弟及諸婦聞之, 悉叩頭謝罪, 遂更爲敦睦之行.)[98]

오늘날 우리나라에 있어서도 형제의 우애는 물론 숭상되고 있다. 그러나 옛날과는 사정이 매우 달라진 것 같다. 이미 대가족제도는 무너지고 결혼한 형제들은 따로따로 살림하는 것을 원칙으로 삼는다. 따라서 이해관계를 둘러싸고 형제나 자매가 음으로 양으로 대립하는 경우가 많다. 그뿐만 아니라, 새로운 사조로서의 서구적인 개인주의 내지 합리주의의 사상도 옛날과 같은

---

98 『小學』外篇, 善行 第六, 實明倫篇, 第二十四章.

형제의 정서적 결합을 그리 조장하는 편이 아니다. 이러한 실정을 염두에 두고, 오늘날 한국의 대학생들이 형제의 윤리를 어떻게 생각하는가를 특히 경제적 이해의 문제와 관련하여 조사하려는 것이, 우리의 제63문항의 의도다. 이 문항이 얻은 응답의 경향은 다음 [표 63]이 보여주는 바와 같다.

[표 63] No.1

	남녀별				문과 · 이과별				전 체	
	남 자		여 자		문 과		이 과		총 원	
	명	%	명	%	명	%	명	%	명	%
그 렇 다	319	34.0	378	50.1	346	40.0	351	42.4	697	41.2
아 니 다	557	59.4	331	43.9	465	53.8	423	52.1	888	52.5
모르겠다	62	6.6	45	6.0	53	6.2	54	6.5	107	6.3
계	938	100	754	100	864	100	828	100	1,692	100

[표 63] No.2

	가정의 수입 등급별						성장지의 도시 · 농촌별					
	상 급		중 급		하 급		서 울		지방도시		농어촌	
	명	%	명	%	명	%	명	%	명	%	명	%
그 렇 다	239	42.3	347	41.7	79	38.2	239	46.1	187	38.3	239	40.0
아 니 다	290	51.3	427	51.3	117	56.5	246	47.5	274	56.2	314	52.5
모르겠다	36	6.4	58	7.0	11	5.3	33	6.4	27	5.5	45	7.5
계	565	100	832	100	207	100	518	100	488	100	598	100

우선 첫째 표를 통하여 전체의 응답 통계를 보면, '그렇다'가 41.2%이고 '아니다'가 52.5%다. "형제자매간에도 서로 더 차지하려고 하는 것은 생존경쟁이 심한 오늘날 나무랄 수 없는 현상"이라고 생각하는 학생이 40%가 넘는 셈인데, 이것은 현대의 각박한 인심과 세태를 반영한 것으로 보인다. 그러나 형제의 우애에 관하여 순후한 전통을 지켜야 한다고 믿는 사람들이 아직도 과반수를 차지하고 있으며, 우리 문항의 표현이 약간 유도적이었음에

도 불구하고 이를 '아니다'라고 부정한 사람들이 그 정도로 많다는 것은, 가족 도덕의 전체적 주류는 지금도 전통을 배반하지 않고 있음을 말하는 것이라 하겠다.

남자와 여자 사이에 상당한 차이가 있음을 본다. 즉, '그렇다'가 남자에게 있어서는 34%인데 여자의 경우는 50.1%나 되어, 그 차이가 16.1%에 달한다. 동기간의 우애심이 여자에게 약간 희박한 것은 여자의 기질과도 관계가 있을 법한 일이나, 그보다도 경제문제에 관하여 주도권을 갖지 못한 여자의 사회적 지위 및 결혼하면 '출가외인'이 되어 버리는 우리나라의 가족제도에 더 깊은 원인이 있을 것이다.

문과생과 이과생의 비교에 있어서는 그 차이가 심하지 않다. 다만 '그렇다'가 문과생보다도 이과생에게 2.4% 더 많은데, 이것은 자연과학자의 냉정한 기질 및 합리주의적 사고의 경향과도 깊은 관련성을 가졌을 것으로 보인다.

다음에 둘째 표를 보면, 가정의 수입 등급별 통계에 있어서, 상급과 중급 사이에는 거의 차이가 없고, 하급에게 보수적 경향이 약간 강함을 볼 수 있다. 집안이 어려운 사람들이 도리어 우애만은 두터운 경우도 있을 것이며, 집안이 어려운 까닭에 이해를 초월하는 형제의 우애를 당위로서 더욱 요구하는 경우도 있을 것이다.

끝으로 성장지별 통계에 있어서는, 우선 서울에 '그렇다'가 비교적 많고 '아니다'가 비교적 적은 것이 눈에 뜨인다. 다음은 지방도시와 농어촌의 비교에 있어서, 농어촌보다도 지방도시에 보수성 내지 전통적 경향이 더 강하다는 사실이 주목을 끈다. 대도시인 서울에 인정의 각박한 경향이 더하다는 것은 이해하기 어렵지 않으나, 농어촌이 지방도시보다도 서울 인심에 가깝다는 것은 이해하기 어려운 점이다. 이것은 아마 농어촌 일반의 인심의 반영이라기보다도 농어촌 출신으로서 대학에까지 진학할 수 있는 사람들의 기질 내지 가풍을 반영하는 것이 아닐까 생각된다.

13. 부부의 도 및 부덕(婦德)에 관한 의견

13의 1 : 우리의 제64문항부터 제66문항에 이르는 세 문항은 부부의 도 및 부덕에 관한 것이다. 그 첫째인 제64문항의 명제는 다음과 같다.

64. 우리나라 풍습에 의하면, 남편은 아내에게 반말을 하고 아내는 남편에게 존대어를 쓴다. 그러나 앞으로는 다 같이 존대어를 쓰는 풍습을 기르도록 하는 것이 좋을 것이다.

『소학』 외편(外篇)에 다음과 같은 구절이 있다.

> 농공(龐公)은 평생 전원생활에 안주하고, 도회나 관부(官府)에 들어가는 일이 없었다. 그의 부처(夫妻)는 서로 존경하기를 마치 손님을 대하듯이 하였다.(龐公夫嘗入城府, 夫妻相敬如賓.)[99]

위의 인용 가운데는 부부 사이에 사용한 언어에 관하여는 직접 언급이 없으나, "존경하기를 마치 손님을 대하듯이" 한다는 태도로 미루어 볼 때, 쓰는 말도 공손하고 정중했으리라는 것을 짐작할 수가 있다. 그리고 우리나라에 있어서 남편이 아내에게 반말을 사용하게 된 것은 비교적 근래의 일이며, 조선시대 말엽까지만 하더라도 아내를 대할 때는 어느 정도 정중한 말을 써온 것으로 안다. 다시 말하면, 아내에게 소홀한 말을 쓰는 것은 유교 본래의 전통이 아니며, 도리어 유교 윤리의 해이에서 출발하여 일본 문화의 영향이 들어오면서부터 더욱 철저한 습관으로 굳어 버린 것으로 보인다.

---

99 『小學』外篇, 善行 第六, 同篇, 第三十七章.

여하간 오늘날 대부분의 한국 가정에 있어서 남편이 사용하는 언어와 아내가 사용하는 언어 사이에 존비의 차별이 있는 것은 일반적인 현상이며, 이것을 남존여비의 옛 질서의 유물이라고 볼 수 있다면, 이에 대하여 왈가왈부의 여지도 있음직한 일이다. 우리의 제64문항은 이러한 실정을 염두에 두고 만들어 본 것이며, 이에 대한 학생들의 응답은 다음 [표 64]에 나타난 바와 같은 경향을 보여주고 있다.

[표 64] No.1

	남녀별				문과 · 이과별				전 체	
	남 자		여 자		문 과		이 과		총 원	
	명	%	명	%	명	%	명	%	명	%
그 렇 다	747	79.7	601	79.7	690	79.9	658	79.5	1,348	79.6
아 니 다	157	16.7	108	14.3	137	15.8	128	15.4	265	15.7
모르겠다	34	3.6	45	6.0	37	4.3	42	5.1	79	4.7
계	938	100	754	100	864	100	828	100	1,692	100

[표 64] No.2

	가정의 수입 등급별						성장지의 도시 · 농촌별					
	상 급		중 급		하 급		서 울		지방도시		농어촌	
	명	%	명	%	명	%	명	%	명	%	명	%
그 렇 다	459	81.2	653	78.5	165	79.7	379	73.2	404	82.8	494	82.6
아 니 다	88	15.6	128	15.4	33	15.9	102	19.7	66	13.5	81	13.5
모르겠다	18	3.2	51	6.1	9	4.4	37	7.1	18	3.7	23	3.9
계	565	100	832	100	207	100	518	100	488	100	598	100

　우선 첫째 표를 통하여 전체의 통계를 보면, '그렇다'가 79.6%의 압도적 다수를 차지하고 있으며, '아니다'는 15.7%밖에 되지 않는다. 여기서 '아니다'라고 대답한 사람들도 반드시 남편은 아내에게 반말을 쓰는 현재의 풍습이 더 좋다는 의견만은 아닐 것이며, 그 중에는 부부가 다 같이 반말을 사용

함으로써 친근감을 더하는 서양의 풍습을 좋다고 여기는 사람들도 있을 것이다. 따라서 현재 우리가 하고 있는 그대로 남편과 아내가 서로 다른 언어를 사용하는 것이 좋다는 의견을 가진 사람은 매우 적다는 것이 판명된 셈이다.

남학생과 여학생의 비교에 있어서, '그렇다'가 남자에게도 79.7%이고 여자에게도 79.7%로써 같은 비율을 보이고 있다. '아니다'에 있어서 남자의 비율이 약간 높기는 하나, 남자만은 소홀한 언사를 쓰는 것이 좋다는 의견에 자기가 남자인 까닭에 찬성하는 사람은 거의 없는 셈이다. 문과생과 이과생의 차이는 더욱 작다. 결국, 오늘날 한국의 부부 사이에 볼 수 있는 불평등한 언어의 사용이 지양될 수 있다면 그것이 바람직하다고 보는 점에 있어서, 남녀별 또는 문과ㆍ이과별에 관계없이 대부분의 대학생들이 의견을 같이하고 있다는 것을 알게 된 것이다.

다음에 둘째 표로 시선을 돌리면, 여기서도 구분지에 따르는 응답의 차이는 매우 작음을 발견한다. 즉, 가정의 수입 등급별로 본 통계에 있어서는, '그렇다'의 비율이 상급에 약간 높다는 점을 제외하고는 별다른 수치의 차이를 찾아낼 수 없으며, 성장지별로 본 통계에 있어서는, 서울에 '그렇다'가 비교적 적고 '아니다'가 비교적 많다는 점을 제외한다면, 그 밖에는 별로 비율의 차이가 보이지 않는다. 서울에 '아니다'가 비교적 많은 것은 아마 내외간에 서로 존대어를 쓰는 것보다는 도리어 다 같이 반말을 사용하는 것이 현대적이라고 생각하는 사람이 많기 때문이 아닐까 생각된다.

13의 2 : 우리의 제65문항은 미망인의 재혼에 관한 것으로서 그 명제는 다음과 같다.

65. 과부가 된 여자는 자녀가 없더라도 재가(再嫁)하지 않는 것이 바람직한 일이다.

유교 사회에 있어서 부녀자에게 가장 큰 미덕은 '정절'이요, 열녀(烈女)는 두 지아비를 받들지 않는다는 것은 세상이 아는 상식이다. 열녀를 찬양한 설화는 우리나라에도 중국에도 수없이 많은데, 『소학』에 보이는 다음과 같은 이야기는 그 고전적인 것의 하나다.

조상(曹爽)의 종제(從弟)인 문숙(文叔)의 처는 … 이름을 영녀(令女)라고 불렀는데, 남편인 문숙이 일찍 세상을 떠났다. 삼년상이 지났을 때, 영녀는 자기가 나이 젊으며 아들이 없으므로, 친정에서는 반드시 자기를 데려다 재혼시키려 할 것이라고 걱정하여, 자기의 머리를 잘라 재가하지 않으리라는 결의의 표시로 삼았다.(曹爽從弟文叔妻, … 名令女, 文叔蚤死. 服闋, 自以年少無子, 恐家必嫁己, 乃斷髮爲信.)[100]

그러나 재가의 시비에 대한 관념이 근래 많이 달라졌다는 것은 널리 알려진 사실이며, 또 이 문제에 관해서는 이미 홍승직 교수의 사회조사도 발표된 바 있다.[101] 따라서 이 제65문항의 의의는 크게 제한을 받고 있는 것으로 인정해야 할 것이며, 이 문항에 의의가 있다면, 홍 교수가 조사한 1962년의 통계와 필자가 조사한 1964년의 통계 사이에 어떤 변화가 있는가를 확인하는 것과, 같은 재가에 관한 문항일지라도 묻는 방식이 다름에 따라 생기는 차이 등을 검토할 수 있는 자료를 얻는다는 정도에 그칠 것이다.

우리의 제65문항이 얻은 응답은 다음 [표 65]가 보여주는 바와 같은 경향을 나타냈다.

---

100 『小學』外篇, 善行 第六, 實明倫篇, 第二十一章.
101 홍승직 교수의 조사는 1962년 9월에 실시된 것이며, 그 결과는 『아세아연구』, Vol. Ⅵ, No. 1(1963년 5월)에 발표되었다.

[표 65] No.1

	남녀별				문과 · 이과별				전 체	
	남 자		여 자		문 과		이 과		총 원	
	명	%	명	%	명	%	명	%	명	%
그 렇 다	93	9.9	75	9.9	85	9.8	83	10.0	168	9.9
아 니 다	800	85.3	628	83.3	732	84.7	696	84.1	1,428	84.4
모르겠다	45	4.8	51	6.8	47	5.5	49	5.9	96	5.7
계	938	100	754	100	864	100	828	100	1,692	100

[표 65] No.2

	가정의 수입 등급별						성장지의 도시 · 농촌별					
	상 급		중 급		하 급		서 울		지방도시		농어촌	
	명	%	명	%	명	%	명	%	명	%	명	%
그 렇 다	54	9.6	87	10.5	16	7.7	41	7.9	48	9.8	68	11.4
아 니 다	481	85.1	701	84.2	186	89.9	451	87.1	419	85.9	498	83.3
모르겠다	30	5.3	44	5.3	5	2.4	26	5.0	21	4.3	32	5.3
계	565	100	832	100	207	100	518	100	488	100	598	100

이 표의 첫째 것을 살펴보면, 전체에 있어서 '그렇다'가 9.9%를 차지하고 있으며, '아니다'는 절대다수인 84.4%를 차지하고 있다. '그렇다'가 차지한 이 9.9%는 그 자체 극히 작은 수치이기는 하나, 홍 교수가 얻은 수치에 비하면 오히려 좀 큰 숫자라는 인상을 준다. 홍 교수가 조사한 결과에 의하면, 피조사자 총수 1,895명 가운데서 자녀 없는 미망인이 재혼하는 것에 찬성한 응답이 90%이고, 반대한 것은 3%밖에 되지 않는다. 그런데 우리 조사에 있어서 "과부가 된 여자는 자녀가 없더라도 재가하지 않는 것이 가장 바람직한 일"이라고 생각하는 사람들이 9.9%로 늘어난 것은 조사의 대상자가 다르다는 점에도 원인이 있을지 모르나, 그보다는 물음의 각도가 약간 다르다는 점에 기인할 것이다. 즉, 홍 교수의 경우는 미망인의 재혼에 찬성하느냐 또는 반대하느냐를 그저 평탄하게 물었던 것인데, 우리의 조사에 있어서는 "과부

의 재혼이 반드시 나쁠 것은 없으나, 재혼을 보류하고 수절하는 것은 더욱 좋은 일이다."라고 생각하는 사람들이 '그렇다'고 대답하도록 되어 있는 것이다. 결국, 홍 교수의 조사와 우리의 것을 종합해 본다면, 자녀가 없는 미망인의 재혼을 부당하다고 생각하는 대학생은 극히 적으나, 수절을 미덕이라고 생각하는 사람은 10% 가까이 있다는 것을 알 수 있다. 그리고 같은 물음일지라도 그것을 긍정적인 각도에서 묻느냐 또는 부정적인 각도에서 묻느냐에 따라 대답이 약간 달라질 수 있다는 것도 위의 비교로써 알 수 있다. 예컨대, "과부가 재혼하는 것은 옳은 일이다."라는 명제에 반대하는 사람의 수보다는, "과부가 재혼하는 것은 옳지 못한 일이다."라는 명제에 찬성하는 사람의 수가 늘어날 가능성이 있다는 것을 알 수가 있다.

남자와 여자의 비교에 있어서는 별로 두드러진 차이가 보이지 않는다. 남자의 '아니다'가 2% 정도 높은 것으로 여자의 보수적 경향이 약간 더하다는 것을 암시하고는 있으나, 대체로 보아 대동소이하다는 것을 보여주고 있다. 그리고 문과생과 이과생의 차이는 더욱 작다.

다음에 둘째 표로 시선을 돌리면, 우선 가정의 수입 등급별 통계에 있어서는 별로 특기할 만한 경향이 발견되지 않는다. 다만, 하급에 있어서 재혼하는 것이 옳다고 믿는 사람의 비율이 좀 높다는 사실이 눈에 뜨일 뿐이다.

끝으로 성장지별에 의거한 통계에 있어서 우리는, 비록 그 숫자의 차이는 크지 않으나, 어떤 경향 비슷한 것을 발견할 수 있다. 즉, 과부의 재혼에 관하여 보수적인 생각을 가진 사람은 서울에 가장 적고 시골로 갈수록 조금씩 늘어 가고 있다는 경향을 발견한다.

13의 3 : 우리의 제66문항은 여자의 정치적 사회참여에 관한 것이다. 그 명제는 다음과 같다.

66. 부녀자는 첫째로 가정을 잘 지켜야 한다. 여자가 사회문제나 정치에 관여하는

것은 결코 권장할 만한 일이 못 된다.

봉건적 사회에 있어서 여자의 정치 활동이 허락되지 않았음은 일반적 현상이며, 특히 유교에 있어서는 가사(家事)에 관해서까지도 여자가 주동적인 구실을 해서는 안 되는 것으로 되어 있었다. 다음의 인용은 이 점을 분명히 드러내 준다.

> 안씨가훈에 일러 가로되, "부인의 임무는 오로지 집안에서 존장(尊長)에게 식사를 올리는 것이므로, 오직 술과 음식과 의복의 예절을 맡아 보면 된다. 국가의 견지에서는 정치에 관여케 해서는 안 되며, 가정에 있어서도 가사를 주관케 해서는 안 된다."(顔氏家訓日, 婦主中饋, 唯事酒食衣服之禮耳. 國不可使頌政. 家不可使幹蠱.)[102]

그러나 새 시대와 서구 문명의 도입을 계기로 우리나라에 있어서도 여자의 사회적 지위는 크게 향상되었으며, 여자의 참정권도 정식으로 인정받기에 이르렀다. "암탉이 울면 집안이 망한다."는 옛말을 지금 그대로 믿는 사람은 아마 없을 것이다. 그러면, 오늘날 모든 지성인이 여자도 남자와 똑같은 정도로 정치에 참여해야 한다고 생각하는 것일까? 반드시 그렇지도 않을 것 같다. 역시 여자의 직분은 남자와는 다르다는 생각도 상당히 있음직한 일이다. 우리의 제66문항은 이러한 관측 아래서 만들어진 것이며, 여자의 사회참여에 대한 찬반의 의견을 숫자적으로 확인하고자 함에 그 목적이 있다. 이 문항이 얻은 응답은 다음 [표 66]과 같이 정리되었다.

---

102 『小學』外篇, 嘉言 第五, 廣明倫篇, 第三十一章.

[표 66] No.1

	남녀별				문과·이과별				전체	
	남 자		여 자		문 과		이 과		총 원	
	명	%	명	%	명	%	명	%	명	%
그렇다	582	62.1	360	47.7	489	56.6	453	54.7	942	55.7
아니다	309	32.9	359	47.6	336	38.9	332	40.1	668	39.5
모르겠다	47	5.0	35	4.7	39	4.5	43	5.2	82	4.8
계	938	100	754	100	864	100	828	100	1,692	100

[표 66] No.2

	가정의 수입 등급별						성장지의 도시·농촌별					
	상 급		중 급		하 급		서 울		지방도시		농어촌	
	명	%	명	%	명	%	명	%	명	%	명	%
그렇다	328	58.0	449	53.9	115	55.6	279	53.9	269	55.1	344	57.5
아니다	219	38.8	345	41.5	82	39.6	227	43.8	197	40.4	222	37.1
모르겠다	18	3.2	38	4.6	10	4.8	12	2.3	22	4.5	32	5.4
계	565	100	832	100	207	100	518	100	488	100	598	100

첫째 표를 통하여 우선 전체의 통계를 보면, '그렇다'가 55.7%로 과반수를 차지하고 있으며, '아니다'는 39.5%를 차지하고 있다. 일반적으로 어떤 명제에 대한 부정은 그것에 대한 긍정보다도 더 확고한 신념의 표현인 경우가 많다는 사실을 참작한다면, 즉 일반적으로 대개의 명제는 다소간의 설득력을 갖기가 쉽다는 사실을 참작한다면, 39.5%에 달하는 '아니다'는 여자도 정치에 관여해야 한다는 의견이 상당히 강하다는 것을 의미한다고 해석할 수 있을 것이다. 그러나 이것은 유교적 전통 사상과 비교할 때 전통적인 윤리관과 반대되는 의견이 상당히 강하게 대두하고 있다는 뜻이며, 55.7%나 되는 '그렇다'가 의미하는바, "여자는 역시 사회나 정치 문제에 관여하지 않는 것이 좋다."는 보수적인 생각을 가진 사람이 아직도 대단히 많다는 사실을 부인하지 못함은 물론이다. 요컨대, 전통적 관념에 항거하여 여성도 정치 문제에

적극 관여해야 한다는 의견과 그래서는 안 된다는 의견이 어느 정도 균형된 세력으로 맞서고 있는 것이 지금의 실정이라 하겠다.

　남자와 여자의 비교에 있어서는, 그 의견의 차이가 상당히 크다는 사실이 주목을 끈다. 즉, 남자의 경우는 '그렇다'가 62.1%, '아니다'가 32.9%로써, 전자가 후자보다 30% 가까이 높은 비율을 보이고 있음에 비하여, 여자의 경우는 '그렇다'와 '아니다'가 각각 47.7%와 47.6%로써 거의 차이가 없는 것이다. 여자는 가정만을 지켜야 한다는 생각을 가진 남자가 압도적으로 많은 데 비하여, 여자들은 이 문제에 대하여 찬반의 의견이 비슷한 것이다. 이것은, 한국에 있어서, 남자가 생각하는 이상적 여성과 여자가 생각하는 이상적 여성 사이에 상당한 거리가 있다는 것을 의미하는 것이라고도 볼 수 있다.

　문과생과 이과생의 의견의 차이는 그리 큰 편이 아니다. 문과생에게 보수성이 약간 강하다는 것이 나타나고 있기는 하나, 그리 큰 수치의 차이는 아니다.

　다음에 둘째 표를 살펴보면, 가정의 수입 등급별 통계에 있어서, 가장 보수성이 강한 것으로 나타난 것은 상급이요, 가장 약한 것으로 나타난 것은 중급이다. '그렇다'의 비율을 보면, 상급은 58%이고 중급은 53.9%로써, 그 차이가 많은 편은 아니나, 전혀 우연적인 차이라고는 보기 어려울 것 같다.

　끝으로 성장지별에 의한 통계에 있어서는, '그렇다'의 비율이 서울에서 시골로 갈수록 높은 수치를 나타내고 있다. 즉, 서울은 53.9%, 지방도시는 55.1%, 농어촌은 57.5%로써, 대도시에서 시골로 갈수록 보수적 경향이 더하다는 사실을 발견한다.

14. 상사(喪事) 및 제사에 관한 의견

　14의 1 : 제67문항 및 제68문항은 상사와 제사에 관한 것이다. 제67문항의 명제는 다음과 같다.

67. 아버지가 돌아가시면 보통 삼년상을 지내는데, 이것은 너무 길다. 1년쯤으로 줄이는 것이 좋겠다.

삼년상의 기간에 관한 시비는 공자가 생존했을 당시에도 있었던 모양이다. 공자의 제자 재아(宰我)가 "군자가 3년 동안이나 예(禮)와 악(樂)을 습득하지 않는다면 예악이 무너질 것"이라는 이유를 들어, 상복(喪服)은 1주년으로 그치는 것이 옳지 않으냐고 주장했을 때, 공자는 이를 물리친 다음, 다음과 같은 말씀으로 재아를 비난하였다.

> 재아는 참으로 불인(不仁)한 사람이다. 사람이 세상에 태어나면 3년을 지내야 부모의 품을 떠날 수가 있다. 그러므로, 삼년상의 제도는 온 세계에 공통된 예법이다. 그러면, 재아는 그 부모로부터 3년 동안의 은애(恩愛)를 입지 않았던가. (予之不仁也. 子生三年, 然後免於父母之懷. 夫三年之喪. 天下之通喪也. 子也有三年之愛於其父母乎.)[103]

이것으로 보면 재아는 삼년상이 너무 길다고 주장했지만, 공자는 이를 강력히 물리친 것이며, 공자의 이 뜻은 그 뒤 오랫동안 상복에 관한 정통적 예법의 전통 속에 계승되었다. 그리고 우리나라 대부분의 가정에서 실천하고 있는 것도 이 삼년상의 예법인 것으로 안다.

그러나 새 시대의 인사 가운데는 재아와는 다른 이유로 말미암아, 삼년상의 기간이 너무 길다는 의견을 가진 사람들도 적지 않다. 사회생활이 다망한 것과 경제 사정이 긴박하기 때문이다. 이에 이 삼년상에 관한 묵은 설문을 다

---

103 『論語』卷之九, 陽貨, 第十七, 二十一章.

시 제기하여 학생들의 여론을 들어 보기로 한 것이다. ('삼년상'이라고는 하지만 사실은 만 2년 동안 상복을 입는 제도를 말하는 것이니, 여기서 1년쯤으로 줄이는 것이 어떠냐는 제안은 실질적으로는 기간을 반으로 단축시키자는 것이다. 따라서 3년과 1년의 중간으로서의 2년상 같은 것을 고려할 필요는 없을 것이다.) 우리의 제67문항이 얻은 응답은 다음 [표 67]과 같이 정리되었다.

[표 67] No.1

	남녀별				문과·이과별				전 체	
	남 자		여 자		문 과		이 과		총 원	
	명	%	명	%	명	%	명	%	명	%
그 렇 다	664	70.8	485	64.3	591	68.4	558	67.4	1,149	67.9
아 니 다	162	17.3	162	21.5	170	19.7	154	18.6	324	19.2
모르겠다	112	11.9	107	14.2	103	11.9	116	14.0	219	12.9
계	938	100	754	100	864	100	828	100	1,692	100

[표 67] No.2

	가정의 수입 등급별						성장지의 도시·농촌별					
	상 급		중 급		하 급		서 울		지방도시		농어촌	
	명	%	명	%	명	%	명	%	명	%	명	%
그 렇 다	365	64.6	572	68.7	155	74.9	350	67.6	327	67.0	415	69.4
아 니 다	125	22.1	152	18.3	35	16.9	95	18.3	111	22.7	106	17.7
모르겠다	75	13.3	108	13.0	17	8.2	73	14.1	50	10.3	77	12.9
계	565	100	832	100	207	100	518	100	488	100	598	100

첫째 표부터 검토하여 우선 전체의 통계를 보면, '그렇다'가 67.9%의 다수이고, '아니다'는 19.2%밖에 되지 않는다. 젊은 세대의 견지에서 볼 때는 삼년상이 너무 길다는 것이 압도적인 여론이라 하겠다. 물론, 1년의 상복도 너무 길다고 생각하는 사람이 있었을지도 모른다. 그런 사람이 있었다면 아마 '그렇다' 쪽으로 응답했을 것이다. 논리적으로는 '아니다'로 응답해야 한다

고 볼 수도 있겠으나, 심리적으로는 '그렇다'로 기울어질 것이며, 이 문항의 취지로 보더라도 그렇게 하는 것이 옳을 것이다.

앞서 언급한 홍승직 교수의 조사에 의하면, 1,895명의 대학생들 가운데서 조상에 대한 제사를 지내는 것에 찬성한 사람이 56%이고, 반대한 사람이 36%다. 지금 우리의 조사에 있어서 삼년상에 찬성한 것으로 보이는 사람들이 19.2%에 달하고, 그 밖에 삼년상을 1년으로 줄이는 데 찬성한 사람들이 67.9%에 이르고 있는 것을 아울러 생각할 때, 거기 어떤 모순이 있지 않은가 하는 느낌도 있다. 그러나 조상에 대한 제사라 하면, 삼년상이 끝난 뒤의 제사를 말하는 것이요, 삼년상과는 성질이 다른 것으로 이해되고 있는 것이라고 해석되니, 별다른 모순은 없는 것으로 보인다.

남자와 여자를 비교할 때, 약간의 차이가 있음을 발견한다. 즉, '그렇다'에 있어서는 남자의 비율이 6.5% 더 높고, '아니다'에 있어서는 여자의 비율이 4.2% 더 높으니, 상복에 관해서는 여자의 생각이 좀 더 보수적인 경향이 있다는 이야기가 됨직하다. 그리고 '모르겠다'에 있어서는 여자의 비율이 2.3% 높다. 남자에게 있어서나 여자에게 있어서나 '모르겠다'가 많은 것이 이 문항의 특색의 하나이거니와, 여자에게 있어서 특히 '모르겠다'가 많은 것이다. 그 '모르겠다'에는 그 문제에 대하여 별로 큰 관심이 없다는 뜻도 있을 것이요, '이래도 좋고 저래도 좋다'는 뜻도 있을 것이다.

문과생과 이과생의 비교에 있어서는, 문과생의 보수적 경향이 약간 강한 듯하기도 하나, 그 차이는 극히 작다.

다음에 표의 둘째 것으로 시선을 돌리면, 우선 가정의 수입 등급별에 의한 통계에 있어서, 하급에서 상급으로 갈수록 보수성의 경향이 강함을 발견한다. 즉, '그렇다'가 상급에 64.6%, 중급에 68.7%, 하급에 74.9%로써 차차 높은 비율을 보이고 있는 것이다. 이러한 숫자의 배후에는, 관혼상제의 의식을 착실하게 실천해 오던 전통적인 집안이 새로운 시대와 더불어 차차 경제적으로 몰락하는 경향이 있다는 사실이 관계하고 있는 것이 아닐까 생각된다.

끝으로, 성장지별로 본 통계에 있어서는, 이렇다 할 숫자의 차이는 발견되지 않으나, 다만 농어촌 출신에게 보수성 내지 전통에 대한 반발이 가장 크다는 점이 주목을 끈다. 어떻게 생각하면 농어촌에 보수적 경향이 가장 강할 것 같은데, 이 문항에 관한 한 실제는 도리어 그와 반대라는 사실이 판명된 것이다.

14의 2 : 우리의 제 68문항의 명제는 다음과 같다.

68. 부모가 돌아가신 뒤에는 적어도 3개월 동안은 활동을 중지하고 들어앉아서 근신하는 것이 좋다.

유교의 전통적 관념에 의하면, 부모상을 당한 자식은 죄인이다. 효성이 부족하여 병을 고치지 못했다는 생각인 듯하다. 죄인인 까닭에 근신을 해야 하며, 그 근신은 삼년상이 끝날 때까지 계속해야 한다. 그래서 옛날의 상제(喪制)는 모든 활동을 중지하고 산소 옆에 움막을 짓고 상복을 벗을 때까지 돌아가신 부모를 곁에서 모시는 것을 의무로 여겼다. 이러한 의무는 천자(天子)에서 서민에 이르기까지 다를 바가 없다고 생각되었으며, 고대에는 국정의 중책을 맡은 군주까지도 정무(政務)를 쉬고 대신들에게 일임하는 것이 마땅하다고 믿었을 정도다. 이 점에 관해서는 『논어』에 다음과 같은 구절이 있다.

자장(子張)이 묻기를, "『서경(書經)』에 '은고종(殷高宗)이 상주가 되었을 때 3년 동안을 말하지 않았다'고 함은 무슨 뜻입니까?' 공자가 대답하여 말씀하기를, "왜 하필 고종만이 그랬으랴. 옛 군왕들은 모두 그렇게 하였으니, 부왕(父王)이 세상을 떠나면 백관은 모두 자기의 사무를 총괄하여 이를 재상에게 결재 맡기를 3년 동안 계속하였다."(子張曰, 書云, 高宗諒陰三年不言. 何謂也. 子曰, 何必高宗. 古之人皆然. 君薨, 百官總己, 以聽於冢宰三年.)[104]

그러나 그것은 자기가 직접 활동하지 않더라도 만사에 큰 지장이 없던 옛 시대, 특히 생산에는 직접 관여하지 않고도 능히 풍족한 생활을 할 수 있었던 특권 계급에 있어서 비로소 가능했던 일이다. 오늘날처럼 생존경쟁이 치열하고 만인의 근로가 요구되는 시대에 있어서 3년 동안이나 무위도식한다는 것은, 아무리 봉건적인 기질이라 할지라도, 사실상 불가능한 일이다. 따라서 만약 3년 동안 근신 칩거함의 가부를 묻는다면 아마 '그렇다'는 대답은 거의 하나도 없을 것이다. 이에 제68문항에서는 기간을 3개월로 줄여 보았다. 근본 문제는 근신하는 기간의 길고 짧은 것보다도, 상주가 되어서, 부득이한 이유 없이, 과거에 사로잡혀 모든 활동을 어느 기간 동안 중단하는 것이 옳으냐 그르냐에 있다. 학생은 학업을 쉬고, 예술인은 창작을 쉬고, 상인은 장사를 쉬어 가며, 얼마 동안 오로지 슬픔에만 잠겨 있는 것이 과연 자식으로서의 도리며, 시민으로서의 올바른 태도라 할 것인가? 이 물음에 '그렇다'고 대답할 젊은이가 그리 많지 않으리라는 것을 짐작하면서도, 분명한 기록을 얻어 두자는 의도에서 이 제68문항을 마련하였다. 이 문항이 얻은 응답은 다음 [표 68]과 같은 경향을 보여주고 있다.

[표 68] No.1

	남녀별				문과 · 이과별				전 체	
	남 자		여 자		문 과		이 과		총 원	
	명	%	명	%	명	%	명	%	명	%
그 렇 다	35	3.7	43	5.7	54	6.3	24	2.9	78	4.6
아 니 다	870	92.8	690	91.5	783	90.6	777	93.8	1,560	92.2
모르겠다	33	3.5	21	2.8	27	3.1	27	3.3	54	3.2
계	938	100	754	100	864	100	828	100	1,692	100

---

104 『論語』卷之七, 憲問, 第十四, 四十三章.

[표 68] No.2

	가정의 수입 등급별						성장지의 도시 · 농촌별					
	상 급		중 급		하 급		서 울		지방도시		농어촌	
	명	%	명	%	명	%	명	%	명	%	명	%
그 렇 다	31	5.5	31	3.7	11	5.3	23	4.4	20	4.1	30	5.0
아 니 다	519	91.8	773	92.9	190	91.8	484	93.5	453	92.8	545	91.2
모르겠다	15	2.7	28	3.4	6	2.9	11	2.1	15	3.1	23	3.8
계	565	100	832	100	207	100	518	100	488	100	598	100

우선 첫째 표를 보면, 전체에 있어서 '그렇다'는 4.6%밖에 되지 않고, '아니다'가 92.2%를 차지하고 있다. 제68문항에 관한 한 오늘날 한국의 대학생들은 유교의 가르침에 대하여 거의 완전히 반대하고 있는 셈이다. 발전하는 국민을 위해서 필요한 것이 뒤로 향하는 자세가 아니라 앞으로 향하는 자세라면, 젊은이들의 이러한 의견은 당연한 것이라 아니 할 수 없다.

남자와 여자의 비교에 있어서, 여자의 '그렇다'가 남자의 경우보다 2% 많다. 우리나라 사회생활에 있어서 여자들의 임무가 남자들에 비하여 정적이고 소극적이라는 실정을 반영한 것이 아닐까 생각되거니와, 그러나 여자에게 있어서도 상제라고 활동을 중지할 수는 없다는 의견이 압도적으로 우세함에는 다를 바가 없다.

문과생과 이과생의 비교를 보면, '그렇다'가 문과생에게는 6.3%, 이과생에게는 2.9%로써, 이과생의 비판적 태도가 더욱 철저함을 발견한다. 이과생, 즉 자연과학에 종사하는 사람들의 사고가 일반적으로 현실적이고 합리주의적이라는 관찰과 일치하는 사실이다.

다음에 둘째 표로 시선을 돌려 우선 가정의 수입 등급별 통계를 보면, 상급과 하급은 거의 같은 비율의 찬반으로써 응답하고 있으며, 중급에 있어서 비판적 태도가 더욱 우세함을 발견한다. 사회문제나 관습에 대하여 중급 가정의 출신에게 대체로 비판적 태도가 강하다는 것은 앞서도 종종 여러 표를 통하여 나타난 바 있었다.

끝으로 성장지별에 따르는 통계에 있어서는, 농어촌에 보수적 경향이 약간 더 강하고, 서울과 지방도시 사이에는 거의 차등이 없다.

15. 친척간의 윤리에 관한 의견

15의 1 : 우리 질문서의 마지막 두 문항은 일가친척 사이의 윤리에 관한 것들이다. 그 첫 번째인 제69문항의 명제는 다음과 같다.

69. 친척끼리는 서로 나누어 먹고, 나누어 입으며, 고락을 같이하는 것이 좋다.

유교 윤리의 바탕은 가족주의의 인륜에 있었다. 그리고 친척은 곧 가족의 연장이다. 가족과 친척은 다 같이 혈연을 유대로 삼는 단체이며, 혈연의 의의를 높이 평가하는 한, 가족의 윤리와 친척의 윤리는 그 근본에 있어서 같은 원리 위에서 성립하지 않을 수 없을 것이다. 일가친척끼리 서로 의지하고 서로 도와야 한다는 것은 유교에 있어서 당연한 규범이다. 우리는 『소학』 가운데 다음과 같은 구절을 발견한다.

우리 오중(吳中)에는 일가 친족이 매우 많다. 나 자신의 견지에서 그들을 본다면 물론 가까운 사이와 먼 사이의 차등이 있다. 그러나 우리 조상의 견지에서 본다면 그들은 다 같은 자기의 자손이며, 그 사이에 친소(親疎)의 구별이 있을 수 없다. 만약 조상의 뜻에 친소의 구별이 없다면, 굶주리고 헐벗은 친척에게 대하여 어찌 선심을 베풀지 않을 수가 있겠는가. … 만약 혼자서 부귀를 누리고 친척을 돌보지 않는다면, 후일에 무슨 면목으로 조상을 지하에서 뵈올 수 있겠느냐.(吾吳中宗族甚衆. 於吾固有親疎也. 然吾祖宗視之, 則均是子孫, 固無親疎也. 苟祖宗之意無親疎, 則饑寒者吾安得不恤也. … 若獨享富

貴而不恤宗族, 異日何以見祖宗於地下.)[105]

일가친척을 돕는다는 것은 그 자체 좋은 일임에 틀림이 없다. 어찌 일가친척뿐이랴. 곤란한 사람을 돕는 것은 그 자체만으로 볼 때, 언제나 아름다운 일임에 틀림이 없다. 그러나 친척을 돕는 일이 어떤 절도를 넘어설 때, 뜻하지 않은 폐단이 생길 우려가 있다. 예컨대, '친척끼리는 서로 도와야 한다'는 것이 기계적으로 신봉되는 사회에 있어서, 도움을 주고자 하는 의지보다도 도움을 받을 권리가 있다는 관념이 앞서는 경우가 있다. 그렇게 되면 선심도 스스로 자진하여 주는 마음의 아름다움이 아니라, 심리적 압력에 못 이겨 마지못해 내놓는 수동적인 것에 불과하다.

절도 없는 선심의 또 하나의 폐단은 그것이 사람의 게으름과 의뢰심(依賴心)을 조장한다는 사실이다. 이마에 땀 흘려 부지런히 일한 사람과 빈들빈들 놀기만 한 사람이 소비생활의 즐거움만은 같이 누린다는 것은 그 자체 불공평할 뿐 아니라, 일부 염치를 모르는 사람들의 태만과 의뢰심을 조장하기에 안성맞춤이다.

그러나 지각 없는 선심의 가장 큰 폐단은 그것이 국가 전체의 경제성장을 저해한다는 사실이다. 특히, 이 폐단은 근대화가 요구되는 후진국의 경우에 있어서 심하다. 경제가 성장하려면 생산이 증가해야 하며, 생산이 증가하려면 자본의 축적과 노동력의 활용이 필요하다. 그러나 만약 생활의 여유를 가진 사람이 그 여유를 어려운 사람들을 위하여 나누어 준다면, 생산을 위한 자본의 축적은 불가능할 것이며, 또 그러한 선심이 사람들의 게으름을 조장할 정도에 이른다면, 경제의 성장은 이중으로 저해를 당할 것이다.

---

105 『小學』外篇, 嘉言 第五, 廣明倫篇, 第四十章.

위에 말한 바와 같은 여러 가지 사정을 염두에 두고, 우리는 이 제69문항을 마련하였다. 이 문항이 얻은 응답은 다음 [표 69]가 보여주는 바와 같은 경향을 나타냈다.

[표 69] No.1

	남녀별				문과·이과별				전 체	
	남 자		여 자		문 과		이 과		총 원	
	명	%	명	%	명	%	명	%	명	%
그 렇 다	540	57.6	389	51.6	486	56.2	443	53.5	929	54.9
아 니 다	286	30.5	281	37.3	291	33.7	276	33.3	567	33.5
모르겠다	112	11.9	84	11.1	87	10.1	109	13.2	196	11.6
계	938	100	754	100	864	100	828	100	1,692	100

[표 69] No.2

	가정의 수입 등급별						성장지의 도시·농촌별					
	상 급		중 급		하 급		서 울		지방도시		농어촌	
	명	%	명	%	명	%	명	%	명	%	명	%
그 렇 다	302	53.5	455	54.7	122	58.9	263	50.8	266	54.5	350	58.5
아 니 다	202	35.7	272	32.7	66	31.9	183	35.3	176	36.1	181	30.3
모르겠다	61	10.8	105	12.6	19	9.2	72	13.9	46	9.4	67	11.2
계	565	100	832	100	207	100	518	100	488	100	598	100

우선 첫째 표를 보면, 전체의 54.9%가 '그렇다'라고 대답하고, 33.5%가 '아니다'라고 대답하였다. 친척끼리 서로 도와주며 나누어 먹고 나누어 입는 것이 미풍양속이며 오래 지켜야 할 전통이라고 생각하는 사람들이 아직도 과반수를 차지하고 있는 것이다. '아니다'라고 대답한 사람들도 33.5%에 달하니 그리 적은 비율은 아니거니와, 이들이 '아니다'라고 대답한 이유에는 여러 가지가 있을 것이다. 친척들에게 뜯기어 피해를 입은 경험에 비추어 그렇게 대답한 사람들도 있을 것이며, 선심이 도리어 사람의 의뢰심을 조장하

는 폐단이 있다는 이유로 그렇게 대답한 사람들도 있을 것이다. 한편, '그렇다'라고 대답한 사람들은 대개 단순한 생각에서 그렇게 대답한 편이 많지 않은가 생각되며, 만약 일가친척끼리 서로 나누어 먹고 나누어 입을 경우에 생기는 폐단을 지적하면서 대답을 유도했다면, 결과는 상당히 달라지지 않았을까 생각된다.

남자와 여자의 비교를 보면, 남자의 '그렇다'가 6% 더 많고, '아니다'에 있어서는 여자의 것이 7% 더 많다. 요컨대, 친척끼리 상호부조하는 전통에 대하여 여자들이 더 비판적이다. 그러나 여자들이 이에 대하여 비판적인 이유가 반드시 선심의 사회적 폐단을 고려했음에 있을지는 의문이다. 지성적 고찰보다도 남녀의 기질의 차이가 여기에 더 반영된 것일지도 모른다.

문과생과 이과생의 비교에 있어서는, '아니다'라는 응답에 관한 한 그 차이는 거의 없다. 다만, '그렇다'에 있어서만은 문과생의 비율이 약간 높다. 이것도 친척간의 선심이 사회에 미치는 폐단에 대하여 이과생이 아는 바가 더 많기 때문에 생긴 차이라기보다는 자연과학도의 냉정한 기질이 반영된 것이라고 생각된다.

다음에 둘째 표로 시선을 돌리면, 우선 가정의 수입 등급별 통계에 있어서 상급에서 하급 쪽으로 갈수록 친척간의 상호부조를 찬양하는 경향이 강해지는 것을 본다. 즉, '그렇다'는 하급에 가장 많고, '아니다'는 상급에 가장 많다는 사실을 발견한다. 이와 같은 경향의 차이가 무엇에 연유하는지는 반드시 분명치 않다. 있는 사람들의 인심이 도리어 무섭고 없는 사람들의 인정이 더욱 따뜻함을 의미한다는 해석도 있을 법한 일이며, 있는 사람들은 뜯기는 입장에 있고 없는 사람들은 도움을 받는 입장에 있다는 사실에서 온 차이라고 보는 견해도 있음직한 일이다. 물론, 두 가지 경우가 모두 있을 것이다. 그러나 둘째 해석이 적중하는 경우가 더 많지 않을까 생각된다. "돈 있는 사람의 인심이 더욱 무섭다."는 말은 부유층의 자녀들에게보다는 자수성가한 본인들에게 더 잘 들어맞는 관찰이기 때문이다.

끝으로 성장지별에 따르는 통계를 보면, '그렇다'는 시골로 갈수록 많고 '아니다'는 도시에 많으며 농어촌에는 적다는 사실이 발견된다. 시골 사람들의 순박한 마음씨와 도시인들의 근대화된 사고방식이 다 같이 반영된 것이라고 해석할 수 있을 것이다.

또 한 가지 여기서 언급하고자 하는 것은, 이 제69문항에 대한 응답 가운데 '모르겠다'가 유달리 많다는 사실에 대해서다. 전체의 11.6%, 그리고 서울에서 큰 대학생들의 경우에는 13.9%나 '모르겠다'는 응답을 하고 있다. 이와 같이 '모르겠다'가 많은 것은, 일가친척끼리 나누어 먹고 나누어 입는 데 좋은 점도 있고 나쁜 점도 있다는 것을 아울러 고려한 끝에, 일종의 딜레마에 빠진 사람들이 많기 때문이 아닐까 생각된다. 만약 그렇다면, 이 문항에 대하여 '그렇다'고 대답한 사람들은 주로 일가친척끼리 베푸는 상호부조의 전통의 장점에 주목한 것이고, '아니다'라고 대답한 사람들은 그 폐단에 주목한 사람들일 것이라는 추측도 가능하게 된다. 그리고 이 문항에 관하여 '그렇다'라고 대답한 사람들과 '아니다'라고 대답한 사람들은, 단순한 형식논리가 생각하듯이, 그토록 정반대의 의견을 가졌다고 단정할 수 없는 경우가 많으리라는 결론도 따라서 나오게 된다.

이러한 고찰은 이 제69문항의 묻는 뜻이 좀 더 명확하게 표현되었어야 한다는 반성에까지 이끈다. 이 문항이 강조하고자 한 점은, 사회생활이 요구하는 일반적인 상호부조의 정신을 넘어서서, 특히 친척에 대해서는 남다른 의리로 네것 내것 없이 나누어 쓰는 것이 좋다는 유교적인 관념에 대한 의견을 묻고자 한 데 있었다. 그러나 그 뜻이 과연 모든 피조사자에게 잘 전달되었는지 약간 의심스럽다는 반성에 도달한 것이다.

15의 2 : 우리의 제70문항은 이른바 종친회에 관한 것으로서 그 명제는 다음과 같다.

70. 오늘날 일부에서 종친회를 소집하고 족보를 만들며, 친족 관념을 강조하는 움직임이 있는데, 이것은 매우 잘하는 일이다.

유가의 고전 가운데 종친회나 족보에 관한 직접적인 언급이 있다는 것은 아는 바 없다. 우리의 이 마지막 문항은, 앞의 제69문항에 있어서 인용한 바 있는 구절에 나타난 친족을 중요시하는 유교의 관념과, 오늘날 우리 주변에 흔히 보이는 종친회와 족보 출판의 움직임을 연결함으로써 만들어 본 것이다.

요즈음 우리나라에 있어서 종친회를 소집하고 족보를 만드는 동기에도 여러 가지 요소가 있을 것이다. 친족끼리는 남달리 깊은 연락을 가지고 친목을 두텁게 해야 한다는 생각도 물론 있겠지만, 그 밖에 정치적으로 이용하려는 불순한 동기가 개재할 경우도 있을 것이며, 그런 일을 빙자하여 돈푼이라도 뜯어 보자는 비열한 동기도 있을 것이다.

정치적으로 이용하거나 돈푼이나 뜯어 보려는 동기에서 시작된 종친회나 족보의 움직임을 잘하는 일이라 하기 어려움은 명백한 일이다. 문제는 그런 불순한 동기 없이, 그저 친목과 유대를 위하여 종친회를 열고 족보를 꾸미는 경우다. 불순한 동기 없이 단순히 친목과 유대를 위한 것이라면 물론 좋은 일이 아니겠느냐고 생각하는 사람들도 있을 것이다. 그러나 문제는 그렇게 단순하지는 않은 것 같다.

일가친척이란 여러 가지로 직업이 다르고, 연배가 다르며, 교양의 정도나 취미도 다른 사람들을 포함하는 관념적인 집단이다. 그들에게 있어서 공통된 것은 오직 조상이 같다는 것뿐이다. 오직 이 한 가지만의 공통점을 가지고 모인 사람들이 할 수 있는 것은, 봉건적인 친족 관념을 강조하고, 단지 조상이 같다는 이유로 뭉쳐 보자는 정도를 크게 넘지 못할 것이다. 이와 같이 강조된 친족 관념과 이와 같이 뭉쳐진 종중(宗中)의 단결은, 마치 군민회나 도민회가 그렇듯이, 어떤 파당성으로 발전할 염려가 있으며, 또 그 출발점에는 불순한 동기가 없었더라도 결과에 있어서는 야심 있는 사람들의 이용물이 될 수도 있다.

더욱 중요한 것은 소규모의 단결이 대규모의 결속을 방해하기 쉽다는 심리학적 사실이다. 친족, 도민(道民), 동창, 군벌, 그리고 종교 단체 등이 굳게 뭉치면 뭉칠수록, 온 국가, 온 겨레가 한데 대동단결하기는 어렵게 되는 경향이 있다. 단결이란 자연히 어느 정도의 배타성을 동반하는 것이기 때문이다. 하여간 전국적인 대동단결이 절실히 요구되고 있는 오늘날, 일가친척의 단결을 부르짖는 것은 확실히 현대가 요구하는 바는 아닐 것으로 생각된다.

그러나 짧은 시간에 응답지를 완성해야 하는 대학생들이 위에 말한 바와 같은 여러 가지 사정을 고려할 수 있으리라고는 물론 생각되지 않는다. 우리의 제70문항으로써 조사할 수 있는 것은 오직 대학생들 자신이 가지고 있는 친족 관념이며, 그들이 종친회니 족보니 하는 것에 대하여 느끼는 직각적 반응에 그칠 것이다. 그리고 대학생들의 그러한 관념과 그러한 응답은 앞으로의 우리나라 친족 윤리의 바탕이 되리라는 기대에서 이런 문항을 마련해 본 것이다. 이 문항이 얻은 응답의 통계는 다음 [표 70]에 나타난 바와 같다.

[표 70] No.1

	남녀별				문과 · 이과별				전 체	
	남 자		여 자		문 과		이 과		총 원	
	명	%	명	%	명	%	명	%	명	%
그렇다	260	27.7	267	35.4	275	31.8	252	30.4	527	31.1
아니다	512	54.6	331	43.9	436	50.5	407	49.2	843	49.9
모르겠다	166	17.7	156	20.7	153	17.7	169	20.4	322	19.0
계	938	100	754	100	864	100	828	100	1,692	100

[표 70] No.2

	가정의 수입 등급별						성장지의 도시·농촌별					
	상 급		중 급		하 급		서 울		지방도시		농어촌	
	명	%	명	%	명	%	명	%	명	%	명	%
그렇다	192	34.0	260	31.3	63	30.4	147	28.4	159	31.6	209	34.9
아니다	269	47.6	393	47.2	112	54.1	262	50.6	231	47.3	281	47.0
모르겠다	104	18.4	179	21.5	32	15.5	109	21.0	98	20.1	108	18.1
계	565	100	832	100	207	100	518	100	488	100	598	100

첫째 표를 통하여 우선 전체의 경향을 보면, '그렇다'가 31.1%이고, '아니다'가 49.9%이며, '모르겠다'가 19%라는 비교적 높은 비율을 기록하고 있다. '그렇다'라고 대답한 31.1%의 대부분은 아마 종친회니 족보니 하는 것이 단순히 친족간의 친목과 유대를 강화하기 위한 것이라는 이해에 입각하여, 즉 그것들이 가질 수 있는 부작용을 깊이 고려함이 없이 그러한 판단을 내렸을 것이다. 그리고 '아니다'라고 대답한 49.9% 가운데는 종친회와 족보를 둘러싸고 불미스러운 일이 종종 있다는 사실을 어느 정도 아는 사람들도 많을 것이다. 그러나 대체로 말해서, 그 자신 친족 관념이 강한 사람들이 '그렇다'라고 대답했으며, 그것이 약한 사람들이 '아니다'라고 대답했으리라고 보아서 크게 어긋나지 않을 것이다. '모르겠다'가 19%나 되는 것은 학생들이 종친회니 족보니 하는 것에 대하여 평소에 들은 바가 적으며, 또 친족이라는 것에 대하여 깊이 생각해 본 적이 없다는 사실을 반영한 것이라고 짐작된다.

남자와 여자의 비교를 보면, 여자 쪽이 훨씬 보수적인 것으로 나타나고 있다. 즉, '아니다'에 있어서 남자는 54.6%, 여자는 43.9%로써, 남자의 경우가 10.7%나 높은 비율을 기록하고 있다. 이것은 종친회나 족보가 주로 남자들이 관여하는 일이며, 그 이면이나 폐단에 대하여 여자들로서는 아는 바가 비교적 적다는 사정에 유래했을 것이다. 즉, 여자들은 종친회나 족보에 관한 움직임을 그저 단순한 선의로 받아들인 사례가 비교적 많았던 것으로 보인다. 여기서 한 가지 흥미 있는 것은, 제69문항에 있어서 "친척끼리는 서로 나누어 먹고, 나누어 입으며, 고락을 같이하는 것이 옳다."는 의견에 대하여 '아니다'라고 대답한 것이 여자에게 더 많았다는 사실과, 이 제70문항에 있어서 '친족 관념을 강조하는 움직임'을 잘하는 일이라고 보는 견해에 '그렇다'고 동의한 것도 여자에게 더 많았다는 사실에 어떤 모순이 없느냐는 점이다. 아마 여대생들의 생각에 있어서, 서로 친목을 두텁게 한다는 것과 서로 나누어 먹고 나누어 입는 일은 분명히 구별되는 두 가지 사항으로 이해되고 있는 것이 아닐까 생각된다.

문과생과 이과생의 비교에 있어서는 이과생에게 '모르겠다'의 비율이 높다는 것이 우선 눈에 뜨인다. 종친회니 족보니 하는 것은, 여자들에게 그랬듯이, 이과생에게도 비교적 생소한 것이므로, 자연히 '모르겠다'는 대답이 많이 나온 것으로 보인다. '모르겠다'의 비율에 있어서 이과생의 경우가 2.7% 더 높은 대신, '그렇다'와 '아니다'에 있어서는 이과생의 비율이 각각 1.4% 및 1.3% 낮다. 이러한 숫자는 결국 친족 관념에 관해서 문과생과 이과생 사이에 그리 큰 차이가 없음을 의미한다고 볼 수 있을 것이다 .

다음에 표의 둘째 것을 통하여 가정의 수입 등급별 통계를 보면, 상급과 중급은 실질적으로 비슷한 경향을 나타내고 있다. '그렇다'에 있어서 상급의 비율이 약간 높기는 하나, 그 대신 '아니다'에 있어서 중급의 비율이 높은 것이 아니라 '모르겠다'가 중급에 많을 따름인 까닭에, 실질적인 차이는 별로 없다고 보아야 할 것이다. 다만, 하급에 있어서만은 '아니다'의 비율이 비교적 높은데, 그 연유를 밝히기는 그리 용이하지 않을 것으로 보인다.

끝으로 성장지별의 통계에 있어서는, '그렇다'가 대도시에 적고, 시골로 갈수록 그 비율이 높아진다. 친족 관념에 관해서 시골에 보수적 경향이 강하다는 것은 이상하지 않은 일이다.

4 장
결론

4장 결론

1. 개요

지금까지 우리는 총 70개의 문항으로 된 우리 질문서의 취지와 그 질문서에 의하여 얻은 1,692명의 남녀 대학생의 응답을 문항 하나하나를 따라 검토하였다. 이제 우리는 우리가 얻은 숫자적 결과를 총괄적으로 개관함으로써, 고대 유가와 현대 한국 대학생의 도덕관념에 대한 거시적인 비교를 꾀하기로 하자.

우리가 얻은 숫자를 전체로 볼 때, 현대 한국의 대학생들은 유가의 도덕관념의 어느 측면은 받아들이고, 다른 어느 측면은 물리치고 있음을 확인했다고 할 수 있으니, 이것은 우리가 미리 예측한 바 그대로라고 하겠다.

그러면, 오늘의 대학생들은 유교 윤리관의 어떠한 방향을 어느 정도 받아들이고, 또 어떠한 방면을 어느 정도 물리치는 것일까? 질문서의 순서에 따라 중요한 경향만을 요약해 보기로 하자.

1) 위정자의 기본 사명

정치가 도덕적 기반을 떠나서 단순한 권력과 이익의 추구만을 일삼아서는 안 된다고 보는 점에 있어서, 그리고 정치도 궁극에 가서는 도덕적 이상의 실현을 위한 노력의 일단이어야 한다고 보는 점에 있어서, 한국의 대학생들은 대부분 유교의 덕치사상(德治思想)의 전통을 긍정한다. 그러나 고대의 유가들이 생각한 '도덕'과 오늘날 대학생들이 생각하는 '도덕'이 어느 정도까지 일치하는지는 의문이며, 다만 확실한 것은 오로지 힘과 책략만으로 정치의 기본으로 삼는 태도를 물리침에 있어서 양자는 의견을 같이한다는 점이다(제1문항). 이로부터 파생되는 또 하나의 일치점은 법률만능주의의 배척이다. 국가나 사회의 질서를 유지하는 더 근본적인 바탕은 까다로운 법률의 제정이 아니라, 국민의 불안을 없애 민심을 안정시키는 일이라고 보는 점에 있어서 양자는 의견을 같이한 것이다(제5문항).

공자나 맹자를 우리는 민본주의자(民本主義者)라고 부를 수는 있을지 모르나, 민주주의자라고 부를 수는 없을 것이다. 즉, 그들은 '백성을 위한 정치'는 강조한 바 있으나, '백성에 의한 백성들의 정부'를 옹호한 일은 없다. 이를테면, 선의의 독재를 시인한 것이다. 고대 유가의 이 비민주주의적 경향에 대한 대학생들의 반응은 크게 두 진영으로 갈라진다. 즉, 비록 굶주리는 한이 있더라도 자유가 없는 정치를 용납할 수 없다는 의견과, 설령 자유에 제한을 받는 한이 있더라도 우선 물질생활의 문제가 해결되어야 한다는 의견이 거의 반반의 세력으로 나누어진다(제2, 3문항).

2) 위정자의 인격 및 이도(吏道)

유교의 덕치주의의 이상을 수긍한 대학생들은 위정자의 인격을 중요시하고, 관리의 부정을 물리치는 점에 있어서도 유가들과 대체로 의견을 같이한다(제6, 13문항). 고위의 정치가는 지덕을 겸비한 인격자여야 하며, 남의 부정을 다스리기 전에 스스로 공정해야 하며, 사사로운 이익보다도 대의를 위하여 헌신할 수 있는 사람이어야 한다고 믿는 점에 있어서, 대부분의 한국 대학생들은 유가들의 이상을 받아들인 것이다.

3) 국정에 대한 비판과 사회참여

공맹은 봉건시대의 사상가였으며, 군주의 비상한 권한을 인정한 사람들이다. 따라서 일반 국민이 위정자를 비판하는 것을 옳다고 생각하지는 않았다. 다만, 군주를 보필할 지위에 있는 신하가 예(禮)로써 간언할 필요가 있다는 것을 인정했을 정도에 그친다. 그리고 비록 자리에 있는 신하라 할지라도 일신(一身)의 위험을 무릅쓰고까지 바른말을 감행할 필요는 없으며, 폭군의 난세 아래 살게 된 선비는 무모한 비판을 삼가고 멀리 현군을 찾아 떠나감이 마땅하다고 믿었다. 그러나 한편, 고대의 유가들은 노장(老莊)의 일파(一派)와 같이 세상을 배반하고 홀로 일신의 안일을 탐내는 은둔사상에는 단호한 반대의 태도를 취한다. 들새나 짐승과는 함께 살 수 없는 것이 인간이니, 어디까지나 인간 사회의 건설을 위하여 힘을 바쳐야 한다는 것이다. 다만, 그 사회참여가 과격한 모험을 동반해서는 안 된다고 믿은 점에 있어서, 그들의 사회의식의 한계가 있었고, 중용(中庸)을 이상으로 삼는 유가 사상의 특색이 있었다.

한편, 현대는 주권이 국민에게 있다고 주장되는 시대다. 정치를 정치가에게만 맡길 것이 아니라, 일반 국민도 항상 비판적인 시선으로 위정자를 감시해야 한다는 것이 상식이다. 대부분의 한국 대학생들도 이 상식을 따라 국정에 대한 비판을 당연한 것으로 믿고 있다(제14문항). 설령 일신의 위험을 무릅쓰고라도 비판적 언론을 감행해야 한다는 학생들이 과반수를 차지하고 있다. 그러나 개중에는 쓸데없는 모험을 피하여 요령 있게 처세하는 것이 옳다고 믿는 사람들도 상당수 있다(제15, 16문항). 여하간 전체로 말하면 비판 정신과 사회참여의 의욕에 있어서 오늘날 한국의 대학생들이 옛날의 유가에 비하여 몇 배 적극적인 것만은 확실하다.

4) 사회정의

봉건사회에 있어서 현대적인 의미의 사회정의의 사상을 찾아볼 수 있을지는 의문이다. 공자나 맹자도 그 바탕에 있어서 봉건적 계급사회의 질서를 시인하고 출발한 사람들이다. 그러나 그들에게는 휴머니스트적 기질이 현저하였다. 인도주의적인 견지에서 그들은 일반 서민에게 어느 정도의 동정을 보냈다. 그러나 그것은 역시 인도주의였던 까닭에 그들의 정의감에는 스스로 한계가 있었다.

현대적인 의미의 사회정의의 관념이 고대 유가들에게 없었던 까닭에, 유교의 고전에서 재료를 구한 우리의 질문서는 사회정의에 관한 문항을 제대로 포함시키지 못하였다. 다만, 지나친 비약을 하지 않는 범위 안에서 관련된 몇 가지 물음을 제기했는데, 우리는 한국의 대학생들의 대부분이 공정한 분배를 강하게 주장하고 있으며(제18문항), 사회적으로 푸대접받는 지위에 있는 사람들의 인권이 좀 더 존중되어야 한다는 것을 확신하고 있음을 발견하였다(제19, 21문항). 그러나 사회주의와 관련시켜서 학생들의 의식을 조사하는 중요한 일에까지는 우리의 연구가 미치지 못했음을 자인해야 할 것이다.

5) 이기(利己)와 이타(利他)

공자와 맹자를 비롯한 유교의 지도자들은 현실을 존중한 사상가이기는 했으나, 사리사욕에 급급한 태도는 항상 배척하였다. 인(仁)과 의(義)를 숭상한 그들은, 이득에 대한 탐욕은 선비의 길이 아님을 일관하여 강조하였다. 그들은 남을 도와줄 것을 거듭 역설했으며, 때로는 나를 뒤로 돌리고 남을 먼저 하라고까지 가르쳤다.

이와 같은 유가들의 애타주의적(愛他主義的)인 가르침을 오늘날 한국의 대학생들은 대체로 환영하는 것으로 보인다. 공익을 위한 일이라면 개인적인 보수가 없더라도 힘을 아끼지 않아야 하며(제22문항), 비록 인생이 경쟁의 마당이라고는 하더라도 나의 성공을 위하듯이 남의 성공도 도와주어야 한다고 믿는 사람들이 대부분이다(제23문항). 심지어 내 일보다도 남의 일을 우선적으로 꾀해야 한다고 생각하는 사람들도 60%에 가깝거니와, 다만 나보다도 남을 더 위해야 한다는 가르침에 대하여 '아니다'라고 잘라서 거부한 사람들도 상당한 비율을 차지하고 있다(제24문항). 아마, 나와 남을 똑같이 대접해야 한다는 서구식의 공정(公正)의 개념이 어느 정도 침투한 것으로 보인다.

6) 정신의 가치와 물질의 가치

'군자불기(君子不器)'라는 공자의 말씀도 있거니와, 유교가 이상으로 삼는 인간상은 한 가지 기술에 능통한 전문가가 아니라, 도덕적으로 흔히 말하는 '인격자'였다. 이것은 유교가 물질의 가치보다도 정신의 가치를 더욱 소중히 생각한 인생관을 반영한 것이었다.

도덕적인 의미의 인격자가 되는 것을 가장 보람 있는 인생으로 생각하고,

정신의 가치를 매우 중요시하는 점에 있어서 현대의 한국 대학생들은 유교의 전통을 크게 계승하고 있는 것으로 보인다. 그들의 대부분은 한 가지 특기에 능한 기술자가 되는 것보다도 지덕(知德)이 높은 인격자가 되는 것이 더욱 바람직하다고 생각하고 있으며(제25문항), 돈을 벌고 출세를 하기 위해서라면 방법을 가리지 않는 태도를 배격하며(제28문항), 설령 굶주리는 한이 있더라도 정직하고 신의를 지키는 사람이 되어야 한다고 믿는 동시에(제29문항), 식(食)이나 색(色) 같은 육체적 가치보다도 예술과 우정 같은 정신적 가치를 더욱 보배롭게 생각한다(제30문항). 그들의 정신적 가치에 대한 깊은 애착은, 학식과 인격은 보잘것없더라도 금력과 권력을 가진 사람과 학식이 깊고 인격이 높지만 가난하고 권력도 없는 사람을 비교할 때 후자를 더욱 바람직한 인생이라고 생각하는 점이며(제31문항), 실력은 없으나 어떤 특혜로 취직이 된 젊은이보다는 취직은 못했더라도 실력이 있는 젊은이를 더욱 부러운 존재라고 보는 점 등에 있어서도(제32문항), 뚜렷이 나타나고 있다. 그러나 한편, "실력의 양성에만 힘쓸 것이 아니라, 세상 사람이 나를 알아주도록 어느 정도의 선전도 게을리하지 않을 필요가 있다."고 생각하는 사람들이 56%나 있는 점으로 보아(제27문항), "사람들이 나를 몰라줄 것을 걱정할 것이 아니라, 나의 무능함을 걱정하라."고 가르친 공자에 비하면, 어느 정도 세속적인 것으로 달리는 기질이 한국 대학생에게 강하다는 사실도 부인하지 못할 것이다.

7) 허례·사치·낭비

유교의 지도자들은 한결같이 검소한 생활을 권장하였다. 다만, 관혼상제 등의 의식을 존중했던 까닭에, 허례와 관련된 낭비의 경향을 간접적으로 조장한 것과 같은 결과를 빚어냈다. 한편, 한국의 대학생들은 일상생활에 있어서의 사치를 배격할 뿐만 아니라, 결혼이나 환갑 등을 비롯한 여러 가지 행사로 말미암은 낭비까지도 철저하게 반대하고 있다. 갖가지 잔치를 성대하게 베푸는 풍습을 고쳐야 한다고 생각하는 동시에, 결혼이나 환갑 따위의 경사를 계기로 초대장과 축하금이 왕래하는 풍습도 정도가 지나치지 않도록 개선되어야 한다고 믿는 사람들이 많다. 일반적인 식사의 초대에 있어서도 분수를 넘지 않는 절도가 바람직하다고 생각하고 있으며, 특히 의복에 있어서의 일부의 사치를 단호히 비난하고 있다(제37-40문항).

8) 우정 · 연애 및 결혼

유교의 성도덕이 엄격하며, 성의 쾌락에 대한 유가들의 태도가 찬미보다는 경계에 가까웠다는 것은 두루 알려진 사실이다. "7세면 남녀가 자리를 같이하지 않는다."는 유교의 가르침은 그 성도덕의 관념의 엄격함을 단적으로 전하거니와, 공자도 거듭 젊은 연배에 대한 성의 유혹을 경계했던 것이다. 오늘날 한국의 젊은이들이 유교의 봉건적 성도덕을 그대로 받아들이지 않는다는 것은 상식으로도 알 수 있는 평범한 사실이다. 그러나 일부에서 걱정하고 있듯이 성지상주의적인 풍조가 우리나라 대학생들에게 가득 차 있는 것은 결코 아님이 밝혀졌다. 이 점은 "아름다운 이성의 육체를 갖는 것보다는 믿음직한 친구의 우정을 갖는 것이 더욱 바람직하다."고 생각하는 대학생이 86.3%나 되는 것만으로도 분명하다(제41문항). 그러면서도 한편 성문제에 대하여 상당히 개방적인 일면을 가지고 있는 것도 사실이다. 결혼을 전제로 하지 않은 연애를 나쁘지 않다고 생각하는 사람들이 과반수에 달하며, "결혼 전의 성생활은 되도록 삼가는 것이 좋기는 하나, 절대로 나쁠 것은 없다."고 보는 의견도 상당히 우세할 정도다(제46, 47문항).

유교에서는 결혼할 상대를 선택함에 있어서 물질적 혜택을 희구하는 태도를 배격하고 있거니와, 이 점에 관한 한국 대학생들의 견해는 남자와 여자에 따라 상당히 다르다. 즉, 남자들은 유가의 가르침을 그대로 받아들이는 사람들이 65%에 가까우나, 여자들은 물질적인 조건을 고려하지 않을 수 없다는 의견이 72%에 가까운 것이다(제45문항).

다음에 친구를 사귀는 태도에 관해서는, 고대의 유가와 오늘의 대학생들이 기본적으로 일치하는 생각을 가지고 있음이 밝혀졌다. 즉, 그들은 다 같이 이해타산이나 이용 가치를 고려한 교우의 태도를 물리치는 점에 있어서, 그리고 친한 사이에도 서로 상대를 존경하는 언행으로 대하는 것이 좋다고 믿는 점에 있어서, 의견이 일치했던 것이다(제42, 43문항).

9) 사제·장유(長幼) 등 사이의 예절의 문제

유교에서는 전통적으로 예(禮)를 숭상하였다. 그 가운데서도 특히 사제지간의 예절과 장유의 질서는 거듭 강조되었다. 오늘날 지나친 권위주의나 공연한 형식주의를 좋아하는 대학생은 한국에도 많지 않은 것으로 알거니와, 그러나 역시 스승에게는 마음으로부터 존경하는 태도로 대해야 하며, 스승 앞에서는 담배를 삼가는 등 겉으로도 어느 정도 근엄한 몸가짐을 해야 한다고 생각하는 학생들이 아직도 많다(제49, 50문항).

봉건적인 상하의 질서를 사회적 배경으로 삼고 발달된 유교에 있어서는 아랫사람이 윗사람에게 대하여 반항하는 것은 원칙적으로 용납되지 않았다. 한편, 서구에 있어서의 민주주의의 발달은 피압박층의 반항에 힘입은 바 크며, 이 반항의 풍조는 근대화를 앞둔 한국에도 밀려들어 온 것으로 보인다. 특히, 젊은 세대의 늙은 세대에 대한 반발은 현저한 바 있으며, 불평과 불만과 반항심이 한국 대학의 캠퍼스를 가득 채우고 있는 듯한 인상을 받는 사람들조차 있다. 그러나 한국의 대학생들은 '반항을 위한 반항' 또는 '이유 없는 반항'까지도 정당하다고 생각하는 것이 아니며, 대부분의 학생들이 이 문제에 관하여 냉철하기를 기하고 있음을 보았다(제51문항).

풍습 내지 관습에 있어서도 낡은 시대의 것은 지양해야 한다고 생각하는 의견이 젊은 세대에게 상당히 강한 것이 사실이다. 그러나 우리의 조사에 의하면, 옛 시대의 것이라고 무조건 물리칠 것이 아니라, 전통적인 것 속에서도 좋은 점은 아끼고 가꾸어야 한다는 여론이 우리 대학생들 사이에 상당히 강한 것으로 나타났다(제52문항).

한편, 윗사람이 지켜야 할 예절이나 처신에 관한 대학생들의 의견은, 고대의 유가들처럼 형식에 치우치지도 않고, 일부의 인사가 주장하듯이 방자하지도 않다. 예컨대, 대학교수가 더위나 추위를 막기 위하여 어느 정도 자유로운 복장을 하는 것은 좋으나, 아버지가 성숙한 딸이나 식모 앞에서 웃통을 벗는 것은 잘못이라는 의견이 강하다(제53, 55문항).

10) 효도

유교 윤리의 근본이 가족주의에 있으며, 가족주의 도덕의 핵심을 이루는 것이 효의 개념임은 널리 알려진 사실이다. 유교의 지도자들은 효를 모든 도덕의 기본으로 생각했을 뿐 아니라 정치의 근본이라고 믿었거니와, 효도의 내용에 있어서 가장 기본이 되는 것은 존경으로 부모를 섬기는 일과 부모의 노후를 즐겁고 편하게 해드리는 일이다. 그리고 부모의 명령에는 절대복종하는 것을 원칙으로 삼는다.

한국의 대학생들도 부모에게 효도를 해야 한다는 가르침에 대부분 원칙적으로 찬동하는 것으로 보인다. 부모의 은공을 부인하거나 부모에게 대하여 효도할 필요가 없다고 생각하는 사람은 거의 없으며(제57문항), 부모와 처자 가운데서 어느 편을 더 위하느냐는 문제에 부딪쳤을 때에는 전자를 더 위해야 한다는 의견이 우세하다(제58, 59문항). 그러나 그들은 고대의 유가와 같이 맹목적인 효도에 찬성하는 것은 아니며, 전통적인 효도에 있어서의 불합리한 요소는 제거되어야 한다고 믿는다. 예컨대, 효를 위하여 자식의 자유가 전적으로 무시되는 것에도 찬성하지 않는 사람이 많으며(제56문항), 늙은 부모로 말미암아 외국에 유학할 기회까지를 포기할 필요는 없다고 믿으며(제60문항), 아들을 낳지 못하면 불효가 막심하다는 비과학적인 생각에까지 동의하지는 않는다(제61문항). 그리고 결혼 문제는 본인들의 의사에 최후의 결정권이 주어져야 한다고 믿는 점에 있어서도 유교 본래의 효도의 개념을 넘어서고 있다(제62문항).

11) 형제의 우애

가족주의에 입각한 유교의 윤리는 자연히 형제의 우애를 강조하였다. 그것은 대가족제도의 유지를 위해서도 매우 긴요한 덕목이었다. 그러나 서구의 개인주의가 흘러들었고, 대가족제도도 거의 무너진 오늘날, 형제나 자매 사이에 옛날과 다른 간격이 생기기 시작한 것도 사실이다. 우리가 조사한 학생들 가운데는 이러한 사실을 그대로 받아들이고 형제간의 생존경쟁도 부득이한 일이라고 생각하는 사람들도 상당히 있었다. 그러나 더 많은 숫자의 사람들이 형제 사이에는 남다른 우애가 앞서야 한다고 믿음으로써 전통적 가치관에 순응하였다(제63문항).

12) 부부의 도 및 부덕(婦德)

유교가 배경으로 삼은 봉건사회는 윤리를 상하의 질서로서 이해하였고, 남자와 여자가 비교될 때에는 여자가 아랫자리를 감수해야 하는 것으로 되어 있었다. 따라서 여러모로 부녀자의 행동에는 제약이 가해졌다.

오늘날 민주주의의 이름 아래 모든 남녀의 차별은 원칙적으로 배척을 받고 있는 동시에 여자의 사회적 지위가 급속도로 오르는 과정에 있음은 사실이며, 이 사실은 우리 대학생들의 응답에도 반영되고 있다. 예컨대, "남편은 아내에게 반말을 하고, 아내는 남편에게 존대어를 쓰는" 풍속을 고쳐서 다 같이 존대어를 쓰는 것이 좋겠다는 의견이 압도적이며(제64문항), 자녀가 없이 과부가 된 여자로서 재혼하는 것은 당연하다고 생각하는 사람들이 대부분이다(제65문항). 그러나 남자에게는 남자로서 해야 할 직책이 있고 여자에게는 여자로서 해야 할 직책이 있다고 구별해서 생각하는 사람도 많은 듯하다. "부녀자는 첫째로 가정을 잘 지켜야 한다. 여자가 사회문제나 정치에 관여하는 것은 결코 권장할 만한 일이 못 된다."는 의견에 찬동하는 사람이 남학생에게는 62%가 넘고, 여학생에게도 48% 가까이 있다(제66문항).

13) 상사(喪事) 및 제사

부모와 조상의 장례 및 제사를 정성껏 받드는 것은 효도의 연장으로서 유교가 중요시해 온 예절이다. 오늘날 젊은 대학생들일지라도 이 장례나 제사의 예(禮)를 없애야 한다고 주장하는 사람은 비교적 적다는 것이 다른 학자에 의하여 밝혀졌다는 것은 앞에서 언급한 바 있다. 그러나 대부분의 대학생들은 삼년상의 기간을 줄이자는 의견에 찬성하고 있으며(제67문항), 부모를 잃고 상주가 된 사람이 '죄를 뉘우치고 근신한다'는 취지로 오래 활동을 중지하던 옛 풍속도 이젠 버려야 할 폐풍이라고 거의 모두가 믿고 있다(제68문항). 의식적인 예절은 언제나 그 사회의 실정 ─ 특히 경제적 실정 ─ 에 적합해야 한다는 양식의 반영이라 하겠다.

14) 친척

유교가 숭상하는 효는 부모에 대해서만 지는 의무가 아니라, 먼 조상에게 까지도 미쳐야 할 의무다. 따라서, 같은 조상의 피를 나눈 자손으로서의 친척은 서로 각별한 우의를 가지고 대해야 할 것으로 되어 왔다. 친척간에는 남다른 우애로써 서로 도와야 한다는 유교의 전통적 관념에 대하여는 지금도 과반수의 대학생들이 긍정의 태도를 취하고 있다. 그러나 종친회를 소집하고 족보를 꾸미는 따위의 일에 대해서는, 적극적으로 반대하거나 또는 냉담한 사람들이 대부분을 차지하고 있다. 친척끼리 돕는 것 그 자체는 좋으나, 그로 말미암아 어떤 폐단이 생겨서는 안 된다는 의견이 압도적인 것으로 해석된다.

2. 결어

처음에 밝힌 바와 같이, 이 연구의 먼 목표는 새로운 도덕의 모색을 위하여 도움이 될 어떤 자료를 얻고자 함에 있었다. 그러나 이 연구가 얻은 작은 결과만에 의거하여 어떤 규범적인 결론을 끌어낼 수는 물론 없다. 우리는 다만 오늘날 한국의 젊은 지성인들이, 유교에 토대를 둔 우리의 전통적 윤리관을 어떤 방향으로 살리고, 어떤 방향으로 고치기를 원하는가를 총괄적으로 고찰함으로써, 이 논문의 끝을 마무리하고자 한다.

우리가 얻은 숫자적 결과에 입각하여 이야기할 수 있는 것은 우선 한국의 대학생의 대부분이 유교적 전통을 전체적으로 묵수하기를 원하지도 않으며, 또 전체적으로 포기하기를 원하지도 않는다는 사실이다. 그러면, 유교적 전통 가운데서 어떠한 정신을 살리고, 또 어떠한 측면을 어떤 방향으로 고치기를 원하는 것일까? 학생들의 의견이 그대로 새로운 윤리를 위한 지침으로서의 권위를 인정받을 수는 물론 없을 것이나, 그들의 의견이 새 시대의 요구를 반영하는 한에 있어서 뜻있는 참고자료가 될 것이다.

우선, 정치 문제에 관해서 한국의 대학생들은 유교의 덕치주의의 이상(理想)을 적어도 하나의 이상으로서는 받아들이고 있다. 그리고 맹자에게 있어서 특히 뚜렷이 나타난 민본주의의 사상에도 호감을 가진 것으로 보인다. 물론, 유교의 덕치주의가 공자나 맹자가 꿈꾼 바와 같은 방식에 있어서 실현될 수 있다고 믿는 대학생은 적을 것이며, 고대 유가에 표명된 민본주의가 현대 민주주의의 이념으로 볼 때 만족스럽다고 생각하는 사람도 적을 것이다. 그러나 오늘날 우리 주변에 일어나고 있는 정치적 현실은 공자나 맹자의 견지에서 보더라도 비판받을 점이 많다고 인정한다는 뜻에서, 공자나 맹자에 대하여 경의를 느끼는 사람은 적지 않을 것이다.

공자나 맹자의 정치사상은 봉건사회를 긍정한 토대 위에 세워진 것이었던 까닭에, 오늘날 말하는 민주주의의 이념과는 먼 것이었으며, 선의의 독재를 용인하는 성질의 것이었다. 이 점에 대해서는 한국의 대학생들은 상당히 비판적이다. 다만, 형식만의 민주주의나 결과에 있어서 굶주림을 가져오는 따위의 '민주주의'에 대해서도 매우 회의적이다. 그들은 물질생활의 안정과 정신적인 자유가 양립할 수 있는 어떤 방도가 있다면 그 길을 환영할 것임에 틀림이 없다.

사회정의에 대한 한국 대학생들의 감각은 옛날 유가들의 그것에 비하여 훨씬 예민한 것으로 보인다. 이것은 참된 민주주의에 대한 갈망이 그만큼 절실하다는 증거라고 보아도 좋을 것이다. 사회정의에 대한 예민한 감각은 국정에 대한 활발한 비판을 당연한 것으로 여기게 하는 동시에, 국민 일반 특히 지성인의 적극적인 사회참여를 요청하는 경향을 낳게 하였다. 이것은 강자의 선심을 속수(束手)로 고대하는 약한 인도주의에 지나지 않는 유교의 미지근한 정의감의 지양과, 국민이 스스로의 권익을 옹호하여 투쟁하는 과정을 통한 사회정의의 확립이 오늘날 젊은 세대의 요청임을 의미하는 것이라고 해석할 수 있을 것이다.

물질이나 육체의 가치보다도 정신의 가치를 더욱 보배롭게 생각하는 동양의 전통은 오늘날 한국의 대학생들도 대부분 받아들이는 것으로 보인다. 그러나 물질이나 육체를 천하게 여기는 징조는 그리 보이지 않으며, 도리어 물질생활의 중요성도 아울러 강조하고 싶은 기색이 농후하다. 안정된 물질생활의 기초 위에 그윽한 정신의 가치를 이룩하는 것이 오늘날 우리나라 젊은 세대의 현상이 아닐까 생각된다.

물질생활의 중요성을 절실히 느끼는 까닭에 대학생들은 합리적인 소비생활을 희구하며, 합리적인 소비생활을 희구하는 까닭에 그들은 허례와 사치와 낭비를 배척한다.

가족주의적 전통의 요소는 젊은 대학생들도 아직 깊이 간직하고 있는 것으로 보인다. 부모에 대한 효도의 의무를 의심하는 사람은 적으며, 형제간의 우애나 친척간의 부조를 미덕 또는 미풍으로 생각하지 않는 사람들도 드물다. 그리고 여자는 역시 가정을 지키는 일이 가장 중요한 직책이라는 생각에서, 여성의 정치 내지 사회 활동을 그리 탐탁하게 생각하지 않는 경향도 아직 상당히 강하다.

그러나 낡은 가족 도덕에 포함된 비민주주의적인 요소와 불합리한 요소만은 제거되어야 한다고 믿는 사람이 대부분인 듯하다. 다만, 옛날의 가족제도와 그 가족 도덕을 근본적으로 뜯어고침이 없이 그 좋지 못한 부분을 도려내는 구체적인 방안이 무엇이냐는 문제에 대해서는 아마 뚜렷한 생각을 가진 사람이 별로 없을 것이다.

가족주의적 도덕관념이 강하게 남아 있는 까닭에, 한국의 대학생들은 아직 서구적인 개인주의를 전폭적으로 받아들이는 것같이 보이지 않는다. 적어도 의식적인 가치관 내지 도덕관념 속에서는 그것을 물리치는 면이 상당히 강한 것이 아닌가 생각된다. 그러나 오늘날 한국 젊은 세대의 실천 행동을 관찰하면 개인주의의 경향이 차차 높아 가고 있음을 부인하지 못한다. 다시 말하면, 관념은 가족주의적 묵은 전통 속에 머물면서, 행동은 개인주의적인 새로운 흐름으로 쏠리는 자기 분열이 있음을 보는 것이다.

시비의 관념과 실제의 행동 사이에 틈이 큰 것은 어느 시대 어느 나라 사람에게도 있는 일이기는 하나, 오늘날 우리나라의 경우 그 간격이 유난히 큰 것으로 느껴진다. 관념과 행동의 유리를 지양하는 것은 새로운 시대에 사는 우리들의 근본적인 과제의 하나이거니와, 어느 것은 관념을 뜯어고쳐야 할 것이고, 어느 것은 행동의 방향을 달리해야 할 것이다. 이에 행동이 따를 수 있는 새로운 도덕관념의 확립이 긴요함을 다시 절실하게 느끼는 것이다.

한국 대학생의 가치 서열 연구─그 기초 조사

1장 연구의 취지

가치의 본질이 무엇이냐에 관해서는 학자들 사이에 논란이 아직도 그치지 않는다. 그러나 필자 개인으로서는 가치의 근거를 정의 속에서 찾으려고 하는 심리학적 가치설(psychological value theories)이 모든 주관의 작용을 떠나서 가치가 그 자체만으로 독립하여 존재한다고 보는 실재론적 가치설(realistic value theories)보다 타당하다는 것을 믿고 있다.[1] 다만 필자는 자연론(naturalism)의 일종으로서의 심리학적 가치설을 그대로 믿는 것은 아니며, 인간 또는 인간 밖의 어떤 유정자(有情者, sentient beings)의 정의를 떠나서는 가치의 세계가 성립하지 않는다고 보는 한에 있어서, 이 학설에 취할 것이 많다고 생각하는 것이다. 하여간 필자는 인간의 욕구 내지 의지가 가치의 근원의 적어도 일부라고 믿었다. 그러므로 이 연구는 그러한 믿음을 배경으로 삼고 시작된 것이다.

---

1 필자가 실재론적 가치설보다 심리학적 가치설에 타당한 점이 많다고 믿는 이유에 관해서는, 졸저 『윤리학』(박영사, 1964)에서 페리(R. B. Perry)의 이론과 무어(G. E. Moore)의 그것을 비교하는 가운데(pp.199-202) 밝힌 바 있으므로 여기서는 재론하지 않는다.

이미 페리(R. B. Perry)에 의하여 강조된 바와 같이, 인간의 정의(情意)를 인간적 가치의 근원이라고 보는 견지에서는, 일반적인 의미의 가치와 도덕적인 의미의 가치는 명확히 구별되어야 한다. 다시 말하면, 우리는 모든 욕구의 대상에 일반적인 의미의 가치를 인정할 수는 있을 것이나, 도덕적인 의미의 가치는 인정할 수가 없다는 뜻에서, 그리고 대립된 가치들 가운데서, 또는 실현이 가능한 여러 가지 가치들 가운데서, 어느 하나를 선택하는 것이 옳으냐는 문제가 바로 도덕 내지 윤리학의 문제라는 뜻에서, 일반적 가치와 도덕적 가치를 구별하지 않을 수 없다. 따라서 "무엇에 가치가 있는가?"라는 물음과 "무엇이 추구해야 할 올바른 대상인가?"라는 물음은 전혀 서로 다른 물음이다. 후자는 "무엇에 도덕적 가치가 있는가?"라는 물음에 해당되는 것이며, 주어진 환경 안에서 가능한 최고의 가치를 묻는 가치 비교의 문제다.

이 연구는 일반적 가치의 소재를 문제 삼는 것이 아니라, 가치의 경중에 관한 사람들의 의견을 문제로 삼는다. 그러한 뜻에서 이것은 가치의 비교에 관한 연구라고 할 수 있으며, 가치의 비교를 문제 삼는 점에 있어서 도덕적 가치에 관한 연구라고 볼 수 있다.

이것은 도덕적 가치에 관한 연구이며, 또 이 연구의 궁극적 관심도 역시 윤리학적이기는 하나, 이 연구 자체가 바로 어떤 규범적 결론에 도달하기를 시도하는 것은 아니다. 다시 말하면, 오늘날 새 시대를 위한 새로운 윤리관의 방향을 모색하는 식자들의 일반적인 관심을 염두에 두고, 그러한 모색을 위해서 참고가 되기를 기대하는 하나의 소재를 구하고자 함에 이 연구의 동기가 있기는 하나, 그러나 이 연구의 한계는 오직 소재를 구하는 단계에서 그치는 것이며, 어떤 당위의 문제에 직접 대답하는 일은 이 연구가 당면한 목표로서 의도하는 바가 아니다.

구체적으로 말하자면, "한국의 대학생들이 궁극적으로 가장 절실하게 원하고 있는 것이 무엇인가?"라는 물음에 대답하고자 하는 것이 이 연구의 당면한 의도다. 아리스토텔레스가 그의 『니코마코스 윤리학(*Ethica Nicomachea*)』 첫머리에 지적한 바와 같이, 일상생활에 있어서 우리들의 행위가 추구하는 직접적인 목적은, 대개의 경우 그 자체가 궁극적인 목적이 아니라, 다른 어떤 더 높은 목적에 도달하기 위한 수단으로서의 의의를 가졌다. 예컨대, 아침 출근 시간에 앞을 다투어 버스를 타는 행동의 직접적인 목적은 시간에 늦지 않도록 직장에 도착함에 있을 것이나, 직장에 도착하는 것 그 자체가 궁극적인 목적은 아닐 것이다. 주어진 직책을 수행하기 위하여 직장에 가고자 하는 것이며, 직책 수행 과정으로서의 여러 가지 행동에도 또 그 이상의 목적이 있다. 그러나 이와 같이 차츰 거슬러 올라갈 때에, 결국은 그것 자체를 위해서 그것이 추구되는 어떤 궁극적인 목적이 있을 것이다. 이와 같이 궁극적으로 추구되는 목적은 각 개인에 있어서 오직 한 가지씩밖에 없을 것이라고 단정할 이유는 없으며, 또 모든 사람들의 궁극적인 목적이 결국은 서로 일치할 것이라고 추측할 이유도 없다. 한 사람이 두 가지 이상의 궁극적인 목적을 가질 수도 있을 것이며, 또 갑과 을 두 사람이 추구하는 궁극적인 목적이 서로 다를 수도 있을 것이다. 그러나 하여간 어떤 사람이 인생에 있어서 궁극적으로 추구하고 있는 것이 무엇이냐 하는 것은 그 사람의 행동과 사람됨을 좌우하는 기본적인 문제다. 따라서 한 개인이 궁극적으로 원하고 있는 것이 무엇인지를 아는 것은 그 개인을 이해함에 있어서 요긴한 일이며, 한 집단에 있어서 가장 일반적으로 소망되고 있는 것이 무엇인지를 파악하는 것은 그 집단을 이해함에 있어서 매우 중요한 일이다.

한국의 대학생이라는 집단은, 한국에 있어서 다음 세대를 지도할 사명을 가진 사람들이라는 의미에서, 극히 중요한 자리에 있는 사람들이다. 이 중요한 자리에 있는 사람들이 각각 한 개인으로서 가장 절실하게 원하고 있는 것이 무엇인가는 그들의 가치관을 결정하는 요인이며, 그들이 현실에 가지고 있는 가치관은 새 시대가 앞으로 세워야 할 새로운 윤리의 방향과도 밀접한 관계를 가졌다고 생각된다. 이 연구에 있어서 제기되는 "한국의 대학생들이 궁극적으로 가장 절실하게 원하고 있는 것이 무엇인가?"라는 물음에 의의가 있다고 인정하는 이유도 여기에 있으며, 이 연구의 궁극적인 관심이 윤리학적이라고 말한 까닭도 여기에 있다.

2장 연구의 방법

　연구의 방법으로는 질문서에 의한 사회조사의 방법을 빌리기로 하였다. 이 한 가지 방법으로써 한국 대학생들이 가장 원하고 있는 것이 무엇인지를 충분히 알 수 있으리라고 믿는 것은 아니다. 우리는 질문서에 의존하는 방법의 단점을 잘 알고 있다. 자기가 진실로 원하고 있는 것이 무엇인지는 자신도 모르고 있을 경우가 많다는 것은, 프로이트의 정신분석학설이 아니더라도 널리 알려진 상식이거니와, 비록 그것을 잘 알고 있다 하더라도 아는 대로 정직하게 대답해 주리라는 보장이 없다. 가령, "당신이 가장 절실하게 원하는 것은 무엇입니까?"라는 물음에 대답하는 사람들은 자기가 사실상 원하고 있는 바를 고백하는 대신, "무엇을 가장 원한다고 대답하는 것이 옳을까?"라는 당위의 의식에 따라 응답하는 경향이 있다는 사실은 가치 의식에 관한 질문서의 방법에 커다란 제약을 가한다.

　그러한 결함과 제약이 있다는 것을 알면서도 이 방법을 사용하게 된 것은, 우선 그것이 비교적 간편한 방법이라는 이유도 있거니와, 우리의 관심이 윤리학적이라는 점으로 볼 때, 그러한 방법으로 얻은 소재에도 상당한 중요성을 인정할 수 있기 때문이다. 즉, "당신이 가장 절실하게 원하는 것은 무엇입니까?"라는 물음에 대한 응답이 매우 솔직한 것이 못 될 경우에도, 그 응답은 확실히 그의 소망의 어떤 측면을 전달하는 것이며, 이때에 전달되는 그 측면이야말로 그의 가치관 내지 윤리관을 형성하는 매우 중요한 요인을 이루는 것이다. 예컨대, "당신이 가장 절실하게 원하는 것은 무엇입니까?"라는 물음을 받은 사람의 무의식 내지 본능의 측면은 '풍족한 물질생활의 쾌락'을 가장 원하고 있음에도 불구하고, "나는 높고 원만한 인격자가 되기를 가장 절실히 원합니다."라고 대답했다고 가정하자. 이때 이 사람의 대답은 결코 근거 없는 거짓말이라고 해석할 성질의 것이 아니라, 그 사람의 욕구 가운데서 이성적인 측면을 반영하는 것이며, 욕구의 이 이성적인 측면이야말로 그의 가치관 내지 윤리관을 형성함에 있어서 매우 결정적인 힘을 가지고 있는 것이다. 따라서, 가치관 내지 윤리관을 파악하는 데 필요한 소재를 구하기 위한 방법으로서는 질문서의 방법에도 취할 바가 적지 않다고 결론 내릴 수 있을 것이다.

그러나 질문서의 방법만으로 사람들이 욕구하는 바가 무엇인가를 충분히 조사할 수 있다고는 물론 생각하지 않는다. 어떤 개인이 궁극적으로 원하는 바가 무엇인지를 정확하게, 그리고 남김 없이 알아내는 일이 과연 가능한가 하는 것도 문제이거니와, 그것을 좀 더 정확하게, 그리고 좀 더 광범위하게 알기 위해서는, 그 개인의 의식적인 대답에 의존하는 것만으로는 불충분할 것이며, 그의 행동을 밖으로부터 관찰하는 방법과 아울러 정신분석학적인 방법까지도 적용해서 여러모로 검토할 필요가 있을 것이다. 다만, 큰 집단에 대해서 그러한 방법을 망라한다는 것은 사실상 막대한 비용과 시간을 필요로 하는 까닭에, 실제로 그것을 실천하기 어려울 뿐이며, 여기에 사용하고자 하는 질문서의 방법으로써 우리가 얻을 결과가 필요한 자료의 극히 예비적인 일부를 제공함에 지나지 않으리라는 것도 충분히 이해되고 있는 것이다.

이 연구가 사용한 질문서는 한정식 질문법(close-end question)에 의한 것이나, 질문서를 완성하기에 앞서서 간단한 시험적 조사(pilot study)를 실시하였다. 주로 서울대학교 학생들 약 50명을 면접하여, 그들이 인생에 있어서 가장 소망하는 것이 무엇인가를 구체적으로 지적하도록 함으로써, 한국의 대학생들이 궁극적으로 원하는 가치들의 목록을 작성하기를 꾀했던 것이다. 이러한 예비적인 단계를 거쳐서 우리가 최종적으로 선택한 질문서는 다음과 같은 내용의 것이다.

질문서

다음은 인생에 있어서 값지다고 흔히 생각되고 있는 것들입니다. 만약 그 가운데서 한 가지만 당신에게 허락된다면, 첫째로 어떤 것을 택하시겠습니까?

그러나 만약 당신이 첫째로 선택한 것이 허락되지 않는다면, 둘째로 어떤 것을 택하시겠습니까?

그리고 만약 첫 번째와 두 번째에 선택한 것이 모두 허락될 수 없다면, 셋째로 당신은 어떤 것을 택하시겠습니까?

차례로 택하신 바에 따라, 그 항목의 알파벳 기호를 응답지 해당란에 기입하십시오.

A. 건강한 상태가 지속되는 장수

B. 넓고 깊은 학식

C. 높고 원만한 인격

D. 풍족한 물질생활

E. 변함없이 아름다운 우정

F. 뜨겁고 변함없는 이성간의 사랑

G. 전국에 알려진 명성

H. 나라를 좌우할 만한 권력

I. 국가 또는 인류를 위한 헌신적 봉사

J. 예술 또는 그 밖의 분야에 있어서 새로운 경지를 개척하는 창조적 활동

K. 현세의 괴로움을 초월하는 해탈의 경지

L. 사랑과 기쁨에 가득 찬 신앙생활

　우리는 질문서 가운데 열거한 본래적 가치(intrinsic values)의 목록 속에 '한국의 근대화' 또는 '남북통일' 따위의 항목을 넣지 않았다. 시험적 조사에 있어서 그러한 항목을 든 학생도 별로 없었거니와, 또 그러한 가치는 그 자체가 목적이라기보다도 다른 무엇을 얻기 위한 수단으로서의 의의가 크다고 생각되었기 때문이다.

　또, 우리는 '행복' 또는 '이상(理想)의 실현' 등 대단히 포괄적인 개념도 목록 가운데 넣지 않았다. 만약 행복 또는 이상이라는 개념을 포괄적인 의미로 사용하면서, "내가 가장 원하는 것은 행복이다."라고 말하거나, 혹은 "내가 가장 원하는 것은 이상의 실현이다."라고 말한다면, 그것은 동의어 반복에 가까운 내용 없는 발언이 될 것이다. 우리가 알고자 하는 것은 행복 또는 이상을 절실히 추구하고 있는가 아닌가에 있는 것이 아니라, 한국의 대학생들이 어떠한 내용의 것을 행복 또는 이상의 이름으로 추구하고 있는가에 있는 것이다.

　우리는 질문서 가운데 열거한 가치의 목록이 여러 가지로 서로 다른 인생관을 가진 사람들의 소망을 되도록 널리 망라하기를 꾀하였다. 육체적 내지 물질적 쾌락을 가장 숭상하는 사람들을 위해서는 '건강한 상태가 지속되는 장수'(A)와 '풍족한 물질생활'(D)의 항목을 두었고, 학문 또는 예술의 세계에 있어서의 탁월한 업적을 특히 숭상하는 인생관을 위해서는 '넓고 깊은 학식'(B) 및 '예술 또는 그 밖의 분야에 있어서 새로운 경지를 개척하는 창조적 활동'(J)의 항목을 두었다. 도덕적 가치 내지 도덕적 활동을 가장 보배롭다고 믿는 사람들을 위해서는 '높고 원만한 인격'(C) 및 '국가 또는 인류를 위한

헌신적 봉사'(I)의 항목을 세웠으며, 권력 또는 명예를 좋아하여 이른바 '출세'를 지상의 목표라고 생각하는 사람들을 위해서는 '전국에 알려진 명성'(G) 및 '나라를 좌우할 만한 권력'(H)의 항목을 마련하였다. 그리고 진실로 종교적인 기질의 사람들을 위해서는 '현세의 괴로움을 초월하는 해탈의 경지'(K) 및 '사랑과 기쁨에 가득 찬 신앙생활'(L)의 항목을 준비하였다.

우리는 여기에 열거된 열두 가지 항목 가운데 가장 절실하게 원하는 것 세 가지를 골라서 그 세 가지에 다시 경중의 순위를 매겨 줄 것을 피조사자들에게 부탁한 것이다. 열두 가지 전체에 관해서 경중의 순위를 매기도록 하지 않은 것은 그러한 판단을 단시간에 내리기가 극히 어려우리라고 생각했기 때문이다. 그리고 여기서 피조사자에게 요구되고 있는 것은 열두 가지 가운데서 가장 원하는 것, 둘째로 절실히 원하는 것, 그리고 셋째로 절실하게 원하는 것을 지적하는 일이요, 행복을 위해서 가장 필요하다고 생각되는 세 가지 요소를 종합적으로 제시하는 일이 아니다. 따라서 우리의 조사는, 이를테면 '한국 대학생의 행복관'을 총체적으로 파악하기를 꾀하는 것이 못 되며, 다만 그러한 파악을 위한 자료를 구하는 기초 작업에 지나지 않는다고 보아야 할 것이다.

3장 조사 과정

    표본의 수는 1,700명에서 1,800명 사이를 목표로 하였다. 서울에 있는 다섯 대학(서울대학교, 연세대학교, 고려대학교, 이화여자대학교, 숙명여자대학교)과 지방에 있는 다섯 대학(전남대학교, 조선대학교, 충남대학교, 경북대학교, 효성여자대학교)에 협력을 구하되, 각 대학의 학생수를 고려하여 한 학교에서 100명 내지 300명의 학생을 표본으로 뽑을 계획을 세웠다. 되도록 여러 가지 학과에서 고루 표본이 나오도록 마련하되, 남학생과 여학생, 그리고 문과 계통과 이과 계통의 학생수가 어느 정도 비슷하도록 고려하였다.

    질문서의 분배는 연구원이 직접 교실을 방문하는 방법을 택하였다. 연구원이 보는 자리에서 응답하게 함으로써 더욱 성의 있는 협력을 얻는 동시에, 응답지의 회수율을 높이기 위해서였다.

    연구원이 질문서를 가지고 각 학교를 방문한 것은 1964년 9월 말부터 10월 20일경 사이였다. 학생들은 거의 모두가 매우 진지한 태도로 협력해 주었다. 회수된 응답지의 총수는 1,750장 정도였으나, 결함이 발견되어 무효로 돌린 것을 빼고 나니, 끝으로 남은 것은 1,660장이었다. 이 가운데 남자의 것이 915장 있었으며, 여자의 것이 745장 있었다. 인문사회과학 계통의 학생의 것과 자연과학 계통의 학생의 것을 나누면, 전자가 836장이고 후자가 824장이었다.

통계적 처리에 있어서는, 우선 A, B, C, … L의 각 항목이 첫 번째, 두 번째 및 세 번째로 각각 선택된 수를 헤아리고, 첫 번째의 선택에 대해서는 한 번 선택된 데 대하여 3점, 두 번째의 선택에 대해서는 2점, 세 번째의 선택에 대해서는 1점을 각각 부여함으로써, 각 항목의 가치에 대한 대학생들의 관심의 정도를 숫자적으로 나타내 보았다.

이상에 말한 바와 같은 숫자적 처리를 1,660명 전원에게 대하여 행하는 동시에 남녀별, 문과 · 이과별, 가정의 수입 등급별 및 성장지의 도시 · 농촌별로 나누어 본 통계도 내어 보았다. (가정의 수입 등급을 나눔에 있어서는 1964년 현재 연수입 25만 원 이상을 상급으로 하고, 6만 원 이상–25만 원 미만을 중급으로 했으며, 6만 원 미만을 하급으로 삼았다. 다음에 성장지의 도시 · 농촌별을 나눔에 있어서는, 국민학교 출신지를 원칙적인 기준으로 삼되, 1963년 통계에 있어서 인구 10만 이내로 알려진 곳에서 국민학교를 나온 사람들은 성장지가 농어촌인 것으로 간주하고, 그 이외의 곳에서 국민학교를 졸업한 사람들은 '서울 출신'을 따로 하고는 모두 '지방도시 출신'이라는 이름으로 묶어 보았다.)

다음에 그와 같은 산출된 통계 숫자를 소개하는 동시에, 그러한 숫자가 의미하는 바가 무엇일까를 여러 각도에서 검토해 보기로 하자.

4 장 숫자적 결과와 이에 대한 분석적 고찰

　질문서에 제시된 열두 가지의 가치 항목의 경중을 비교한 다음에, 그 가운데 하나를 골라 보라는 것이 우리의 문제였다. 그리고 이러한 선택의 기회는 오직 한 번만 주어진 것이 아니라, 첫째로 선택된 것이 허용되지 않을 경우를 가상하고, 두 번째로 선택할 기회를 준 다음에, 다시 첫 번째와 두 번째에 선택한 것이 모두 허용되지 않을 경우를 가상하고, 또 한 번 선택할 기회를 주어 결국 세 차례 선택할 기회를 주었다. 이것은 요컨대 제시된 열두 가지의 가치들 가운데서 '가장 값지다고 생각하는 것', '두 번째로 값지다고 생각하는 것' 및 '세 번째로 값지다고 생각하는 것'을 지적하라고 요구한 것에 해당된다.

　이에 대한 학생들의 응답을 표본 1,660명 전원에 대하여 통계적으로 처리한 결과, 우선 다음 [표 1]과 같은 숫자를 얻게 되었다.

[표 1]　　　　　　　　　　　　총 표본 1,660명 가운데서

가치 항목	첫째로 선택한 사람	둘째로 선택한 사람	셋째로 선택한 사람	합 계	점 수	순 위
A	196	76	98	370	838	6
B	184	192	110	486	1,046	3
C	447	338	148	933	2,165	1
D	82	189	273	544	897	4
E	96	202	193	491	885	5
F	159	208	267	134	1,160	2
G	20	38	36	94	172	12
H	62	56	55	173	353	11
I	103	116	127	346	668	8
J	126	129	145	400	781	7
K	72	37	74	183	364	10
L	113	79	134	326	631	9
합 계	1,660	1,660	1,660	4,980	—	—

이 표에는 우선 A, B, C, … L의 가치를 각각 '첫째로 선택한 사람', '둘째로 선택한 사람', 그리고 '셋째로 선택한 사람'의 수가 기록되어 있다. 다음에 '합계'라고 하는 것은 세 번에 걸쳐서 선택한 사람들의 수를 합한 숫자다. 예컨대, A(건강한 상태가 지속되는 장수)에 관해서 보면, 이 가치를 1차로 선택한 사람이 196명, 2차로 선택한 사람이 76명, 그리고 3차로 선택한 사람이 98명인 까닭에, 이들을 합친 숫자는 370명이 된 것이다. 그 다음에는 '점수'가 기록되어 있는데, 이 점수의 계산법은 다음과 같다. 즉, 첫째로 선택했을 경우에는 선택한 한 사람에게 3점씩, 둘째로 선택했을 경우에는 한 사람에게 2점씩, 그리고 셋째로 선택했을 경우에는 한 사람에게 1점씩 따져서 계산한 것이다. 예컨대, B(넓고 깊은 학식)의 경우는, 184×3+192×2+110=1,046의 계산으로 1,046점을 기록하게 된 것이다. 끝으로 순위가 적혀 있는 것을 보거니와, 이것은 이와 같이 산출한 점수를 기준으로 삼고 매겨 본 순위다. 점수를 산출함에 있어서 첫째 선택에 대하여 3점, 둘째 선택에 대하여 2점, 그리고 셋째 선택에 대하여 1점을 각각 매긴 것은, 물론 적당히 작정한 것일 따름이며, 꼭 그렇게 점수를 매겨야 할 절대적 이유는 없다. (이런 경우에 점

수를 매긴다는 것 자체에, 엄밀히 따지고 들면 이론적인 문제가 있는 것임을 모르는 바 아니나, 참고삼아 이와 같은 숫자적 처리를 시도했던 것이다.) 따라서, 순위에 관해서도 위에서 정한 바가 절대적인 것이라고는 말할 수 없는 것이며, 다른 기준에 따라(예컨대, 첫째로 선택한 사람들의 수에 따라) 순위를 정할 수도 있음을 우리는 인정해야 할 것이다. 다만, 위와 같은 방법으로 순위를 정하는 것이 여러모로 보아서 적당하다는 생각에 반대하는 사람은 사실상 그리 많지 않을 것으로 믿는다.

이제 표를 다시 살펴보면, 젊은 지성인으로부터 가장 귀중한 가치라는 인정을 받고 있는 것은, 어느 모로 보나 C, 즉 '높고 원만한 인격'이다. C는 점수에 있어서 1위를 차지하고 있을 뿐 아니라, '첫째로 선택한 사람'과 '둘째로 선택한 사람'의 수에 있어서도 가장 높은 수치를 차지하고 있다. 그리고 2위를 차지한 F(뜨겁고 변함없는 이성간의 사랑)와 비교할 때, 그 차이가 현저하다는 점도 주목을 끈다. 2위와 3위, 그리고 3위와 4위의 점수 차이는 100점 내지 200점 정도에 불과한 데 비하여, 1위인 C와 2위인 F와의 차이는 1,000점을 초과하고 있는 것이다. 그리고 '첫째로 선택한 사람'의 수로 보면, 열두 가지의 가치 항목 가운데서 C를 선택한 사람이 1,660명 중 447명으로써, 전체의 27%를 차지하고 있는 셈이다. 이것은 '첫째로 선택한 사람'의 수를 그 다음으로 가장 많이 차지한 A가 196명으로써 12%에도 달하지 못한 것에 비하여 현격한 차이라 하겠다.

도덕적 가치의 근본인 인격의 가치를 현대의 젊은 세대가 이토록 중요시한다는 것은 매우 주목할 사실이다. 전통적 가치관에 대한 반발이 현저한 가운데서도 역시 인격을 가장 귀중한 것이라고 믿는 사람이 이렇게 많다는 것은, 우리나라의 대학생들이 아직도 진지한 기풍을 잃지 않고 있다는 증거로 볼 수 있을 것이다. 그러나 오늘날 젊은 세대가 이상적이라고 생각하는 인격이 반드시 전통적 가치관 안에서의 이상적 인격과 같은 내용의 것이리라고 추측할 이유는 없다. 인격의 중요성을 인정하는 점에 있어서는 옛날과 지금이 의견을 같이하나, 어떠한 인격을 '높고 원만하다'고 보느냐에 대해서는 상당히 다른 견해를 가질 수도 있음직한 일이다.

다음으로 점수에 있어서 2위를 차지한 것은 F, 즉 '뜨겁고 변함없는 이성간의 사랑'이다. 이 F의 가치를 첫 번째로 선택한 사람의 수는 159명으로 4위에 해당하나, 둘째와 셋째로 이것을 선택한 사람들이 많았던 까닭에, 합계와 점수에 있어서 2위를 차지하게 된 것이다. 혈기가 왕성한 대학생들을 상대로 조사한 것이므로, 이 F의 가치가 높이 평가되고 있음은 당연하다고도 하겠으나, 그러나 2위까지 차지한 데는 역시 성(性)을 구가하는 현대의 풍조가 반영된 것이 아닌가 생각된다. 다만, 일시적인 애정관계가 높은 평가를 받고 있는 것이 아니라, '뜨겁고 변함없는 사랑'이 동경되고 있다는 사실은 주목되어야 할 것이다. 단순한 섹스에 대한 관심에 그치는 것이라면 그것은 육체적 가치의 숭상이라고 볼 것이나, '변함없는' 결합에 대한 열망이라는 점에서 그것은 정신적 가치에 대한 동경에 가까운 것이라고 보아야 할 것으로 생각된다.

점수에 있어서 3위를 차지한 것은 B, 즉 '넓고 깊은 학식'이다. 대학생의 사명이 진리의 탐구에 있다는 점을 고려할 때, 그들이 학식에 대하여 비상한 욕구를 표명하는 것은 당연한 일이라고도 생각된다. 그러나 출세를 위한 수단으로서 대학에 다니기를 희망하는 사람이 적지 않다는 관찰이 우세한 우리나라에 있어서, '전국에 알려진 명성'이나 '나라를 좌우할 만한 권력'보다도 '넓고 깊은 학식'을 원하는 사람이 많다는 사실은 어느 정도 우리의 예상을 뒤집는 것이라고도 볼 수 있다. 다만 한 가지 고려해야 할 점은, 이 단순한 통계의 숫자만을 보고 한국의 대학생들은 명예욕이나 권세욕보다도 지식에 대한 욕구가 더욱 강하다고 단정할 수는 없으리라는 사실이다. 우리의 욕구는 그 많은 부분이 무의식 속에 파묻혀 있는 것이며, 우리가 실제로 욕구하고 있는 것과 욕구한다고 말하는 것 사이에는 상당한 거리가 있는 것이 보통이다. 다시 말하면, 자기의 욕구에 대한 진술은 스스로 욕구하는 바에 대한 정직한 고백이라기보다도 "무엇을 욕구하는 것이 옳은가?"라는 물음에 대한 대답에 해당할 경우가 많다. 그러나 이 "무엇을 욕구하는 것이 옳은가?"라는 물음에 대한 대답이 보기에 따라서는 "무엇을 실제로 원하고 있는가?"라는 물음에 대한 정직한 대답보다도 더욱 중요한 의미를 가지고 있다. 왜냐하면, "우리는 X를 욕구해야 옳다."고 하는 판단도 사실은 더 고차원적인 욕구를 표명하는 것이며, 이 고차원적인 욕구야말로 우리의 가치관을 결정하는 더 직접적인 요인이 되는 것이기 때문이다.

점수에 있어서 4위를 차지한 것은 D, 즉 '풍족한 물질생활'이다. 여기서 특히 주의해야 할 것은, D가 점수에 있어서는 비록 4위를 차지하고 있으나, 첫 번째로 선택한 사람의 수로 말하면 겨우 9위에 해당한다는 사실이다. 물질적으로 풍족한 생활을 상당히 중요한 것으로 인정하기는 하나 그러나 가장 중요한 것이라고까지는 믿지 않는 사람이 현저하게 많다는 사실을 알려 주는 이 두 순위의 차이는, 오늘날 젊은 세대의 마음속에 있어서 정신적 가치가 차지하는 비중이 결코 작지 아니함을 암시하는 것으로 보인다.

물질적 쾌락에 대한 욕망은 거의 본능에 가까운 성질을 가졌으며, 특히 현대에 있어서 경제에 대한 관심은 과거의 어느 때보다도 심각한 것이 아닌가 생각된다. 이러한 관점에서 볼 때, 유독 물질의 결핍을 뼈저리게 체험해야 하는 한국의 백성으로서 '풍부한 물질생활'에 대하여 깊은 관심을 표명하는 것은 당연한 현상이라 할 것이다. 그리고 더욱 주목을 끄는 것은 '전국에 알려진 명성'(G)이나 '나라를 좌우할 만한 권력'(H)보다도 '풍부한 물질생활'의 가치가 훨씬 높이 평가되고 있다는 사실이다. 이것은 명성이나 권력보다도 더 기본적이고 필수적인 것이 물질이라는 사실에 대한 인식을 반영하는 것인 동시에, 오늘날 한국의 대학생들이 허영적인 것보다 실질적인 것으로 마음이 끌리고 있다는 사실을 나타내는 것이라고 볼 수 있을 것이다.

점수에 있어서 5위를 차지한 것은 E, 즉 '변함없이 아름다운 우정'이다. 이 E의 수치는 '첫째로 선택한 사람'의 수로 따지면 8위를 차지하고 있으나, 둘째와 셋째로 이것을 선택한 사람이 많은 까닭에 총점에 있어서 5위를 차지한 것이다.

일시적인 기분의 어울림이나 이해관계를 매개로 삼는 타산적인 교우와 구별하자는 뜻에서, '변함없이 아름다운 우정'이라고 말했던 것이다. 타인과의 정신적인 결합으로서의 우정을 매우 높이 평가한 고전적 사상가로서 우리는 아리스토텔레스나 몽테뉴 같은 사람들을 알고 있거니와, 여기 현대 한국의 젊은 지성인 가운데도 인간적 결합을 갈망하는 사람들이 적지 않다는 사실을 보는 것이다. 그리고 우리는 이 사실을 대인관계에 있어서의 또 하나의 현상—즉, 사람을 사귐에 있어서 우선 이해타산과 이용 가치를 고려하는 오늘날의 일반적 현상—과 대조해 가며 검토하게 되는 것이다. 관념의 세계에 있어서는 이해(利害)를 초월한 영적 결합을 갈망하면서도 현실에 있어서는 우선 이해의 계산이 앞서는 것이 오늘날 우리들의 심적 상황의 한 특징이라고도 볼 수 있지 않을까?

다음에 6위를 차지한 것은 A, 즉 '건강한 상태가 지속되는 장수'다. 이것은 점수로 보면 6위밖에 되지 않으나, '첫째로 선택한 사람'의 수로 말하면 2위에 해당된다. 이 세상에서 가장 소중한 것으로서 건강과 장수를 생각하는 사람이 대단히 많다는 것을 알려 주는 이 숫자 가운데 우리는 현대의 생물학적이고 쾌락주의적인 인생관의 한 부분을 보는 것이 아닐까?

A를 첫째로 선택한 사람이 196명의 많은 숫자에 달하고 있음에 비하여, 이것을 둘째와 셋째로 선택한 사람은 비교적 적다. 건강과 장수에 대하여 극도로 깊은 관심을 기울이는 사람들이 어느 정도 있는 반면에, 대부분의 대학생들은 건강 내지 수명에 대하여 비교적 무관심하다는 것을 암시하는 것이라고 해석

된다. 원기가 왕성한 청년기에 있어서 건강과 수명에 무관심한 것은 건강한 사람들의 경우 자연스러운 경향이라 할 것이며, 중년기 이후의 사람들을 상대로 같은 조사를 실시한다면 상당한 수치의 증가를 보지 않을까 짐작된다.

여하간, 건강과 장수에 대한 관심이 그 정도의 수치로 표현되었다는 것은 비교적 새로운 인생관 내지 가치관의 반영이라 할 것이다. 전통적인 관념에 의하면, 다른 어떤 본래적 가치(intrinsic values)를 실현하기 위한 조건으로서 건강과 장수를 귀중하다고 보는 것이 일반적인 생각이었으나, 이제는 건강과 장수 그 자체를 궁극적인 가치로서 존중하는 경향이 비교적 강해진 것으로 이해된다.

점수에 있어서 7위를 차지한 것은 J, 즉 '예술 또는 그 밖의 분야에 있어서 새로운 경지를 개척하는 창조적 활동'이다. '첫째로 선택한 사람'의 수로 말하면 J는 5위를 차지하고 있다.

B가 주로 학문의 세계에 있어서의 성공을 말한 것임에 비하여, J는 주로 예술의 세계에 있어서의 성공을 지칭한 것이다. "인생은 짧고 예술은 길다."는 명언을 연상케 하는 불후의 명작을 위하여 생명을 불살라도 좋다고 믿는 사람들은 옛날에도 있었고, 또 지금도 있을 것이다. J에 관한 우리의 통계는 그렇게 믿는 사람들의 비율을 어느 정도 밝혀 주는 것으로 볼 수 있을 것이다.

그러나, B와 J의 한계가 그토록 분명한 것 같지는 않으며, 보기에 따라서는 이 두 가지의 가치 항목을 같은 카테고리 안에 묶을 수도 있을 것이다. 만약, B와 J를 함께 묶어서 '학문 또는 예술의 분야에 있어서 역사적인 업적을 남김'이라는 항목을 만들었더라면, 이것을 선택한 사람의 수는 단연 많았을 것이며, C의 뒤를 따라 2위를 차지했을 것이다. 물질의 가치로 끌리는 것이 현대의 풍조처럼 주장하는 소리가 높은 가운데서도, 정신적 가치에 대한 동경이 역시 압도적이라는 결론을 촉구하는 바 있음을 느낀다.

점수에 있어서 8위를 차지한 것은 I, 즉 '국가 또는 인류를 위한 헌신적 봉사'의 항목이다. 이기주의의 풍조가 휩쓰는 시대일수록 한편으로 애국과 애족을 부르짖는 사람들이 많이 생긴다. 그 가운데는 입으로만 그렇게 부르짖는 위선자도 있을 것이고, 또 진실로 애국과 애족의 거룩함을 느끼는 사람도 있을 것이다. 여기 우리의 조사에 있어서 I를 선택한 사람들은 후자의 경우를 대표한다고 볼 수 있을 것이다. 그러나 그들의 선택이 의미하는 것은, '국가 또는 인류를 위한 헌신적 봉사'에 대한 염원을 그들이 가졌다는 심리적 사실을 전하는 데 그칠 뿐이요, 그들이 실제에 있어서 애국자 또는 인류애의 실천가라는 보증은 아니다.

다음에 9위를 차지한 것은 L, 즉 '사랑과 기쁨에 가득 찬 신앙생활'이다. 종교적인 신앙생활에 최고의 보람을 느끼는 사람들을 위하여 우리는 이 L의 항목을 마련했던 것인데, 전체 1,660명 가운데서 5분의 1에 가까운 326명이 이 종교적 가치에 관심을 표명한 것이다. 첫째로 L을 선택한 사람은 113명이니, 이 기준으로 말하면 6위에 해당되는 셈이다. 오늘날 젊은 세대의 마음속에서 차지하는 종교의 비중을 암시하는 것으로 볼 수 있을 것이다.

점수에 있어서 10위를 차지한 것은 K, 즉 '현세의 괴로움을 초월한 해탈의 경지'다. K는 L과도 깊은 관련성을 가진 가치 항목이다. L이 기독교를 연상케 하는 바가 있다면, K는 불교를 연상케 한다고 말할 사람도 있을 것이다. 하여간, 우리는 현대에 우리가 처해 있는 정신적 상황이 지극히 어지러움을 염두에 두고 이 항목을 삽입했던 것이며, 이에 대하여 표에 기록된 바와 같은 반응을 얻게 된 것이다. 비록 10위라고는 하나, 9위와의 차이를 보아도 곧 알 수 있듯이, 이 K를 선택한 사람의 절대수는 극히 적다. 어지러운 세상임에 비해서는 도피적 경향은 그리 현저한 편이 아니라 하겠다.

다음에 11위를 차지한 것은 H, 즉 '나라를 좌우할 만한 권력'이다. 오늘날 우리는 정치 만능의 풍조에 따라 권력의 쟁탈을 위한 치열한 싸움이 주위에서 벌어지고 있음을 보거니와, 냉정한 지성으로 판단할 때, 권력 그 자체에 최고의 가치를 인정하는 사람은 비교적 적다는 결론을 본 셈이다. 권력 그 자체에 대한 평가는 그리 높지 않음에도 불구하고 권력을 감망하는 사람은 실제에 있어서 대단히 많은 것이 아닐까? 만약 그렇다면, 그것은 권력에 수반하는 다른 실리(實利) 때문이거나, 또는 우리의 지성이 판단하는 바와 우리가 몸으로 실천하는 길 사이의 먼 거리 때문일 것이다.

끝으로 12위는 G, 즉 '전국에 알려진 명성'이 차지하고 있다. G는 12위를 차지했을 뿐만 아니라, 11위인 H와의 차이도 대단히 크다. G를 첫째로 선택한 사람은 겨우 20명밖에 되지 않으며, 점수도 11위인 H의 절반도 되지 않는 172점이다. 모든 점으로 보아 단연 1위를 차지하고 있는 C의 숫자와 비교한다면, G에 대한 평가의 상대적 위치를 더욱 뚜렷이 알 수 있을 것이다.

아리스토텔레스에 의하면, 옛날 그리스 사람들 가운데 인생의 최고선, 즉 행복은 곧 명예라고 생각하는 사람들이 많았다. 특히 그것은 상류층에 흔했던 생각이다. 명예를 좋아하는 것은 물론 그리스 사람들만의 특색이 아닐 것이다. 봉건적 신분 사회와 체면 존중의 전통이 오랜 우리나라에 있어서도 명예를 좋아하는 기풍이 매우 강하다는 인상을 받는다. 명예욕의 심리는 곧장 허영의 심리로 통한다. 우리나라에 있어서 결코 약하다고 볼 수 없는 허영의 풍조를 돌이켜 볼 때, 우리나라 사람들에게 명예에 대한 관심이 적다고는 생각되지 않는다.

그러나 우리나라의 대학생들은 명예라는 것을 그리 대수롭지 않은 것이라고 판단을 내렸다. 냉철한 지성으로 살필 때, 그것은 뜬구름과 같이 허무하다는 것일까? 명예를 탐내기에는 실질적인 현실의 여러 가지 문제가 너무 각박하다는 것만은 아닐 것이다. 심리의 자연적인 경향은 혹 명예로 강하게 끌릴지도 모르나, 지성의 반성으로 볼 때는 역시 그것은 그리 중요한 것이 못 되는 것으로 판단되었을 것이다.

이상은 [표 1], 즉 전체에 관한 통계에 대한 분석이었다. 다음에는 남자와 여자를 나누어 비교한 통계를 살펴보기로 하자. 여기 보이는 [표 2]는 남자 표본 915명에 관한 통계이고, [표 3]은 여자 표본 745명에 관한 통계다.

[표 2]   남자 표본 915명 가운데서

가치 항목	첫째로 선택한 사람	둘째로 선택한 사람	셋째로 선택한 사람	합 계	점 수	순 위
A	118	43	54	215	494	5
B	114	108	59	281	617	2
C	208	180	81	469	1,065	1
D	59	116	140	315	549	3
E	46	97	101	244	433	7
F	46	94	149	289	475	6
G	13	26	33	72	124	12
H	57	45	41	143	302	9
I	89	79	85	253	510	4
J	73	62	62	197	405	8
K	48	26	48	122	244	11
L	44	39	62	145	272	10
합 계	915	915	915	2,745	—	—

[표 3]   여자 표본 745명 가운데서

가치 항목	첫째로 선택한 사람	둘째로 선택한 사람	셋째로 선택한 사람	합 계	점 수	순 위
A	78	33	44	155	344	8
B	70	84	51	205	429	4
C	239	158	67	464	1,100	1
D	23	73	133	229	348	7
E	50	105	92	247	452	3
F	113	114	118	345	685	2
G	7	12	3	22	48	12
H	5	11	14	30	51	11
I	14	37	42	93	158	9
J	53	67	83	203	376	5
K	24	11	26	61	120	10
L	69	40	72	181	359	6
합 계	745	745	745	2,235	—	—

우선 A의 가치 항목, 즉 '건강한 상태가 지속되는 장수'에 관한 숫자를 보기로 하자. A는 남자에 있어서는 5위를 차지했는데, 여자에 있어서는 8위로

떨어지고 있다. 남학생 915명 가운데서 건강과 장수에 대하여 깊은 관심을 표명한 것은 215명, 즉 23.5%인데 여학생 745명 가운데서 같은 가치에 대하여 깊은 관심을 표명한 것은 155명, 즉 20.8%를 헤아리고 있다. 건강을 아끼는 마음이 남자에게 더 강함을 의미하는 것일까? 또는 우리나라 대학생들 가운데 건강에 유의하지 않을 수 없는 허약한 사람이 남자에게 더 많다는 것일까?

다음에 B는 '넓고 깊은 학식'이다. 이 항목은 남자에게 있어서는 2위라는 높은 자리를 차지하였으며, 여자에게 있어서도 4위라는 비교적 높은 자리에 오르고 있다. 남자의 경우는 표본 915명 가운데서 그 30.7%에 해당하는 281명이 '넓고 깊은 학식'에 대하여 깊은 관심을 표명하고 있으며, 여자의 경우는 745명 가운데서 그 27.5%에 해당하는 205명이 깊은 관심을 나타내고 있다. 학식에 대한 욕구가 남자에게 더 많은 것은 첫째, 남자의 성격이 과학적 탐구에 더욱 적합하며, 둘째, 우리나라의 실정에 있어서 여자는 대학을 마치면 곧 가정생활에 몰두하게 되는 것이 보통이라는 사실 때문이 아닌가 생각된다.

C는 남자에게 있어서나 여자에게 있어서나 단연 1위를 차지하고 있다. C는 '높고 원만한 인격'을 나타내는데, 특히 여자의 경우에 있어서 이 '인격'의 가치를 존중하는 경향이 더욱 강하다. 여자의 표본 745명 가운데서 이 항목을 첫째로 선택한 사람만 하더라도 그 32.1%에 해당하는 239명이며, 둘째와 셋째까지 선택한 사람을 모두 합하면, 그 62.3%에 해당하는 464명에 달하고 있다. 여자의 순박함과 그 이상주의적인 경향이 반영된 것이라고 생각된다.

다음에 D는 '풍부한 물질생활'이라는 항목이다. 이 항목은 남자에게 있어서는 3위를 차지하고 있으나, 여자에게 있어서는 7위로 떨어지고 있다. 남자의 경우에 있어서 이 풍부한 물질생활에 대하여 깊은 관심을 표명한 것은

915명 중 315명으로 34.4%에 해당하고, 여자의 경우에 있어서는 745명 가운데 229명으로 30.7%를 차지한다. 여기에 나타난 숫자로 본다면, 물질생활에 대한 관심에 있어서 남자보다 여자가 더 담백하다는 이야기가 된다. 여기에도 남자가 현실주의적 경향이 강하고, 여자는 이상주의적 경향이 강하다는 남녀의 성격의 차이가 반영된 것으로 볼 수 있을 것이다. 그러나 이것만으로 물욕에 있어서 남자와 여자를 비교할 때, 전자가 더 탐욕이 강하다고 단정할 수는 없을 것이다. 의식적 가치관에 의한 평가와 무의식 속에서 발동하는 욕구가 반드시 일치하는 것은 아니기 때문이다. 당위의 의식에 있어서는 물질생활을 낮게 평가하면서, 실제에 있어서는 물질에 대한 탐욕이 대단한 사람도 있다는 것은 널리 알려진 사실이다. 그러나 하여간 당위의 의식에 있어서 여자보다도 남자가 물질생활의 가치를 더 높이 평가하고 있다는 것은 인정해도 좋을 것이다.

다음에 E, 즉 '변함없이 아름다운 우정'을 보면, 이것은 남자의 경우에 있어서는 7위를 차지하고 있으며, 여자의 경우에 있어서는 3위를 차지하고 있다. 남자 915명 가운데서 '변함없이 아름다운 우정'에 대하여 높은 가치를 인정한 사람은 244명으로 26.7%에 해당하고, 여자 745명 가운데서 같은 판단을 내린 사람은 247명으로 33.2%에 해당한다. 이러한 차이는 정서적 가치를 숭상하는 마음이 남자보다도 여자에게 강하다는 것을 말해 주는 것으로 해석할 수 있을 것이다.

다음은 F, 즉 '뜨겁고 변함없는 이성간의 사랑'이다. 이 항목은 남자에 있어서 6위를 차지하고 있으며, 여자에 있어서는 2위의 높은 순위를 차지하고 있다. 남자의 경우는 915명 가운데서 그 31.6%에 해당하는 289명이 이 항목의 가치를 높이 평가하고 있으며, 여자의 경우는 745명 가운데서 그 46.3%인 345명이 같은 항목을 높이 평가하고 있다. F의 '뜨겁고 변함없는 이성간의 사랑'은 그것이 대인관계에서 빚어지는 정서적 가치라는 점에 있어서 E의

'변함없이 아름다운 우정'과 일맥상통하는 면을 가졌다. E에 있어서 높은 평가를 내린 여자 측이 F에 있어서도 역시 높은 가치를 인정하는 일관성을 보여준 셈이다.

G는 '전국에 알려진 명성'이다. 이 항목은 남자에 있어서나 여자에 있어서나 다 같이 가장 아래인 12위를 차지하고 있다. 같은 최하위인 가운데도 여자 측에서 받은 점수가 더욱 낮다. 남자는 915명 가운데서 그 7.8%에 해당하는 72명이 '전국에 알려진 명성'에 큰 가치를 인정하고 있음에 비하여, 여자의 경우는 745명 가운데서 겨우 그 3.0%인 22명만이 그것에 대하여 큰 보람을 인정하고 있는 것이다.

여기서 연상되는 것은, "여자에게는 허영심이 많다."는 일반적 관찰이다. 만약 이 관찰이 옳은 것이라면, 여자에게는 허영심은 많으나 명성이라는 것에 대하여는 그리 높은 가치를 인정하지 않는다는 결론이 될 것이다. 그러나 필자가 보기에는 명예욕도 일종의 허영심이다. 그렇다면, 여자는 보통 말하는 '명예욕'과는 다른 종류의 허영심이 강한 반면에, 남자는 '명예'라는 것에 대한 허영심이 강하다는 이야기가 성립함직하다. 그러나 남자의 경우나 여자의 경우나, 그들이 좋아하는 명예 또는 허영에 대하여 그것이 보람에 찬 것임을 지성으로서 공공연하게 인정하기는 일반적으로 꺼리는 모양이다.

다음은 H, '나라를 좌우할 만한 권력'이다. 이 항목은 남자에 있어서 9위를 차지했으며, 여자에 있어서는 11위를 차지하고 있다. 남자 915명 가운데서 이 항목을 선택한 사람은 143명으로 15.6%에 해당한다. 여자의 경우는 745명 가운데서 그 4.0%에 해당하는 30명만이 같은 항목을 선택하고 있다. 고래로 권력과 인연이 깊었던 것이 주로 남자였다는 사실 및 남자의 지배적인 성격을 고려한다면, 곧 수긍이 가는 숫자라 하겠다. 다만, 남자에 있어서 이 권력의 항목을 선택한 사람의 수는 전체적으로 적으며, 여자의 경우에 있어서 명예의 항목보다는 이 권력의 항목을 택한 사람이 더 많다는 사실은 흥미

롭다.

다음 항목 I는 '국가 또는 인류를 위한 헌신적 봉사'로 되어 있다. I는 남자에 있어서 4위라는 비교적 높은 자리를 차지했는데, 여자의 경우에는 9위를 차지하고 있다. 남자의 경우는 915명 가운데서 I를 선택한 사람이 253명으로 27.7%에 해당하는데, 여자의 경우는 745명 가운데서 그 12.5%에 해당하는 겨우 93명만이 같은 항목을 선택하고 있다. 국가나 사회의 문제에 관해서는 일반적으로 남자 쪽이 더 적극적인 관심을 가진 것으로 알려져 있거니와, 우리의 조사에 있어서도 I의 항목에 대한 남자와 여자의 관심의 정도가 현저히 다르게 나타나고 있음을 볼 수 있다.

다음 항목은 J, '예술 또는 그 밖의 분야에 있어서 새로운 경지를 개척하는 창조적 활동'이다. 이 항목은 남자의 경우는 8위를 차지하고 있는데, 여자의 경우는 5위에 오르고 있다. 남자에 있어서는 915명 가운데서 J를 선택한 사람이 197명으로 21.5%에 해당하는데, 여자에 있어서는 745명 가운데서 그 27.2%에 해당하는 203명이 같은 항목을 선택하고 있다. 예술적 창작 활동과 정서 사이에 밀접한 관계가 있으며, 여자가 정서적 가치에 대하여 일반적으로 민감하다는 사실을 고려한다면, 곧 수긍할 수 있는 비율의 차이라고 생각된다.

다음은 K, '현세의 괴로움을 초월한 해탈의 경지'라는 항목이다. 이 항목은 남자에 있어서 11위를 차지했으며, 여자에 있어서는 10위를 차지하고 있다. 순위에 있어서는 비록 여자가 높은 자리를 차지하고 있으나, 비율을 살펴보면, 이 항목에 대하여 더 많은 관심을 나타낸 것은 도리어 남자임이 발견된다. 즉, 남자의 경우는 915명 가운데서 그 13.3%인 122명이 이 항목을 선택하고 있는데, 여자의 경우는 745명 가운데서 그 8.2%인 61명만이 같은 항목을 선택하고 있다. 속세를 등지고 싶은 감정에 있어서 일반적으로 여자보다도 남자의 경우가 우세하다는 것을 암시하는 것이라고 보아도 좋을 것인가?

마지막 항목 L은 '사랑과 기쁨에 가득 찬 신앙생활'이다. 이 항목은 남자에 있어서는 10위를 차지했으며, 여자에 있어서는 6위를 차지하고 있다. 남자에 있어서는 915명 가운데서 L의 항목을 선택한 사람이 145명으로 15.8%에 해당하는 데 비하여, 여자의 경우는 745명 가운데서 그 24.3%를 차지하는 181명이 같은 항목을 선택하고 있다. K 항목에 있어서 남자 측이 선택한 비율이 높았던 것과는 정반대의 대조적인 현상이다. K와 L은 다 같이 종교적 감정과 관계가 깊은 항목이라고 생각되는데, K가 현세에 대한 부정적 태도의 종교적 감정에 연결되는 것이라면, L은 현세를 긍정하는 태도의 종교적 감정에 연결되는 것이라고 볼 수 있을 것이다. 그렇다면, 남자의 종교적 감정은 비교적 현세 부정의 방향으로 이끌리기 쉬운 반면에, 여자의 그것은 현세 긍정의 방향으로 이끌리는 경향이 있다는 가설을 세울 수도 있을 것 같다. 이러한 가설을 염두에 두고, 오늘날 한국에 있어서 불교의 교리로 이끌리는 신도와 기독교의 가르침으로 이끌리는 신도에 관한 남녀별 분포를 조사해 본다면 흥미 있는 결과가 생길 것으로 예측된다. 모르기는 하지만, 필자가 보기에는 현대에 있어서의 불교와 기독교를 비교할 때, 전자는 현세에 대한 부정적 측면이 더 강한 것 같으며, 후자는 그 긍정적 측면이 강한 것 같다. 그리고 한 세계관 내지 인생관으로서의 불교와 기독교를 견주어 볼 때, 전자는 남성적 성격과 어울리기 쉬운 일면이 있으며, 후자는 여성적 성격과 어울리기 쉬운 일면을 가진 듯한 인상이 깊다.

다음은 문과생과 이과생을 비교한 통계를 검토하기로 하자. 여기 보이는 [표 4]는 문과생의 응답을 정리한 것이고, [표 5]는 이과생의 응답을 정리한 것이다.

[표 4]　　　　　　　　문과생 표본 836명 가운데서

가치 항목	첫째로 선택한 사람	둘째로 선택한 사람	셋째로 선택한 사람	합 계	점 수	순 위
A	108	43	56	207	466	5
B	74	94	57	225	467	4
C	236	179	78	493	1,144	1
D	43	107	143	293	486	3
E	36	76	88	200	348	8
F	71	99	128	298	539	2
G	13	21	23	57	104	12
H	40	35	30	105	220	10
I	56	62	64	182	356	7
J	67	56	65	188	378	6
K	42	20	41	105	207	11
L	50	44	63	157	301	9
합 계	836	836	836	2,508	—	—

[표 5]　　　　　　　　이과생 표본 824명 가운데서

가치 항목	첫째로 선택한 사람	둘째로 선택한 사람	셋째로 선택한 사람	합 계	점 수	순 위
A	88	33	42	163	372	7
B	110	98	53	261	579	3
C	211	159	70	440	1,021	1
D	39	82	130	251	411	5
E	60	126	105	291	537	4
F	88	109	139	336	621	2
G	7	17	13	37	68	12
H	22	21	25	68	133	11
I	47	54	63	164	312	9
J	59	73	80	212	403	6
K	30	17	33	80	157	10
L	63	35	71	169	330	8
합 계	824	824	824	2,472	—	—

　이제 이 두 표를 비교하되, 우선 A의 항목으로부터 차례로 훑어보기로 한다. A, 즉 '건강한 상태가 지속되는 장수'는 문과생에 있어서 5위를 차지했으며, 이과생에 있어서는 7위를 차지하고 있다. A를 선택한 사람들의 수나 그 비율로 보더라도 문과생의 경우가 우세하다. 그러나 이러한 차이가 바로 문과 또는 이과라는 분야의 성격과 연결시켜서 설명될 수 있을 것인지는 의문이다.

다음의 B 항목 '넓고 깊은 학식'은 문과생에 있어서 4위를 차지하고 있으며, 이과생에 있어서는 3위를 차지하고 있다. 표본수로 말하면, 문과생이 836명이고 이과생은 그보다 12명이 적은 824명인데, B를 선택한 사람의 수는 이과생에게 36명 더 많으며, 특히 첫째 선택에 있어서 그 36명이라는 차이가 생기고 있다는 점이 주목된다. 대학생들이 대체로 학문에 대하여 깊은 관심을 가지고 있는 가운데도 특히 이과생의 관심이 더 크다는 것을 나타냈다고 볼 수 있을 것이다. 이것은 이과생들이 대체로 학업에 열중하는 경향이 강하다는 일반의 관찰과도 일치하는 바다.

　다음에 C 항목, '높고 원만한 인격'은 문과생에 있어서나 이과생에 있어서나 다 같이 1위를 차지하고 있다. 이 항목을 선택한 사람들의 수를 보면 문과생이 약간 높은 비율을 보이고는 있으나, 대체로 말해서 문과생과 이과생 사이에 별로 차이가 없다. '높고 원만한 인격'을 인생의 이상이라고 보는 사람이 많다는 점에 있어서 문과생과 이과생은 별로 다를 바가 없다는 것을 믿어도 좋을 것이다.

　다음은 D, '풍족한 물질생활'이라는 항목이다. 이 항목은 문과생에 있어서 3위를 차지했으며, 이과생에 있어서는 5위를 차지하고 있다. 이 항목을 선택한 사람의 비율로 보더라도 문과생의 경우가 약간 높은 수치를 보이고 있다. 그러나 그 차이는 비교적 작은 것이어서, 물질생활에 관한 태도가 문과생은 어떻고 이과생은 어떻다고 말하기는 힘들 것으로 보인다.

　다음에 E 항목은 '변함없이 아름다운 우정'으로 되어 있거니와, 이 항목은 문과생에 있어서는 8위를 차지했으며, 이과생에 있어서는 4위를 지키고 있다. 문과생의 경우는 836명의 표본 가운데서 E를 선택한 사람이 그 23.9%에 해당되는 200명밖에 되지 않는데, 이과생의 경우는 824명의 표본 가운데서 그 35.3%에 해당되는 291명이 같은 항목을 선택하고 있다. 우리의 조사에 관한 한, 우정의 가치를 인정함에 있어서 이과생의 태도가 훨씬 더 적극적이라고 보아야 할 것이다.

다음에 F, 즉 '뜨겁고 변함없는 이성간의 사랑'의 항목은 문과생에 있어서나 이과생에 있어서나 다 같이 2위를 차지하고 있다. 비록 순위에 있어서는 같으나, 이 항목을 선택한 사람들의 수와 비율을 살펴보면, 여기에 있어서도 이과생에 관한 수치가 상당히 우세하다는 것을 발견한다. 즉, 우정에 대하여 높은 가치를 인정함에 있어서 문과생보다 적극적인 경향을 보인 이과생들은, 이성간의 사랑의 가치를 높이 인정함에 있어서도 비슷한 경향을 나타내고 있다. 앞에서도 언급한 바와 같이, '변함없이 아름다운 우정'과 '뜨겁고 변함없는 이성간의 사랑'은 다 같이 정서의 면이 지배적인 가치라는 점을 고려한다면, 곧 수긍이 가는 일치라고 하겠다.

다음에 G, 즉 '전국에 알려진 명성'의 항목은 문과생에 있어서나 이과생에 있어서나 모두 가장 아래 자리인 12위를 차지하고 있다. 순위에 있어서는 같으나 평가의 내용을 살펴보면, '명성'이라는 것을 그리 중요한 것이라고 보지 않은 점에 있어서 이과생들의 생각이 더욱 일치하고 있음을 발견한다. 이 항목을 1차로 선택한 사람은 문과생의 경우는 836명 중 13명인데, 이과생의 경우는 824명 가운데서 겨우 7명밖에 되지 않는다. 3차까지의 선택을 아울러 보아도 역시 이과생의 숫자가 훨씬 뒤떨어진다. 이과생들의 성격이 일반적으로 소박하고 차분하다는 관찰과 부합되는 경향이라 하겠다.

다음은 H, 즉 '나라를 좌우할 만한 권력'의 항목인데, 이 항목은 문과생에 있어서는 10위를 차지했으며, 이과생에 있어서는 11위를 차지하고 있다. 순위로 볼 때는 한 자리의 차이밖에는 없으나, 내용을 살펴보면 상당한 차이가 있다. 다시 말하면, '권력'이라는 것을 그리 중요한 것이라고 보지 않는 경향이 이과생에게 더욱 뚜렷하다. 정치와 경제 또는 그 밖의 권력과 직결되는 분야에 있어서의 야망이 자연과학도에게 대체로 어울리지 않는다는 사실과 부합되는 경향이라 하겠다.

다음에 I, 즉 '국가 또는 인류를 위한 헌신적 봉사'의 항목은, 문과생에 있어서 7위를 차지했으며, 이과생에 있어서는 9위를 차지하였다. 이 항목의 수치를 여러모로 견주어 보면, 국가 내지 사회에 대한 관심이 문과생에게 약간 더 깊은 것 같은 인상을 주는 바도 없지 않으나, 어떤 단정을 내리기에 충분할 정도의 숫자적 차이는 발견되지 않는다.

　다음에 J, 즉 '예술 또는 그 밖의 분야에 있어서 새로운 경지를 개척하는 창조적 활동'의 항목을 보면, 이것은 문과생과 이과생에 있어서 다 같이 6위를 차지하고 있다. 이 항목을 첫째로 선택한 사람의 수에 있어서만은 문과생이 약간 우세한 것으로 나타나고 있으나, 점수와 그 밖의 여러 가지 점에 있어서 이과생의 숫자가 약간 우세한 경향을 보이고 있다.

　다음에 K 항목, 즉 '현세의 괴로움을 초월한 해탈의 경지'는 문과생에 있어서 11위를 차지했으며, 이과생에 있어서는 10위를 차지하고 있다. 순위로 보면 이 항목에 대하여 이과생이 더 깊은 관심을 표명한 것같이 보이나, 점수와 그 밖의 수치를 비교해 보면 도리어 문과생 측의 관심이 좀 더 우세하다. 그러나 그리 대단한 차이는 아니다.

　끝으로 L, 즉 '사랑과 기쁨에 가득 찬 신앙생활'의 항목은, 문과생에 있어서 9위를 차지했으며, 이과생에 있어서는 8위를 차지하고 있다. 문과생의 경우에는 표본 836명 가운데서 그 18.8%에 해당하는 157명이 이 항목을 선택했으며(그 중에서 1차로 선택한 사람은 50명), 이과생의 경우에는 표본 824명 가운데서 그 20.5%에 해당하는 169명이 같은 항목을 선택하고 있다(그 중에서 1차로 선택한 사람은 63명). 이와 같이, 자연과학도에게 신앙생활에 대한 요구가 오히려 강한 것은, 자연과학이 물질주의적인 세계를 대상으로 삼는다는 점에 비추어 볼 때 흥미 있는 일이다.

　다음에는 가정의 수입 등급에 따라 정리한 통계를 살펴보기로 하자. 여기

보이는 [표 6]은 가정 수입이 상급(1964년 현재 연수입 25만 원 이상)에 속하는 학생들의 응답을 정리한 것이고, [표 7]은 중급(1964년 현재 연수입 6만 원 이상~25만 원 미만)에 속하는 학생들에 관한 통계이며, [표 8]은 하급(1964년 현재 연수입 6만 원 미만)에 속하는 학생들에 관한 것이다.

[표 6]　　　　가정 수입 상급 표본 554명 가운데서

가치 항목	첫째로 선택한 사람	둘째로 선택한 사람	셋째로 선택한 사람	합 계	점 수	순 위
A	70	24	34	128	292	6
B	57	59	29	145	318	3
C	156	113	60	329	754	1
D	22	72	91	185	301	5
E	37	67	59	163	304	4
F	60	69	101	230	419	2
G	9	12	9	30	60	12
H	21	23	16	60	125	10
I	31	38	35	104	204	8
J	43	44	51	138	268	7
K	19	13	24	56	107	11
L	29	20	45	94	172	9
합 계	554	554	554	1,662	—	—

[표 7]　　　　가정 수입 중급 표본 823명 가운데서

가치 항목	첫째로 선택한 사람	둘째로 선택한 사람	셋째로 선택한 사람	합 계	점 수	순 위
A	88	38	50	176	390	6
B	94	99	59	252	539	3
C	229	167	68	464	1,089	1
D	45	90	140	275	455	4
E	43	100	100	243	429	5
F	79	104	125	278	570	2
G	8	20	24	52	88	12
H	30	25	23	78	163	11
I	52	55	72	179	338	8
J	62	65	64	191	380	7
K	34	17	35	86	171	10
L	59	43	63	165	326	9
합 계	823	823	823	2,469	—	—

[표 8]　　　　가정 수입 하급 표본 205명 가운데서

가치 항목	첫째로 선택한 사람	둘째로 선택한 사람	셋째로 선택한 사람	합 계	점 수	순 위
A	31	11	8	50	123	3
B	25	24	10	59	133	2
C	50	43	18	111	254	1
D	8	23	33	54	103	6
E	12	22	24	58	104	5
F	12	27	31	70	121	4
G	2	6	4	12	22	12
H	11	3	13	27	52	11
I	14	16	18	48	92	7
J	11	15	22	48	85	8
K	13	6	9	28	60	10
L	16	9	15	40	81	9
합 계	205	205	205	615	—	—

그러면 첫째 항목부터 차례로 이 세 개의 표를 비교해 보기로 한다.

우선, 첫째 항목 A(건강한 상태가 지속되는 장수)는 상급과 중급에 있어서 6위를 차지하였고, 하급에 있어서는 3위를 차지하고 있다. 그러나 실제로 상급 및 중급과 하급 사이의 차이는 그리 대단한 편이 아니다. 이 항목을 택한 사람의 수를 살펴보면, 상급은 554명 가운데 128명(23.1%)이고, 중급은 823명 가운데 176명(21.4%)이며, 하급은 205명 가운데 50명(24.4%)이다.

둘째 항목 B(넓고 깊은 학식)에 있어서도 가정의 수입 등급에 따르는 차이는 그리 현저한 편이 아니다. 순위로 보면, 이 항목은 상급과 중급에 있어서 3위를 차지하고 있으며, 하급에 있어서는 2위를 차지하고 있다. 그리고 표본수와 선택한 사람의 비율로 보더라도 그리 큰 차이는 발견되지 않는다.

셋째 항목 C(높고 원만한 인격)는 상급, 중급, 하급 어디에 있어서나 1위를 차지하고 있다. 표본수와 선택한 사람의 수와의 비율을 보면, 상급에 있어서는 554명 가운데 329명으로 59.4%이고, 중급에 있어서는 823명 가운데 464명으로 56.4%이며, 하급에 있어서는 205명 가운데 111명으로 54.1%다. 가정의 경제 사정이 윤택할수록 약간 그 비율이 높아지는 것 같은 경향을 보

이고 있기는 하나, 그 차이가 그리 큰 편이 아닌 까닭에, "생활의 여유가 생길수록 인격이라는 도덕적 가치에 대한 욕구가 커진다."는 가설을 세우기에 충분할지는 의문이다.

넷째 항목 D(풍족한 물질생활)는 상급에 있어서 5위, 중급에 있어서 4위, 그리고 하급에 있어서 6위를 각각 차지하고 있다. 이 항목을 선택한 사람은 상급에 있어서 554명 가운데 185명(33.4%), 중급에 있어서 823명 가운데 275명(33.4%), 그리고 하급에 있어서 205명 가운데 54명(26.3%)이다. 가정의 경제 사정이 어려운 사람들이 도리어 풍족한 물질생활을 그리 중요하지 않다고 주장하는 경향이 있음은 흥미 있는 일이다.

다섯째 항목 E(변함없이 아름다운 우정)는 상급에 있어서 4위를 차지했으며, 중급과 하급에 있어서는 다 같이 5위를 차지하고 있다. 이 항목을 선택한 사람의 수를 보면, 상급에 있어서는 554명 가운데 163명(29.4%)이고, 중급에 있어서는 823명 가운데 243명(29.5%)이며, 하급에 있어서는 205명 가운데 58명(28.3%)으로, 그 비율의 차이가 별로 없다. 가정의 경제 사정과 우정에 대한 평가 사이에는 그리 뚜렷한 인과의 관계가 없는 모양이다.

여섯째 항목 F(뜨겁고 변함없는 이성간의 사랑)는 상급과 중급에 있어서 모두 2위를 차지했으며, 하급에 있어서는 4위를 차지하고 있다. 이 항목을 선택한 사람의 수를 살펴보면, 상급에 있어서는 554명 가운데 230명(41.5%)이고, 중급에 있어서는 823명 가운데 278명(33.8%)이며, 하급에 있어서는 205명 가운데 70명(34.1%)이다. 이 비율로 보면 중급과 하급이 거의 비슷하나, 1차로 이 항목을 선택한 사람의 비율이 하급에 있어서 특히 낮은 까닭에, 점수에 있어서 2위와 4위로 달라지는 결과가 생긴 것이다. 상급에 있어서는 어느 모로 보나 이 '이성간의 사랑'이 비교적 높은 평가를 받고 있음이 확실하다. 생활의 여유가 이 항목에 대한 관심을 더욱 촉진시키는 것일까?

일곱째 항목 G(전국에 알려진 명성)는 상급, 중급, 하급 어디에 있어서나 가장 낮은 12위를 차지하고 있다. 그리고 실질적인 내용에 있어서도 세 등급에 따르는 특기할 만한 차이는 보이지 않는다. 즉, 상급에 있어서는 554명 가운데서 그 5.4%에 해당하는 30명이, 중급에 있어서는 823명 가운데서 그 6.3%에 해당하는 52명이, 그리고 하급에 있어서는 205명 가운데서 그 5.8%에 해당하는 12명이 각각 선택하고 있는 것이다.

여덟째 항목 H(나라를 좌우할 만한 권력)는 상급에 있어서 10위를 차지했으며, 중급과 하급에 있어서는 다 같이 11위를 차지하고 있다. 이 항목을 선택한 사람의 비율에 있어서는 하급이 가장 높고 중급이 가장 낮다. 그러나 그 비율이 차이는 극히 작다. 즉, 상급은 554명 가운데 그 10.8%에 해당하는 60명이, 중급은 823명 가운데 그 9.5%에 해당하는 78명이, 그리고 하급은 205명 가운데 그 13.1%에 해당하는 27명이 각각 이 항목을 선택하고 있는 것이다.

아홉째 항목 I(국가 또는 인류를 위한 헌신적 봉사)는 상급과 중급에 있어서 8위를 차지했으며, 하급에 있어서는 7위를 차지하고 있다. 이 항목을 선택한 사람의 비율은 상급이 가장 낮고, 중급 및 하급으로 갈수록 조금씩 높아지고 있다. 즉, 상급에 있어서는 554명 가운데 그 18.8%에 해당하는 104명이, 중급에 있어서는 823명 가운데 그 21.7%에 해당하는 179명이, 그리고 하급에 있어서는 205명 가운데서 그 23.4%에 해당하는 48명이 각각 이 항목을 선택하고 있다. 가정의 형편이 어려운 사람들이 국가나 사회의 문제에 대하여 관심이 더한 듯한 경향이기는 하나, 어떤 단정을 내리기에는 너무 사소한 차이가 아닌가 생각된다.

열째 항목인 J(예술 또는 그 밖의 분야에 있어서 새로운 경지를 개척하는 창조적 활동)는 상급과 중급에 있어서 7위를 차지했으며, 하급에 있어서는 8위를 차지하고 있다. 순위에 있어서 별 차이가 없듯이, 선택한 사람의 비율에 있어서도 이렇다 할 정도의 차이는 보이지 않는다. 즉, 상급은 554명의 24.9%에 해당하는 138명이, 중급은 823명의 23.2%에 해당하는 191명이,

그리고 하급은 205명의 23.4%에 해당하는 48명이 각각 이 항목을 선택하고 있는 것이다.

열한째 항목 K(현세의 괴로움을 초월한 해탈의 경지)는 상급에 있어서 11위를 차지하였고, 중급과 하급에 있어서는 다 같이 10위를 차지하고 있다. 이 항목을 선택한 사람의 총수와 표본수와의 비율에 있어서는 상급과 중급이 거의 같고(10.1%와 10.4%), 하급에 있어서는 그보다 약간 높은 수치(13.1%)를 나타내고 있다.

마지막 항목 L(사랑과 기쁨에 가득 찬 신앙생활)은 상급, 중급, 하급 어느 등급에 있어서나 9위를 차지하고 있다. 이 항목을 선택한 사람의 총수와 표본수와의 비율에 있어서는 중급과 하급은 거의 비슷하고(20%와 19.5%), 상급만이 그보다 약간 낮은 수치를 보이고 있다(16.9%).

이상에서 우리는 가정의 수입 등급별에 따르는 통계를 검토해 보았다. 다음에는 성장지의 도시·농어촌별에 따르는 통계를 살펴보기로 하자. 여기 보이는 [표 9]는 서울 출신 514명에 관한 통계이고, [표 10]은 지방도시(1963년 현재 인구 10만 이상의 도시) 출신에 관한 통계이며, [표 11]은 농어촌 출신에 관한 통계다. A항목부터 차례로 이 세 표를 견주어 보기로 한다.

[표 9]　　　　　　　서울 출신 표본 514명 가운데서

가치 항목	첫째로 선택한 사람	둘째로 선택한 사람	셋째로 선택한 사람	합 계	점 수	순 위
A	48	20	32	100	216	7
B	57	73	32	162	349	3
C	146	110	40	296	698	1
D	28	60	99	187	303	4
E	33	50	63	146	262	6
F	65	81	87	233	444	2
G	2	4	13	19	27	12
H	11	13	10	34	69	11
I	22	27	25	74	145	9
J	45	48	51	144	282	5
K	25	2	22	49	101	10
L	32	26	40	98	188	8
합 계	514	514	514	1,542	—	—

[표 10]　　　　　지방도시 출신 표본 482명 가운데서

가치 항목	첫째로 선택한 사람	둘째로 선택한 사람	셋째로 선택한 사람	합 계	점 수	순 위
A	62	22	27	111	257	5
B	53	41	38	132	279	3
C	125	99	48	272	621	1
D	23	52	72	147	245	6
E	29	60	53	142	260	4
F	45	65	81	191	346	2
G	6	13	11	30	55	12
H	21	22	15	58	122	10
I	29	28	42	99	185	8
J	37	41	41	119	234	7
K	21	16	17	54	112	11
L	31	23	37	91	176	9
합 계	482	482	482	1,446	—	—

[표 11]　　　　　농어촌 출신 표본 586명 가운데서

가치 항목	첫째로 선택한 사람	둘째로 선택한 사람	셋째로 선택한 사람	합 계	점 수	순 위
A	79	31	33	143	332	3
B	66	68	28	162	362	2
C	164	114	58	336	778	1
D	24	73	93	190	311	6
E	30	79	67	176	315	5
F	41	54	89	184	320	4
G	11	21	13	45	88	12
H	30	16	27	73	149	11
I	46	54	58	158	304	7
J	34	35	45	114	217	8
K	20	18	29	67	125	10
L	41	23	46	110	215	9
합 계	586	586	586	1,758	—	—

　첫째 항목 A(건강과 장수)는 서울 출신에 있어서 7위, 지방도시 출신에 있어서 5위, 그리고 농어촌 출신에 있어서 3위를 각각 차지하고 있다. 이 항목을 선택한 사람의 수를 보면, 서울 출신은 514명 가운데 19.4%에 해당하는 100명이고, 지방도시 출신은 482명 가운데 23.2%에 해당하는 111명이며, 농어촌 출신에 있어서는 24.4%에 해당하는 143명이다. 여기에 나타난 경향으로는 대도시에서 성장한 사람보다 농어촌에서 자라난 사람이 대체로

건강과 장수에 대하여 더 많은 관심을 가진 것같이 보인다. 그러나 이것을 일반적인 현상이라고 볼 수 있을지는 아직 의문이다.

둘째 항목 B(학식)는 서울과 지방도시 출신에 있어서 3위를 차지했으며, 농어촌 출신에 있어서 2위를 차지하고 있다. 순위에 있어서 비슷할 뿐만 아니라, 표본수와 이 항목을 선택한 사람의 총수의 비율에 있어서도 차이가 그리 큰 편이 아니다. 성장지와 학식에 대한 평가 사이에 특별한 관계는 없는 것으로 보인다.

셋째 항목 C(인격)는 세 개의 표 어느 것에 있어서나 1위를 차지하고 있다. 표본수와 이 항목을 선택한 사람의 수와의 비율로 보아도 거의 차이가 나타나지 않고 있다(서울 출신 57.6%, 지방도시 출신 56.4%, 농어촌 출신 57.3%). 한국의 경우, 성장한 곳에 따라 '높고 원만한 인격'을 존중하는 경향이 혹은 더하고 혹은 덜한 차이는 없는 모양이다.

넷째 항목 D(물질생활)는 서울 출신에 있어서 4위를 차지했으며, 지방도시와 농어촌 출신에 있어서 같은 6위를 차지하고 있다. 이 항목을 선택한 사람의 수에 있어서도 서울 출신이 약간 높은 비율을 보이고 있다. 즉, 서울 출신에 있어서는 514명 가운데 36.4%에 해당하는 187명이 이 항목을 선택했는데, 지방도시 출신에 있어서는 482명 가운데 30.5%에 해당하는 147명, 농어촌 출신에 있어서는 586명 가운데 32.4%에 해당하는 190명이 같은 항목을 선택하고 있다.

다섯째 항목 E(우정)는 서울 출신에 있어서 6위를 차지하였고, 지방도시 출신에 있어서는 4위를 차지했으며, 농어촌 출신에 있어서는 5위를 차지하고 있다. 이 항목에 있어서도, 성장한 곳에 따르는 뚜렷한 경향의 차이는 나타나지 않는 것으로 보인다.

여섯째 항목 F(이성간의 사랑)는 서울 출신과 지방도시 출신에 있어서 다같이 2위를 차지했으며, 농어촌 출신에 있어서 4위를 차지하고 있다. 표본수와 이 항목을 선택한 사람의 수와의 비율을 보면, '변함없는 이성간의 사랑'을 높이 평가하는 경향이 서울 출신에게 가장 강하고 농어촌 출신에게 가장 약한 것으로 나타나고 있다. 즉, 서울 출신에 있어서는 514명의 45.3%에 해당하는 233명이 이 항목을 선택하였으며 지방도시 출신에 있어서는 482명의 39.6%에 해당하는 191명이 이를 선택하였고, 농어촌 출신에 있어서는 586명의 31.4%밖에 안 되는 184명이 같은 항목을 선택하고 있는 것이다. 성(性)을 찬양하는 새로운 풍조가 대도시에 먼저 불어오고 있다는 사실과 관련이 있다고 볼 수 있지 않을까?

일곱째 항목 G(명성)는 세 개의 표 어느 것에 있어서나 최하위인 12위를 차지하고 있다. 그러나 그 가운데도 비율로 따지면 약간의 차이가 나타난다. 명성이라는 것을 대수롭지 않은 것으로 판단하는 경향이 가장 강한 것은 서울 출신이고, 그래도 그것을 중요시하는 경향이 비교적 많은 것은 농어촌 출신이라는 것은 표를 대략 훑어만 보아도 곧 알 수 있을 정도다.

여덟째 항목 H(권력)는 서울 출신에 있어서 11위를 차지했으며, 지방도시와 농어촌 출신에 있어서 같은 10위를 차지하고 있다. 이 항목이 말하는 '나라를 좌우할 만한 권력'을 그리 귀중한 것이라고 보지 않는 점에 있어서 서울 출신이 가장 현저한 경향을 보이고 있으며, 지방도시 출신과 농어촌 출신은 비슷한 가운데 후자에 있어서 약간 더 많은 관심이 표명되고 있다. 즉, 서울 출신의 경우는 514명의 6.6%에 해당하는 34명이 이 항목을 선택하고 있는데, 지방도시 출신의 경우는 482명의 12%에 해당하는 58명, 농어촌 출신의 경우에는 586명의 12.5%에 해당하는 73명이 같은 항목을 선택하고 있다. 이것은 앞의 G 항목, 즉 '명성'의 항목에 있어서 보여준 바와 똑같은 경향이라는 점에서 흥미롭다. 아리스토텔레스도 특히 권력층에 있어서 명성을 좋아하는 기풍이 강하다고 말한 바 있거니와, 명성을 존중하는 마음과 권력을 존중하는 마음 사이에 깊은 상관관계가 있는 것일지도 모른다.

아홉째 항목 I(헌신적 봉사)는 서울 출신에 있어서 9위, 지방도시 출신에 있어서 8위, 농어촌 출신에 있어서 7위를 각각 차지하고 있다. 이 항목을 선택한 사람의 수와 표본수와의 비율에 있어서도 서울 출신의 것이 가장 낮고 농어촌 출신의 것이 가장 높다. 서울 출신에 있어서는 514명의 14.4%에 해당하는 74명이, 지방도시 출신에 있어서는 482명의 20.5%에 해당하는 99명이, 그리고 농어촌 출신에 있어서는 586명의 27%에 해당하는 158명이 각각 이 항목을 선택하고 있는 것이다. 개인주의 내지 이기주의의 경향이 대도시로 갈수록 더한 것일지도 모른다.

열째 항목 J(창조적 활동)는 서울 출신에 있어서 5위, 지방도시 출신에 있어서 7위, 농어촌 출신에 있어서 8위를 각각 차지하고 있다. 표본수와 이 항목을 선택한 사람의 수의 비율을 보아도, 서울 출신의 것이 가장 높고 다음이 지방도시 출신, 그리고 농어촌 출신의 순서로 되어 있다. 즉, 서울 출신은 514명의 28%에 해당하는 144명이 이 항목을 선택한 데 비하여, 지방도시 출신은 482명의 24.7%에 해당하는 119명이, 농어촌 출신은 586명의 19.5%에 해당하는 114명이 각각 같은 항목을 선택하고 있는 것이다. '헌신적 봉사'를 말한 I 항목에 있어서와는 정반대로, 이 '예술 또는 그 밖의 분야에 있어서 새로운 경지를 개척하는 창조적 활동'에 있어서는 대도시 출신일수록 이를 숭상하는 경향이 강한 것으로 나타난 셈이다. 국가나 인류를 위한 봉사가 주로 사회적 활동으로서의 뜻이 강한 데 비하여, 창조적 활동은 개인적인 활동으로서의 뜻이 강하다는 점을 생각할 때, 수긍이 가는 대조라 할 것이다.

열한째 항목 K(해탈의 경지)는 서울 출신에 있어서 10위를 차지했으며, 지방도시 출신과 농어촌 출신에 있어서는 함께 11위를 차지하고 있다. 표본수에 대해 선택한 인원수의 비율을 살펴보아도 별로 주목할 만한 차이는 없다(서울 출신 9.5%, 지방도시 출신 11.2%, 농어촌 출신 11.4%).

끝으로 마지막 항목 L(신앙생활)은 서울 출신에 있어서 8위를 차지하고 있으며, 지방도시 출신과 농어촌 출신에 있어서 각각 9위를 차지하고 있다. 그리고 표본수에 대해 선택한 인원수의 비율로 보아도 역시 차이가 거의 없다 (서울 출신 19.1%, 지방도시 출신 18.9%, 농어촌 출신 18.8%). 앞서 살펴본 '해탈의 경지'의 항목에 있어서도 그렇듯이, '사랑과 기쁨에 가득 찬 신앙생활'을 지극히 소중한 것으로 생각하는 마음과 응답자의 성장지 사이에 뚜렷한 상관관계는 없는 것으로 보인다.

5장 결어

이제까지 우리는 11개의 표를 토대로 삼고, 각 항목이 얻은 숫자에 따라 항목 하나하나에 대한 대학생들의 평가를 분석적으로 검토하였다. 이제는 앞에 소개한 숫자적 결과를 종합적으로 고찰함으로써, 한국 대학생의 행복관 내지 이상(理想)에 대한 전체적인 검토를 시도하기로 하자.

(1) 우선 우리의 주목을 끄는 것은 가치의 경중에 대한 젊은이들의 견해에 상당한 개인차가 있다는 사실이다. '높고 원만한 인격'을 가장 중요하다고 믿는 사람부터 '전국에 알려진 명성'을 가장 바람직한 것이라고 생각하는 사람에 이르기까지, 대학생들의 판단은 다양한 분포를 보이고 있다. 물론, 이와 같은 의견의 불일치는 현대 한국의 대학생에게만 특유한 것이 아니고, 어느 시대 어느 나라에 있어서나 볼 수 있는 일반적인 현상일 것이다. 다만, 그 다양성의 정도가 현대의 한국이 처해 있는 특수한 사정으로 말미암아 더욱더 심해진 것이 아닐까 생각되는 점이 없지 않다. 동양의 전통적 가치 의식과 서양의 새로운 풍조가 교차하는 가운데 새 세대의 가치관이 하나의 방향을 얻어서 뭉치기란 과연 힘든 일일 것이다.

우리가 조사한 차원에 있어서 가치판단이 여러 갈래로 나누어지는 것 그 자체는 걱정할 현상이 아닐 것이다. 이상 내지 행복에 관한 견해에 그 사람의 개성이 반영되는 것이 당연한 일이라면, 우리의 질문서에 대한 응답에 어느 정도의 불일치가 생기는 것은 도리어 정상적인 현상이 아닐 수 없다. 만약 세상 사람이 모두 예술이나 학문 또는 그 밖의 어떤 한 가지 종류를 최고의 것이라고 믿는 데 의견이 일치하여, 그 한 가지를 추구하기에 여념이 없다면, 인간 사회의 경쟁 사태는 더욱 심각한 양상을 띠게 될 것이다. 어느 면에 있어서는 가치 의식의 불일치는 도리어 건전한 현상이라 할 것이다.

그러나 한 단계 높은 차원에 있어서 종합적인 가치관이 문제될 때, 어느 정도의 견해의 통일은 매우 바람직할 뿐만 아니라, 건실한 사회의 발전을 위해서 그것이 절실하게 요구되는 것이다. 가령, '높고 원만한 인격'을 가진 사람들이, '국가와 인류를 위한 헌신적 봉사'를 통하여 부정과 부패 또는 수탈이 없는 사회를 건설하고, 그 사회 안에서 국민은 각자의 소질에 따라 혹은 '넓고 깊은 학식'을 탐구하고, 혹은 '예술 또는 그 밖의 분야에 있어서 새로운 경지를 개척하는 창조적 활동'에 힘씀으로써, 슬기로운 문화를 이룩하는 것이 공동의 이상이라는 견해에 신념이 일치한다면, 그리고 그러한 이상을 실현하기 위해서는 '건강한 상태가 지속되는 장수'와 '풍족한 물질생활'이 전제되어야 한다는 점에 사람들의 신념이 일치한다면, 그러한 신념의 일치는 명랑한 사회를 이룩함에 있어서 크게 도움이 될 것이다. 그와는 반대로, 만약 대부분의 사람들이 '나라를 좌우할 만한 권력'이나 '전국에 알려진 명성'을 추구하기에만 급급하고, '국가 또는 인류를 위하여 헌신적으로 봉사'하겠다는 생각은 추호도 없이 오직 자기 자신만의 '풍족한 물질생활'을 추구하는 것을 당연한 일이라고 믿는다면, 그리고 일부의 사람들은 '뜨거운 이성간의 사랑'이나 또는 '현세의 괴로움을 초월한 해탈의 경지'를 얻음이 인생의 최고선이라고 믿고, 사회의 공동 목표에는 거의 무관심하다면, 그러한 가치관의 풍조는 나라의 기틀을 위태롭게 할 것이다.

(2) 가치의 경중에 대한 젊은이들의 견해가 각양각색이라고는 하나, 그 가운데 주류를 이루는 흐름이 전혀 없는 것이 아니다. 첫째로, '높고 원만한 인격'이라는 정신적 가치를 으뜸으로 여기는 사람들이 단연 많은 비율을 차지하고 있으며(1,660명 가운데서 이를 첫째로 선택한 사람 447명, 둘째로 선택한 사람 338명, 셋째로 선택한 사람 148명, 총 933명), 그 다음에 '뜨겁고 변함없는 이성간의 사랑' 및 '변함없이 아름다운 우정'과 같은 정서적이고 사교적인 가치가 2위와 5위를 차지하고 있다. 그리고 '높고 원만한 인격'은 말할 것도 없거니와 '뜨겁고 변함없는 이성간의 사랑' 및 '변함없이 아름다운 우정'도 넓은 의미로는 도덕적 가치라는 것을 고려한다면, 인간답게 사는 일에 인생 최고의 보람을 인정하는 사람이 표본의 대부분을 차지한다고 볼 수 있을 것이다. 그 다음에 3위를 차지한 것이 '넓고 깊은 학식'이거니와, 그리스의 철학자들이 지식을 네 가지 주덕(主德)의 하나로 헤아렸으며, 옛날 유가에서도 지(智)와 인(仁)과 용(勇)을 3덕으로 쳤다는 사실을 상기할 때, 이 B의 항목도 역시 넓은 의미의 도덕적 가치를 바탕으로 삼는 것임을 인정하게 된다. 그리고 4위를 차지한 '풍부한 물질생활'과 6위를 차지한 '건강한 상태가 지속되는 장수'는 그 자체가 '사람답게 사는 일'의 물질적인 측면일 뿐아니라, '높고 원만한 인격'을 기르고 '넓고 깊은 학식'을 쌓아 가며, 사람답게 살아가는 데 절실하게 요구되는 조건들이다. 이와 같이 본다면, 오늘날 한국의 대학생들의 지성이 요구하는 바에도 스스로 통일될 수 있는 요소를 많이 가지고 있으며, 오늘날 우리 젊은 세대의 이상도 넓은 관점에서 보면, 옛날의 지성의 그것과 대동소이하다고 말해도 무방하리라고 생각된다.

오늘날 젊은 세대의 이상이 옛날의 지성의 그것과 대동소이하다는 것은 우리 조사에 있어서 낮은 점수를 받은 항목을 살펴볼 경우에도 나타난다. 최하위인 12위를 차지한 것이 '전국에 알려진 명성'이고, 11위를 차지한 것이 '나라를 좌우할 만한 권력'이었거니와, 이러한 가치들은 고대 유가의 가르침 가운데서 경계해야 할 유혹으로서 거듭 지적된 것일 뿐만 아니라, 서양의 전통 속에서도 그리 환영을 받지 못한 것들이다.

(3) '현세의 괴로움을 초월한 해탈의 경지'와 '사랑과 기쁨에 가득 찬 신앙 생활'이 10위 및 9위라는 낮은 자리를 차지한 점은, 세계적인 사조에 비추어 보면 현대의 특색을 반영한 것 같기도 하나, 우리 한국의 전통에 비추어 본다 면 역시 옛날부터의 흐름에 따르는 것이라고 말할 수 있을 것이다. 기독교의 가르침이 중추를 이룬 서양의 전통적 가치관에 있어서라면, '사랑과 기쁨에 가득 찬 신앙생활'이 좀 더 많은 점수를 얻었을 것이고, 동양에 있어서도 불 교적인 전통의 가치관에 있어서라면 '현세의 괴로움을 초월한 해탈의 경지' 가 좀 더 많은 점수를 얻었음직한 일이다. 그러나 한국에 있어서는 조선시대 이래 유교적 가치관이 전통의 주류를 차지했으며, 유교적 전통에 있어서는 고래로 엄밀한 의미의 종교적 가치에 대한 관심은 비교적 약했던 것이다.

(4) 남자와 여자, 문과생과 이과생 등의 구별에 따라, 가장 중요하다고 생 각하는 가치 항목을 선택함에 경향의 차이가 생기는 경우가 있음을 보았다. 예컨대, 남자는 여자보다 '물질생활'이나 '건강' 같은 실리적인 가치를 높이 평가하는 경향이 있음에 비하여, 여자는 남자보다 '우정'이나 '사랑' 따위의 낭만적인 가치를 높이 평가하는 경향이 있었다. 또, '우정'은 문과생보다 이 과생이 더 높이 평가했으며, 공공 생활을 위한 '봉사'는 이과생보다도 문과 생이 더 높이 평가하는 경향을 보였다. 그러나 그러한 차이는 몇몇 가치 항목 에 있어서만 현저할 뿐이며, '인간답게 사는 일에 인생 최고의 보람을 인정 하는 경향'이 주류를 이룬다고 말한 앞에서의 주장을 무너뜨릴 정도의 것은 아니다. 개인이 살아온 경력과 현재의 위치에 따라 각자의 가치관에는 상당 한 다양성이 있음에도 불구하고, 매우 커다랗고 일반적인 문제에 있어서는 우리가 공통의 목표 아래 살 수 있다는 희망이 여전히 남아 있는 것으로 보인 다.

(5) 그러나 우리의 낙관이 지나쳐서는 안 될 것이다. 여기서 우리는 우리의 조사가 당위의 의식에 관한 것이요, 현실의 행동에 관한 것이 아니었다는 사실을 상기해야 한다. 다시 말하면, 우리가 얻은 것은, "당신은 어느 것이 가장 값지다고 생각하십니까?"라는 물음에 대한 응답이지, "당신은 현재 어느 것을 목표로 삼고 행동하고 있습니까?"라는 물음에 대한 응답이 아니라는 사실을 상기해야 할 것이다. 우리가 냉철하게 반성하는 순간에 생각하는 것과 어떤 욕구에 밀려서 실제로 행동하는 것 사이에는 상당한 거리가 있는 것이 보통이다. 따라서 반성적 사색에 있어서 견해가 어느 정도 통일된다 하더라도, 생존경쟁으로 연결되는 행동의 세계에 있어서는 보조가 전혀 맞지 않을 수도 있다. 그리고 우리에게 궁극적으로 요구되는 것은 관념의 세계에 있어서의 조화가 아니라, 행동의 세계에 있어서의 조화다. 다만, 관념의 조화는 행동의 조화를 위하여 절대로 필요한 조건이라는 의미에서 전자의 중요성이 인정되어야 할 것이다.

끝으로 우리는 이 조사가 갖는 의미 내지 가치의 한계에 관해서 간단히 언급할 필요가 있을 것이다. 우리가 만약 어떤 실천적인 물음에 대답하고자 하는 윤리학적 관심을 배후에 두고 이 조사를 시작한 것이라면, 우리의 연구는 적어도 두 가지 점에 있어서 불충분하다는 사실을 명심해야 할 것이다.

우리 연구의 첫째 미비점은, 우리의 연구가 한갓 사회조사 및 그 정리에 그치는 것이며, 그 자체가 규범 윤리학적 탐구는 아니라는 사실에 있다. 무릇 심리학적 내지 사회학적 현상에 관한 경험과학적 탐구는 어떤 규범적 결론을 위한 소전제의 구실을 할 수 있을 뿐이요, 대전제의 구실까지를 겸할 수는 없는 까닭에, 그 자체만으로는 당위의 문제에 대답할 수 있는 준비를 갖추지 못하고 있는 것이 원칙이다. 왜냐하면, 당위의 문제에 대한 해답은 가치판단으로 주어져야 할 것임에도 불구하고, 순전히 경험과학적 탐구의 성과로 얻어지는 여러 가지 판단에는 가치판단의 요소, 즉 규범적 요소는 없으며, 따라서 그것들을 전제로 삼고 어떤 규범적 결론을 내릴 때에는, 전제에 없던 요소를 결론 안에 끌어들이는 논리적 오류를 범하게 되기 때문이다.

우리의 조사가 어떤 실천적 처방으로 연결될 수 있기 위해서는 대전제의 구실을 할 규범의 원리를 이 조사 이외에서 얻어 와야 할 것이다. 그 규범의 원리를 어떻게 발견할 수 있느냐는 문제는 엄밀한 의미에 있어서의 윤리학적인 문제이며, 우리의 현재의 탐구와는 자리를 달리하여 새로운 각도에서 다루어야 할 커다란 물음이다. 설령, 별도의 탐구의 성과로 대전제의 구실을 할 규범의 원리를 얻었다 하더라도, 그 규범의 원리와 우리의 조사만을 결합함으로써, "한국의 새 세대가 지향할 이상이 무엇인가?"라는 실천의 물음에 대답할 수는 없을 것이다. 여기에 우리의 연구가 가진 두 번째 미비점이 있다. 다시 말하면, 우리의 조사는 앞에서 말한 '소전제'를 얻기 위한 탐구의 조그마한 일부분에 지나지 않는 것이며, 각도를 달리한 다른 여러 개의 사실 탐구를 기다리지 않고서는 그다지 쓸모가 없다는 점을 우리는 스스로 인정해야 할 것이다.

우리 질문서에 제시된 12개의 가치 항목은 모두 개인적 노력의 목표들이요, 국민 전체가 공동의 목표로 삼아야 할 올바른 경제 제도나 정치체제 등의 문제는 포함되지 않았다. '국가 또는 인류를 위한 헌신적 봉사'라는 항목이 들어 있기는 하나, 그것도 개인적 자세의 문제로서 제시된 것이고, '앞으로 이룩해야 할 사회의 모습'에 대한 물음을 직접 제기한 것은 아니다. 그러나 오늘날 이상 또는 행복에 대한 고찰이 구체적인 것이 되기 위해서는, 인간의 문제를 개인의 면에서만 다룰 것이 아니라 집단의 면에서도 다루어야 할 것이다. 다시 말하면, 우리가 지향할 새로운 인간상을 개인의 모습으로서만 그릴 것이 아니라, 인간의 집단으로서의 국가 내지 사회 전체가 장차 가져야 할 모습을 모색해야 할 것이다. 그리고 그러한 모색은 정치와 경제를 비롯한 여러 가지 사회문제에 대한 고찰을 중심으로 삼게 될 것이다. 인간이 지향해야 할 가치를 개인의 문제로서 다룬 우리의 조사는 오직 편의를 위한 분석적 작업에 지나지 않는 것이며, 인간의 가치를 사회의 공동 목표로서 다루는 또 하나의 조사를 기다려서 종합되어야 할 예비적 탐구에 지나지 않는다.

　필자가 믿기에는, 정치체제나 경제 제도는 인간적 가치의 실현을 위한 수단으로서의 의미가 강하다. 다시 말하면, 정치나 경제에 관해서 무슨 주의가 옳고 무슨 제도가 좋으냐는 문제는, 그 주의나 제도 자체를 자기 목적적 가치로서 인정하고 묻는 물음이 아니라, 행복한 인간 생활을 위한 수단과 방법의 문제로서 다루어지는 것이 원칙이라고 믿는다. 만약 이러한 관점이 용납된다면, "우리는 어떠한 정치와 어떠한 경제기구를 실현해야 할 것인가?"라는 물음에 대답할 수 있기 위해서는 우선 '행복한 인간 생활'이 어떠한 내용의 것인가가 대략 밝혀져 있어야 할 것이다. 그리고 행복의 주체는 개인인 까닭에, '행복한 인간 생활의 내용'은 원칙상 건강, 학식, 인격, 우정 등의 개인적 가치로 규정할 수가 있다. 바로 이러한 관점에서 우리는 12개의 개인적 가치 항목을 우리의 질문서 속에 제시했던 것이다. 그러나 우리가 흔히 말하는 '개인적 가치'라는 것도 사실은 사회적 관계를 떠나서 실현될 수 없는 것이며, '개인적 가치'니 '사회적 가치'니 하는 관념조차도 한갓 추상의 산물에 지나지 않는다. 그뿐만 아니라 평화, 공정한 분배, 민주주의 정치 따위의 사회적 가치도 그것이 단순한 수단의 가치에 그치는 것이 아니라, 이젠 벌써 그 자체가 목적으로서의 의미를 지니고 있다. 그리고 학식, 인격, 우정, 예술 등 이른바 개인적 가치도 단순한 개인만의 노력으로써 실현할 수 있는 목표가 아니라, 그것이 실현되기 위해서는 적합한 사회적 조건이 형성되어야 한다. 이와 같은 여러 가지 점으로 보아, 인간의 이상의 문제를 사회적 측면에서 다룬 또 하나의 조사에 의하여 보충되지 않는 한 별로 쓸모가 없을 것이라고, 이 연구의 제2의 미비점을 지적했던 것이다.

질문서
— 새 모럴의 모색에 관련된 한 가지 조사

부탁드리는 말씀

이것은 우리나라에 있어서 새로운 모럴의 방향을 모색하는 탐구의 어떤 한 부분을 위한 질문서입니다. 새로운 모럴을 확립하는 일은 국민 전체의 공통된 과업이라 하겠습니다만, 특히 우리들 지성인이 그 선봉의 구실을 해야 한다고 믿습니다. 그러기 위해서는 우선 이 나라의 희망인 여러분 대학생들이 현재 가지고 있는 도덕관념을 정확하게 파악하고 분석할 필요가 있을 것입니다. 이러한 관점에서 이 연구는 계획된 것이며, 잘만 하면 어느 정도의 의의도 있으리라고 믿는 마음에서, 감히 여러분의 귀중한 시간을 나누어 받고자 부탁드리는 것입니다.

여러분의 깊은 신념이 사실 그대로 여러분의 대답을 통하여 여기 나타나지 않는다면, 이 연구는 실패하고 말 것입니다. 따라서, 간곡히 부탁드리고 싶은 것은 여러분이 어디까지나 진지하고 솔직한 기분으로 다음 물음들에 대답해 주시는 일입니다.

여기 나온 물음들에는 옳은 대답과 그른 대답이 미리 정해져 있지 않습니다. 어느 것이 정말 옳은 대답인지 우리가 다 같이 힘을 모아서 찾아보자는 것이 이 조사의 요점입니다. 따라서 여러분은 각각 자기의 생각을 그대로 표시하면 되는 것이며, 입학 시험을 칠 때 하듯이, 학교 선생님 또는 선배들로부터 얻어 들은 의견 따위를 여기에 옮겨서는 안 됩니다.

이 물음들은 여러분이 실제로 어떻게 행동하겠는가를 묻는 것이 아니라, 어떻게 행동하는 것이 옳다고 생각하는가 그 의견을 묻는 것입니다. 따라서 여러분 스스로가 그렇게 실천할 자신이 없더라도, 그렇게 하는 것이 옳겠다고 생각만 한다면, 그 생각을 따라 대답해 주십시오.

물 음

I. 당신은 다음 도덕 판단에 원칙적으로 찬동하십니까, 또는 반대하십니까? 응답지에 V표를 하여 당신의 신념을 표시해 주십시오. 만약, 가부간의 판단을 내리기가 곤란할 경우에는 '모르겠다'에 V를 하십시오.

1. 정치에서 도덕을 찾는 것은 정치가 무엇인지 모르는 어리석음이다. 정권의 획득을 위해서는 수단과 방법을 가리지 않고 내 목적을 달성함이 당연하다.

2. 설령 독재정치에 의하여 부유하게 살 수 있는 길이 열린다 하더라도, 우리는 차라리 민주 정치 아래서 굶주리는 편이 낫다.

3. 위정자는 옳은 지도 원리를 따라 정치를 해야 하지만, 우리나라같이 급속도의 발전이 요구 될 경우에 있어서는 일반 국민에게 일일이 그 지도 원리를 설명하고 납득시킬 필요는 없으 며, 그저 강력하게 그 길로 국민을 끌고 가는 것이 좋다.

4. 빈민이 압도적으로 많은 나라에 있어서, 고위의 정치가가 금일봉 또는 그 밖의 어떤 선심 을 빈민에게 베푸는 것은 그 빈민을 구제하는 중요한 방법의 하나다.

5. 정부가 사회의 질서를 확립하는 가장 좋은 방법은, 여러 가지 까다로운 법률을 만드는 일 보다도 국민의 불만을 덜어 줌으로써 민심을 얻도록 하는 일이다.

6. 정부의 고관이 하급 공무원의 부정과 부패를 다스리는 마당에 있어서, 자기들 자신에게도 부정과 부패가 많다는 사실에 크게 신경을 쓸 필요는 없다.

7. 장관의 자리에 여러 해 동안 있다가 은퇴한 정치가가 집 한 채도 제대로 없다면, 그의 청렴 을 칭찬할 사람도 있을지 모르나, 사실은 그가 융통성 없고 못난 사람이라고 보는 견해가 더욱 타당할 것이다.

8. 자기 한 개인의 덕(德)을 닦지 못하여 인격이 대단치 못한 사람일지라도, 재주와 수완만 놀 라우면 정치적 지도자로서의 자격이 있다.

9. 만약 그것이 참으로 나라를 살리는 길이라면, 정치적 동지를 배반하고 새로운 당에 가담한 다 해도 잘못이 아니다.

10. 대통령이나 국회의원도 일반 국민과 고락을 같이해야 한다는 의견이 있다. 그러나 애쓰 고 싸워서 높은 자리에 오른 뒤에 일반 국민과 같이 고생스러운 생활을 하라는 것은 무리 한 요구다.

11. 나는 실직자로서 하루에 세 끼를 겨우 먹을 수 있을 정도로 가난하다. 만약 현 정부가 나

에게 고관의 자리를 주겠다면, 설령 현 정부의 시책에 찬성할 수 없더라도 나는 그 취직 자리를 수락하는 것이 옳다.

12. 나보다 실력이 월등하게 낫고 인품이 훌륭한 사람을 나와 같은 직장에서 일하도록 끌어들이면, 나 자신의 위치가 위험하게 될 염려가 있다. 그러므로 나보다 난 사람은 되도록 물리치는 것이 당연하다.

13. 공무원이 이렇다 할 공적 용무 없이 상사의 거처에 출입하면서 비위를 맞추는 것을 비열하다고 나무랄 이유는 없다.

14. 정치는 정치가에게 일임하는 것이 옳다. 일반 국민이 정치를 잘하네 못하네 하고 비판하는 것은 옳지 못하다.

15. 어지러운 세상에 함부로 바른말을 하다가 희생을 당하는 것은 어리석은 일이다. 따라서 험악한 세상에서는 오직 침묵을 지키는 것이 좋다.

16. "이 나라의 고등교육을 받은 사람들은 뜻을 널리 국가 사회의 문제로 돌려야 한다."고 외치는 소리도 있으나, 차라리 안락한 가정생활에 관심을 집중하여 실속을 차리도록 하는 것이 옳다.

17. 조국이 귀중한 것은 그것이 나에게 무슨 도움이 될 경우에 있어서다. 극도로 빈곤하고 불안한 조국이라면, 차라리 남미 같은 곳으로 이민을 가는 것이 옳은 일이다.

18. 노동자나 농민의 힘을 빌려서 자기만이 부자가 되는 것은 어느 시대에나 흔히 있는 일이니 크게 책망할 일이 못 된다.

19. 부자 또는 고관으로서 자기의 운전수와 같은 식탁에서 식사를 하는 것은, 불가피한 사정이라도 없는 한, 스스로 위신을 깎는 처사이니 주책없는 짓이라 하겠다.

20. 우리나라에서는 차장(車掌)이나 여급에게 대하여 '이래라', '저래라' 하고 말을 놓는다. 그러나 차장 또는 여급의 나이가 고등학교 상급반 정도에 이르렀을 경우에는, 적어도 '하

시오' 정도의 공손한 말을 사용하는 것이 옳다.

21. 일부 부유층에서 자기 집의 개를 식모나 사동(使童)보다도 더 소중히 여기는 것은 물론 잘 하는 일은 아니다. 그러나 도저히 용납될 수 없을 정도의 잘못이라고 할 것까지는 없다 .

22. 공익(公益)과 관계있는 문제에 당면했을 때에는 우선 일부터 해결하도록 꾀할 것이요, 보 수의 문제는 뒤로 미루어야 한다.

23. 인생은 경쟁이다. 내가 성공하기 위해서는 남의 실패가 필요할 경우도 많다. 나의 성공을 위하듯이 남의 성공도 도와주어야 한다는 도덕의 가르침은 받아들일 수가 없다.

24. 사람은 누구나 자기를 위하는 마음이 강하지만, 사람된 도리로 말하면 항상 남을 먼저 하 고 나를 나중으로 돌려야 한다.

25. 한 가지 특기에 능하여 생활의 안정을 얻는 것도 중요하고, 전체로서의 인격을 닦는 일도 중요하다. 그러나 그 가운데서 더욱 중요한 것은 후자다.

26. 내 과실을 인정하고 그것을 부끄러이 여기며, 빨리 그것을 고쳐야 한다는 것은 봉건 도덕 의 주장이다. 현대의 새 세대는 웬만한 경우에는 내가 잘했다고 버팀으로써 인생의 승리 자가 되도록 꾀해야 한다.

27. 실력의 양성에만 주력할 것이 아니라, 세상 사람이 나를 알아주도록 어느 정도의 선전도 게을리하지 않을 필요가 있다.

28. 수단과 방법을 가리지 말고 돈 벌기와 출세를 위하여 싸워야 한다.

29. 신의가 있고 정직한 사람은 밥 세 끼 얻어먹기도 힘든 오늘날, 신의를 지키고 정직하게 살라는 도덕의 가르침은 무의미한 것이며, 그것을 따를 이유도 없다.

30. 식(食)이나 색(色) 같은 육체적 쾌락보다도 예술을 즐기고 우정을 나누는 따위의 정신적 쾌락이 더 값지다.

31. 학식이 있고 인격도 높지만 가난하고 권력도 없이 사는 것보다는, 학식이 낮고 인격은 보잘것없더라도 많은 금력과 권력을 가지고 사는 것이 더 바람직한 인생이다.

32. 실력은 있으나 취직이 못 된 청년보다는, 실력은 없지만 부모가 유력한 덕택으로 취직이 된 청년이 더 부러운 존재다.

33. 사람을 쓸 때 되도록 자기의 친척이나 후배 또는 같은 고향 사람을 채용하여 자기의 세력 지반을 굳게 닦는 것은 잘하는 일이다.

34. 속으로 원한을 숨기고 겉으로 친하게 지내는 것은 좋지 못한 일이다.

35. 재산에 관하여 네것과 내것의 한계를 엄밀히 따지는 것보다는, 항상 이쪽이 양보하는 태도로 사는 것이 바람직한 미덕이다.

36. 학생의 신분으로 다방이나 주점에 출입함은 되도록 삼가는 것이 바람직하다.

37. 결혼식, 장례식, 제사 등은 인생의 중요한 예(禮)이므로, 동양의 전통적 미풍을 따라 되도록 성대하게 지내는 것이 옳다.

38. 결혼식이나 환갑 잔치 등에 있어서 초청장을 널리 내고, 초청장을 받은 사람은 축하금을 내는 풍습은, 우리나라의 미풍이므로 오래 존속시켜야 한다.

39. 서양 사람은 별다르게 차린 것도 없이 손님을 초대하는 경우가 많다. 이것에 비하면, 다소 경제적 무리가 가더라도 푸짐하게 차려서 손님을 대접하는 우리나라의 풍속이 훨씬 더 예의적이요 자랑스럽다.

40. 서울의 거리에는 화려하고 값비싼 옷을 입은 신사·숙녀가 많이 눈에 뜨인다. 이것은 여러모로 보아 대견스럽고 좋은 현상이라고 해야 할 것이다.

41. 아름다운 이성(異性)의 육체를 갖는 것보다도 믿음직한 친구의 우정을 갖는 것이 더욱 바람직하다.

42. 친구가 좋은 것은 내가 곤란을 당했을 때 그들의 도움을 받을 수 있기 때문이다. 이용 가치가 많은 친구일수록 가까이 사귀어야 하며, 이용가치가 없는 친구와는 거리를 두는 것이 좋다.

43. 대학의 동급생끼리 사귐에 있어서는 친하다고 함부로 무례한 말을 쓰지 않고, 항상 공손한 말과 존경하는 태도로 대하는 것이 좋다.

44. 현재 우리나라에 있어서 사촌간의 결혼은 허용되지 않지만, 앞으로는 이러한 제한은 없애는 것이 좋겠다.

45. 결혼의 상대를 선택함에 있어서는 당사자의 인물도 중요하겠지만, 물질적인 혜택의 유무도 깊이 고려해야 한다.

46. 결혼을 전제로 하지 않는 연애는 건전한 관계라고 볼수 없다.

47. 결혼 전의 성생활은 되도록 삼가는 것이 좋으나, 절대로 나쁠 것은 없다.

48. 말과 행동이 일치하기는 사실상 매우 어렵다. 따라서, 스스로 실천하지 못할 말은 입 밖에 내지 말라는 것은 적절한 교훈이 아니다 .

49. 학생이 선생에게 질문을 할 때, 스승의 실력을 테스트하자는 생각이 있다면, 그것은 잘못이다.

50. 스승 앞에서는 담배를 피우지 않는 것이 좋으며, 앉음앉음의 몸가짐까지도 조심해야 한다.

51. 반항은 젊은이의 생명이다. 현대의 젊은이는 웃어른을 대할 때 우선 반항하는 자세로 시작하여 차차 시비를 가릴 정도로 패기가 있어야 한다.

52. 새 시대에는 새 시대에 적합한 풍습과 도덕이 있다고도 하지만, 우리는 역시 옛 풍습과 도덕 속에서 우리의 길을 찾아야 한다.

53. 대학교수는 몸가짐이나 복장이 언제나 엄연해야 하는 까닭에, 강의 시간에는 아무리 덥더라도 넥타이에 양복 저고리를 입어야 하며, 아무리 춥더라도 외투를 벗어야 한다.

54. 아무리 일과가 바쁜 명사(名士)라 하더라도, 그가 받은 모든 편지에 대해서는 답장을 내는 것을 원칙으로 삼아야 한다.

55. 삼복 더위에, 고등학교 상급반에 다니는 딸이나 같은 또래의 식모를 꺼려서, 집 안에서도 웃통을 벗지 못하는 아버지는 낡은 도덕의 노예에 지나지 않는다.

56. 젊은 사람은 대소사(大小事)를 막론하고 부모와 의논해서 할 것이며, 결코 자기 마음대로 해서는 안 된다.

57. 부모는 자식을 위해서 자식을 낳지 않았으며, 부모가 자식을 사랑하는 것은 사람이 개나 고양이를 사랑하는 심리와 비슷하다. 따라서, 자식이 부모에게 특히 효도할 이유는 없다.

58. 부모와 자식이 모두 소중하지만, 그 가운데 어느 쪽을 더 위해야 하느냐는 문제에 부딪칠 때에는 자식을 우선적으로 위하는 것이 옳다.

59. 어머니와 아내의 사이가 나쁠 때, 설령 정(情)은 아내에게 쏠리더라도, 이를 누르고 어머니의 편에 서기를 노력할 의무가 있다.

60. 늙은 부모를 두고 멀리 유학을 떠나는 것은 자식의 도리가 아니다.

61. 아들을 낳지 못하여 가계(家系)의 대(代)가 끊기게 하는 것은 조상에게 대하여 죄송스러운 일이다.

62. 부모가 정해 주는 혼처가 마음에 들지 않으면 일단 반대하는 것도 좋다. 그러나 부모가 끝까지 그 결혼을 고집한다면 역시 그 명령대로 하는 것이 옳다.

63. 형제자매도 따지고 보면 남남끼리이며, 이해(利害)가 대립하는 경우가 많다. 형제자매간에도 서로 더 차지하려고 하는 것은 생존경쟁이 심한 오늘날 나무랄 수 없는 현상이다.

64. 우리나라 풍습에 의하면, 남편은 아내에게 반말을 하고 아내는 남편에게 존대어를 쓴다. 그러나 앞으로는 다 같이 존대어를 쓰는 풍습을 기르도록 하는 것이 좋을 것이다.

65. 과부가 된 여자는 자녀가 없더라도 재가(再嫁)하지 않는 것이 바람직한 일이다.

66. 부녀자는 첫째로 가정을 잘 지켜야 한다. 여자가 사회문제나 정치에 관여하는 것은 결코 권장할 만한 일이 못 된다.

67. 아버지가 돌아가시면 보통 삼년상을 지내는데, 이것은 너무 길다. 1년쯤으로 줄이는 것이 좋겠다.

68. 부모가 돌아가신 뒤에는 적어도 3개월 동안은 활동을 중지하고 들어앉아서 근신하는 것이 좋다.

69. 친척끼리는 서로 나누어 먹고, 나누어 입으며, 고락을 같이하는 것이 좋다.

70. 오늘날 일부에서 종친회를 소집하고 족보를 만들며, 친족 관념을 강조하는 움직임이 있는데, 이것은 매우 잘하는 일이다.

Ⅱ. 다음은 인생에 있어서 값지다고 흔히 생각되고 있는 것들입니다. 만약 그 가운데서 한 가지만 당신에게 허락된다면, 첫째로 어떤 것을 택하시겠습니까?

그러나 만약 당신이 첫째로 선택한 것이 허락되지 않는다면, 둘째로 어떤 것을 택하시겠습니까?

그리고 만약 첫 번째와 두 번째에 선택한 것이 모두 허락될 수 없다면, 셋째로 당신은 어떤 것을 택하시겠습니까?

차례로 택하신 바를 따라 그 항목의 알파벳 기호를 응답지 해당란에 기입하십시오.

A. 건강한 상태가 지속되는 장수
B. 넓고 깊은 학식
C. 높고 원만한 인격
D. 풍족한 물질생활
E. 변함없이 아름다운 우정
F. 뜨겁고 변함없는 이성간의 사랑
G. 전국에 알려진 명성
H. 나라를 좌우할 만한 권력
I. 국가 또는 인류를 위한 헌신적 봉사
J. 예술 또는 그 밖의 분야에 있어서 새로운 경지를 개척하는 창조적 활동
K. 현세의 괴로움을 초월한 해탈의 경지
L. 사랑과 기쁨에 가득 찬 신앙생활

편　　집 : 우송 김태길 전집 간행위원회

간행위원 : 이명현(위원장), 고봉진, 길희성, 김광수, 김도식,
　　　　　　김상배, 김영진, 박영식, 손봉호, 송상용, 신영무,
　　　　　　엄정식, 오병남, 이삼열, 이영호, 이태수, 이한구,
　　　　　　정대현, 황경식

우송 김태길 전집

한국 대학생의 가치관

지은이　　김태길

1판 1쇄 인쇄　2010년 5월 20일
1판 1쇄 발행　2010년 5월 25일

발행처　철학과현실사
발행인　전춘호

등록번호　제1-583호
등록일자　1987년 12월 15일

서울특별시 종로구 동숭동 1-45
전화번호 579-5908
팩시밀리 572-2830

ISBN 978-89-7775-716-5　94100
　　　978-89-7775-706-6　(전15권)
값 15,000원

● 잘못된 책은 교환해 드립니다.